À vous!

Student Activities Manual

À vous!
An Introductory Course

Student Activities Manual

Véronique Anover
California State University, San Marcos

Theresa A. Antes
University of Florida

Bernadette César-Lee
University of Florida

Patricia Strate
Mt. San Jacinto College

Houghton Mifflin Company   Boston   New York

Publisher: Rolando Hernández
Senior Sponsoring Editor: Glenn A. Wilson
Development Editor: Erin Kern
Project Editor: Harriet C. Dishman/Nancy Milner Kelly
New Title Project Manager: Susan Brooks-Peltier
Executive Marketing Director: Eileen Bernadette Moran
Marketing Assistant: Lorreen Ruth Pelletier

Printed in the U.S.A.

ISBN-10: 0-618-25982-1
ISBN-13: 978-0-618-25982-3

456789-VHO-10 09 08

Contents

CHAPITRE **12** Mes rêves — 185

CHAPITRE **13** Ma vie branchée! — 199

CHAPITRE **14**   Je suis en forme!   **215**

CHAPITRE **15**   Ma santé   **235**

To the Student

The Student Activities Manual (SAM) to accompany *À vous!* provides comprehensive supplemental practice of all the vocabulary and grammar points introduced in your textbook, as well as practice in listening comprehension, pronunciation and diction, reading, and writing. Take a moment to look through the first chapter of the SAM and the textbook at the same time. You'll see that the format of the SAM follows that of the book: there are practice activities for each section of **Vocabulaire essentiel;** for each grammar point introduced, there are activities that will allow you to increase further your working ability with that point. These sections include a combination of written exercises and listening comprehension activities, and, as stated above, all activities follow the book very carefully.

We suggest that you do all of the activities in the SAM as you complete the material in the textbook, even those not assigned by your instructor. This will give you an immediate indication of how well you have understood each topic, and will help you to know when you should return to the textbook for more explanation or practice. We also suggest that, before an exam, you redo those SAM activities that caused you difficulty—there is no better way to study for an exam than to do as many productive activities as you can. Often, when learning a foreign language, we feel that we have mastered a point (for example a verb conjugation) if we understand it when we see it. Most exams require more than just understanding, however; we must be able to produce the verb forms in question accurately and relatively quickly. The best preparation for this is extensive practice. Likewise, doing the listening activities that accompany a book is the best possible way to prepare for listening comprehension passages on an exam, as well as the most important listening test of all—being able to use the language communicatively with native speakers.

We have designed the pronunciation sections in the textbook around those areas that frequently cause American learners of French the most difficulty. Do them seriously and don't be afraid to sound foolish at first, and you'll see excellent improvement in your French accent by the end of the course.

The reading selections that are included in the workbook are generally authentic materials; they have been chosen because of their tight fit with the topic of the chapter (both from a grammar- and a vocabulary-based perspective), and because we feel that they will be of interest to you. Listening and reading are two areas that are widely neglected in language classes, both by instructors and students. We often feel that, because we know how to read and listen in our native languages, we'll be able to do the same in another language. Don't be frustrated if you find that this is not the case! Reading and listening comprehension take time to develop, and require some specific strategies that you may not automatically think of. Your textbook provides some specific strategies for reading; your instructor will be able to provide others for listening. Apply these every time that you read or listen, and you'll find that the frustration soon subsides. Take it slowly, don't expect to understand every word, and repeat a passage as often as necessary.

Finally, your SAM also includes an extended writing activity for each chapter. Keep in mind the strategies that are introduced in your textbook, apply them here, and you should be happy with the results. The ability to write well develops over time, but most students find that they are most successful if they put away the bilingual dictionaries and concentrate on using the language that they already know. You may not sound as sophisticated as you would like at first (that will come with time), but you will be much more comprehensible and accurate in the long run.

To the Instructor

The Student Activities Manual (SAM) to accompany *À vous!* is an integrated component, closely aligned with the main text, which provides additional practice in listening, speaking, reading, and writing. It integrates workbook activities that students can complete outside of class—to solidify and reinforce what they have learned in the classroom and in the textbook—with listening and speaking laboratory activities. The structure closely mirrors that of the text. The SAM has the same chapter stages as the textbook does (**Commençons!** and **Continuons!**), with vocabulary and grammar practice organized just as the topics are in the book. Listening comprehension is practiced throughout each chapter, and reading and writing practice are featured in every chapter as well (**À vous de lire!** and **À vous d'écrire!**). All the skills are linked to chapter themes and encourage students to synthesize what they have learned.

Also contained in the SAM for *À vous!* is a presentation and review of the French pronunciation system. The **À vous de vous perfectionner!** sections review and practice everything from the pronunciation of specific phonemes to syllabification, accentuation, and intonation.

You'll notice that approximately 75% of these activities are controlled; this means that if you use the Quia online version of the SAM, these activities will be self-correcting and provide immediate feedback. If you use the print version of the SAM, these activities are easily graded with a printable answer key, provided on the Instructor ClassPrep CD-ROM. If you choose to print and distribute the answer key, students may monitor their own progress as they work through the materials. Having students self-check whenever possible encourages them to take charge of their own learning and frees up valuable class time for more communicative activities.

The SAM for *À vous!* is an important, fully-integrated component of the program. We hope that you and your students enjoy the activities as, together, you take the next step in the study of French.

CHAPITRE

1 Qui es-tu?

Commençons!

Vocabulaire essentiel: *Basic Conversations*

A. Laisse-moi t'aider (*Let me help you*). Your friend Leo does not know French very well and is answering incorrectly all the questions that Vincent is asking him. Help Leo give the right answers.

VINCENT: Bonjour! Je suis Vincent. Qui es-tu?

LEO: Je suis à demain, merci.

VOUS: Non, non, Leo: (1) _____.

VINCENT: Enchanté!

LEO: Au revoir!

VOUS: Non, non, Leo: (2) _____.

VINCENT: Comment vas-tu?

LEO: Excuse-moi.

VOUS: Non, non, Leo: (3) _____.

VINCENT: Je suis en retard, à bientôt, Leo.

LEO: Bonjour, Vincent!

VOUS: Non, non, Leo: (4) _____.

B. Et vous? Complete the dialogue with information about yourself.

1. Comment vous appelez-vous? _____

2. Comment allez-vous aujourd'hui[1]? _____

3. Qui êtes-vous? (**étudiant[e]**) _____

4. En général, avant[2] un examen, comment allez-vous? _____

5. Vous allez bien ou mal pendant[3] les vacances? _____

C. À l'université. Listen to the dialogue that takes place between Arnaud and Charlotte, two classmates, when they run into each other on campus. Listen once to get the gist of their conversation, without listening for details. You will then hear five statements about their conversation. Circle **vrai** (*true*) if the statement is true and **faux** (*false*) if it is false. After doing so, listen to the dialogue a second time to confirm your responses.

1. vrai   faux

2. vrai   faux

3. vrai   faux

4. vrai   faux

5. vrai   faux

[1]*today*   [2]*before*   [3]*during*

Finally, listen to Arnaud and Charlotte's conversation a third time and complete the sentences below.

6. Pour Charlotte, ça va _____ dans le cours de français.

7. Ça va _____ pour Arnaud dans le cours de mathématiques.

8. Dans le cours de physique, ça va _____ pour Charlotte.

9. _____ est parfait et super intelligent.

Structure 1: Les pronoms *tu* et *vous*

D. Bonjour! Complete the dialogue with the pronouns **tu** or **vous** as appropriate.

JEAN-BAPTISTE:	Emmanuelle! Bonjour! (1) Comment vas-_____?
EMMANUELLE:	Oh! Jean-Baptiste, bonjour! Je vais très, très bien. (2) Comment vas-_____?
JEAN-BAPTISTE:	Très bien aussi. Emmanuelle, voilà mes petites sœurs[4].
EMMANUELLE:	Bonjour! (3) Comment vous appelez-_____?
MURIELLE:	Je suis Murielle.
ARMELLE:	Et moi, Armelle.
EMMANUELLE:	Enchantée, les filles[5]! (4) Comment allez-_____?
ARMELLE ET MURIELLE:	Très bien, merci. (5) Qui es-_____? Une amie[6] de Jean-Baptiste ou sa petite amie[7]?
EMMANUELLE (*toute rouge*[8]):	Euh... je suis une amie... euh, une très bonne amie. Non, Jean-Baptiste?
JEAN-BAPTISTE:	(6) Oui, _____ es une très bonne amie!

E. Pas correct! Your sister Jill is paying you a visit while you are in France. She is talking to your French friends at the university. Correct the use of her pronouns and verbs as necessary.

JILL:	Salut! Comment **t'appelles-tu?** (1) _____
SÉBASTIEN ET RAZIKA:	Salut! Moi, c'est Sébastien. Et moi, je suis Razika.
JILL:	Enchantée! Comment **allez-tu?** (2) _____
SÉBASTIEN:	Pas mal. Et toi?
JILL:	Je vais bien, merci. Qui **êtes-tu?** (3) _____ Des camarades de classe de mon frère?[9]
RAZIKA:	Oui! Nous adorons ton frère[10]. Il est super!
JILL:	Pas toujours[11]... ! (*Someone joins the group.*) Bonjour, **et toi,** qui **es-tu?** (4) _____
LE PROF:	Moi, je suis le prof!

F. Mon téléphone (*My phone*)! Your new phone doesn't work properly—it keeps cutting off your conversations. As you talk with your friend Sabrina, you must guess which words are being cut off. Fill in the blanks with the pronouns you think are missing.

VOUS:	Allô[12]?
SABRINA:	Bonjour!
VOUS:	(1) Qui êtes-_____?
SABRINA:	C'est moi, Sabrina! (2) Comment vas-_____?
VOUS:	Ah! Bonjour Sabrina. Je vais bien. (3) Et toi, comment vas-_____?
SABRINA:	Bien aussi, merci. Voici Julien et Lucien.
VOUS:	Quelle[13] surprise! Julien! Lucien! (4) Comment allez-_____?
JULIEN ET LUCIEN:	Super bien!

[4]*sisters* [5]*girls* [6]*friend* [7]*girlfriend* [8]*blushing* [9]*My brother's classmates* [10]*We love your brother* [11]*Not always* [12]*Hello?* [13]*What*

⌒ **G. Trop familier ou trop poli** (*Too informal or too formal*)? You are in France as an exchange student and you're with a group of foreign students who have just arrived from their native countries. You are listening to them as they talk to the following people on campus. After their conversations are over, tell them if they were too informal (**trop familier**) or too formal (**trop poli**).

1. le doyen (*dean*)	trop familier	trop poli
2. le prof de français	trop familier	trop poli
3. un étudiant	trop familier	trop poli
4. une étudiante	trop familier	trop poli
5. le président	trop familier	trop poli

Structure 2: L'alphabet

⌒ **H. Le mot juste** (*The right word*). You are on a TV game show and you must figure out the words that the host spells out. You have been playing this game and winning for three weeks. This is your last game. You must win this one, too! Bonne chance[14]!

1. a. salut	b. bonjour	c. au revoir	d. à bientôt	e. à demain
2. a. pardon	b. professeur	c. volume	d. petit	e. voilà
3. a. pas mal	b. très bien	c. assez bien	d. pas bien	e. très mal
4. a. étudiant	b. enchanté	c. enchantée	d. étudiante	e. êtes
5. a. ciao	b. classe	c. cours	d. campus	e. Caroline

Now listen to the answers. How many words did you get? If you got all five of them you are the winner!

⌒ **I. Le mot caché** (*The hidden word*). Since you were the winner of "**Le mot juste**," you have decided to participate in another TV game show. To win this next game you must listen to the words that are spelled out in order to fill in the blanks in the sentences.

1. Vous êtes _____.

2. Je m'appelle _____.

3. Comment _____ tu?

4. Je vais _____.

5. Salut! À _____.

À vous de vous perfectionner! (1)

Pronunciation: Introduction to pronunciation

Bonjour! Bienvenue! Welcome to our French pronunciation section.
First of all, let's talk a little about what *you* think about pronunciation in general. Please answer the following questions briefly in English.

- In your opinion, are there different *English accents?* For example, can you describe the differences in the English of speakers from certain areas within North America, Great Britain, Australia, and India?
- In what way are these variations in accent similar to or different from the variations that occur when people from, for example, Latin America, Germany, Italy, China, or France speak English?
- Have you seen movies like *My Fair Lady*, *The Terminal* with Tom Hanks, *Moscow on the Hudson* with Robin Williams, or movies with Peter Sellers imitating foreign accents? If so, what do you make of the problems that foreign accents can trigger?
- What do you think makes an accent sound "foreign"? Is it the rhythm and intonation? The way certain sounds are pronounced? Everything combined?
- What do you feel when you hear English spoken with a foreign accent? Do you feel differently if it is a Spanish accent, or a German, Italian, Korean, or French accent?

[14]*Good luck!*

- How important is learning adequate French pronunciation for you? Is it just for cosmetic and social purposes or to show off? Or is it essential to be understood?
- Do you think that it is possible and feasible to acquire a "decent" French pronunciation? If so, why? If not, why not?

In this first chapter and throughout the book, we will focus on meaningful sounds and features that are *critical for you to use in order to make yourself understood when you speak French.* We will not focus on the kinds of errors in pronunciation that might "sound funny" to a French interlocutor but will not jeopardize your conversation.

French "music": rhythm, stress, and tension/shortness of vowels

Perception. Listen to the following expressions, as pronounced by a speaker with an American accent and then as pronounced by a French native speaker.

j'ai	Karine
tu t'appelles	restaurant
à bientôt	bonjour
enchantée	merci
au revoir	excusez-moi

- What differences did you hear?
- In French, are most syllables short and brief or is it as in English: some long, some short?
- Where is the stress? Did you hear MERci or merCI, KArine or kaRINE; REStaurant or restauRANT? Indeed, in French, we usually stress the last syllable. Isn't it easy, compared to the "unruly" English stress?
- Did you notice that these *stressed* syllables are *slightly longer*?

Dialogue. Now let's listen to and practice the dialogue "**Au début du semestre**" from Chapter 1 of your textbook, focusing on the French musical rhythm and beat.

CAROLINE: Bonjour. Je m'appelle Caroline. Et toi? Comment tu t'appelles?
MATHIEU: Je m'appelle Mathieu. Et voici Bernadette.
CAROLINE: Salut, Bernadette. Comment vas-tu?
BERNADETTE: Bonjour, Caroline. Je vais bien, merci. Et toi, ça va?
CAROLINE: Oui, ça va.
MATHIEU: Voilà le professeur, Monsieur Grandjean.
BERNADETTE: Chhhut... le cours commence.

À vous d'écrire!

Le premier jour (*The first day*). It is the first day of classes. Write a dialogue in which you introduce yourself to the students next to you. One of them is going to introduce you to a friend. Don't forget the basic greetings: *hello, nice to meet you,* and *see you later* or *goodbye.* You may use the **Commençons!** dialogue in Chapter 1 of your textbook as a model.

_____

_____

_____

_____

_____

_____

_____

Continuons!

Vocabulaire essentiel: *Presentations and Making Plans*

A. À ce soir. Match the questions on the left with the answers provided on the right.

_____ 1. Vous êtes libre aujourd'hui?   a. Moi c'est Léa.

_____ 2. Comment allez-vous?   b. C'est le 05-30-12-10-03.

_____ 3. Comment tu t'appelles?   c. Je suis libre samedi[5] soir.

_____ 4. Quel est ton numéro de téléphone?   d. Ça peut aller.

_____ 5. Tu es libre ce week-end?   e. Oui, je suis libre.

B. Un flirt! You are studying in France and you find one of your classmates to be very cute. You would like to ask him/her out but you cannot remember how to say it in French. Ask a friend to help you formulate the following questions.

1. What is your name? _____

2. How are you? _____

3. Are you free this evening? _____

4. What is your phone number? _____

5. See you later, then (**alors**)? _____

C. Un bon plan. You are talking with the classmate with whom you would like to go out. Have him/her answer the questions you formulated above.

1. _____

2. _____

3. _____

4. _____

5. _____

D. Quand (*When*)? Listen as a friend of yours asks you various questions about your plans. Indicate when each invitation is for by writing the number of each sentence next to the appropriate drawing below.

 a. _____

 b. _____

[5]*Saturday*

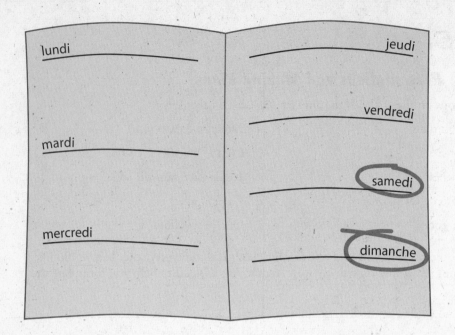

lundi _____

mardi _____

mercredi _____

_____ jeudi

_____ vendredi

_____ samedi

_____ dimanche

c. _____

d. _____

E. Poli ou familier (*Formal or informal*)? You will hear a series of sentences. Indicate below whether each one is formal (**poli**) or informal (**familier**).

1. poli   familier
2. poli   familier
3. poli   familier
4. poli   familier
5. poli   familier
6. poli   familier

Structure 3: Les chiffres de 0 à 30

F. Au supermarché (*At the supermarket*). You are shopping at a supermarket in Brussels. Look at your shopping list and put the items you need in your shopping cart. Since you want to compare prices in Brussels with the prices in your hometown, write out the prices—in words!—for each item.

MODÈLE:    1 kilo de tomates: 4,24 €

quatre euros vingt-quatre

1.   2½ kilos de pommes de terre: 4,25 €

_____

2.      1 kilo de carottes: 1,20 €

_____

3.   une bouteille de vin: 7,15 €

_____

4.   un poulet: 9,10 €

_____

5.   sept croissants: 8,05 €

_____

6.   deux packs de bière: 6,16 €

_____

G. Des chèques (*Checks*). You are paying your bills. To practice writing your checks, write out the numbers for the amounts indicated below.

1. AOL: 29 € _____
2. Gaz de France: 12 € _____
3. Compagnie d'électricité: 19 € _____
4. FranceTelecom: 21 € _____
5. Général des Eaux[16]: 13 € _____
6. Carte Bleue[16]: 14 € _____

H. Loto! You are at a Casino in Monte-Carlo playing **Loto** (or *Bingo*). Listen carefully to the numbers as you check your **Bingo** card to see if you are a winner. If you see the number on your card, circle it. You need to get five numbers in a horizontal row to win.

1.

B	I	N	G	O
12	2	4	14	18
1	25	27	9	11
15	5	25	19	3

3.

B	I	N	G	O
3	6	5	18	4
13	16	15	8	22
7	10	12	20	21

2.

B	I	N	G	O
11	2	13	17	29
1	18	3	7	8
12	14	30	27	5

I. Numéros de téléphone. You just bought a new PDA while you were in Paris, and you are saving your French friends' phone numbers in it. Write down the telephone numbers—in numbers, not in letters!—that you hear.

1. _____
2. _____
3. _____
4. _____
5. _____

[16]*water* [17]*check card*

À vous de vous perfectionner! (2)

Now that you have the beat, let's look at the French side of phonetics.

Introduction to the Speech Apparatus

Thanks to the previous examples, you are now able to *perceive* some differences in the foreign accent, correct? But, what's in a foreign accent and can we recognize and correct it?

Yes! Almost all babies around the world are born with the same speech organs: teeth, tongue (tip, body, and stem), throat, palate, lips, and jaws (upper and lower). So, at an early age we can all speak any language we want to, but as we develop, by listening to sounds around us, we focus on trying to imitate and reproduce what we hear. So, now is the perfect time to imitate and reproduce new sounds: French sounds.

The Sound Circus: Be a child again and play with your mouth

To help you produce new French sounds, we suggest that you associate them with sounds that you most likely can make already, without even knowing that they were also French sounds. Let's look at some examples.

- purr like a *cat* to make a French **R**, as in **Paris**
- speak *horse* to make a perfect French **i**, as in **merci**
- speak *owl* or *dove* to make a French **ou**, as in **vous**
- give a *kiss* for **tu** and **huit**
- be a *lamb* for **appelle**

The Sounds *ou* and *u*

First, let's listen and work on perception. Then **à vous** to produce the sounds!

1. The French **ou**: Be an owl (**chouette**) or a dove (**colombe**)

   - Bring your lips forward and round them.
   - Open your jaws as if you had a tennis ball in your mouth while keeping your lips almost closed and rounded.
   - Keep your tongue low down with the tip of the tongue nestled behind your lower teeth.
   - Make several deep **ou** sounds.

Perception and production. Listen to and then practice the following examples: **bonjour, vous, tout, Toussaint, chouette, aujourd'hui.**

2. The French **u**: Give a kiss (**faire la bise**) to **u**

   - Close your mouth until the fleshy body of your tongue touches your palate and your lips almost touch.
   - Firmly press the tip of your tongue behind your lower teeth.
   - Round up your lips as for a kiss.
   - Let the air out and give us several beautiful French **u** sounds.

Perception and production. Listen to and then practice the following examples: **tu, Lucie, numéro, excusez-moi, salut, à plus, huit.**

Et voilà! C'est tout pour ce premier contact!
Merci de votre travail!

À vous de lire!

In the reading that follows, three famous personalities tell you about themselves without revealing their identities. Among other questions, you will be asked to guess the hidden identity of these famous people. First, read the three paragraphs to get the gist of them, then read them a second time to start answering the questions.

Qui suis-je (*Who am I*)?

Tess

Je m'appelle Tess dans le film *Ocean's Eleven*. Mon ex-mari[18] dans le film, c'est l'acteur George Clooney. Je ne suis pas[19] libre: je suis mariée avec Terry Benedict, le puissant[20] propriétaire de trois grands casinos. Voilà l'histoire: Danny Ocean et onze amis[21] sont des voleurs[22] à Las Vegas. Qui suis-je?

Ryan

Bonjour! Je m'appelle Ryan dans le film *Collision*—en France—ou *Crash* aux États-Unis. Je suis détective. Je vous présente les actrices qui sont dans le film *Collision*: Sandra Bullock et Jennifer Esposito. Jennifer Esposito est détective aussi dans le film. Qui suis-je?

Le Président

Je suis président d'une compagnie de microélectronique très importante. Je suis très riche et philanthrope. Voilà ma vie[23] personnelle: Melinda, c'est ma femme[24] et j'ai trois enfants[25]. Qui suis-je?

Compréhension. Now that you have finished reading, answer the following questions, using complete sentences.

Tess

1. Qui est Tess? _____

2. Tess est libre? _____

3. Qui est Terry Benedict? _____

Ryan

4. Qui est Ryan? _____

5. Comment s'appellent les actrices? _____

6. Qui est détective? _____

Le Président

7. Qui est le président? _____

8. Comment s'appelle sa femme? _____

9. Comment s'appelle sa compagnie de microélectronique? _____

---

[18]*ex-husband*   [19]*I am not*   [20]*powerful*   [21]*friends*   [22]*thieves*   [23]*life*   [24]*wife*   [25]*children*

CHAPITRE

2 Je suis comme je suis

Commençons!

Vocabulaire essentiel: Les adjectifs descriptifs (1)

A. Il/Elle est comment? Your French friend is not familiar with famous American personalities. Describe them to him by choosing an adjective from the list below that best describes each personality. Do not use the same adjective more than once. Don't forget to use the feminine forms of the adjectives to describe women!

sportif(ive)	beau (belle)	amusant(e)	ennuyeux(euse)	vieux (vieille)
stupide	provocateur(trice)	sympathique	riche	intelligent(e)

1. Ben Stiller: il est _amusant_
2. Cameron Diaz: elle est _belle_
3. George W. Bush: il est _stupide_
4. Sarah Jessica Parker: elle est _riche_
5. Ted Kennedy: il est _vieux_
6. Howard Stern: il est _ennuyeux_
7. André Agassi: il est _sportif_

B. C'est le contraire! (*It is the opposite!*) Your classmate is describing some students you both know. You do not agree with her; in fact, you believe the opposite. Write the opposite adjectives in the spaces provided. Do not negate the sentences.

1. —Monique, elle est optimiste.

   —C'est le contraire! Elle est _pessimiste_

2. —Bernard, il est grand.

   —C'est le contraire! Il est _petit_

3. —Jean-Paul, il est riche.

   —C'est le contraire! Il est _pauvre_

4. —Ondine, elle est sympathique.

   —C'est le contraire! Elle est _antipathique_

5. —Ali, il est beau.

   —C'est le contraire! Il est _laid_

6. —Yasmina, elle est contente.

   —C'est le contraire! Elle est _triste_

C. Comment est ta famille (*What is your family like*)? Your boyfriend/girlfriend is going to meet your family. Before he/she goes to your house, describe the members in your family so he/she knows what to expect. If you don't have the family member listed, make up a description.

1. Ma mère[1], elle est _intelligente, vielle_ .

2. Mon père[2], il est _vieux, content, grand_ .

3. Mon oncle, il est _amusant, sportif_ .

4. Ma tante[3], elle est _belle, gentille_ .

5. Mon frère[4], il est _m_ .

6. Ma sœur[5], elle est _méchanté_ .

D. Ma famille. Your friend Martin is describing the members in his family before you go to his house for dinner. Write down the adjectives that you hear.

1. Ma mère, elle est _____.

2. Mon père, il est _____.

3. Mon oncle, il est _____.

4. Ma tante, elle est _____.

5. Mon petit frère, il est _____.

6. Ma sœur, elle est _____.

E. Bonne description? For each drawing you will hear a description. Indicate whether each description is true (**vrai**) or false (**faux**) based on the drawings.

1.   vrai   faux

2.   vrai   faux

3.   vrai   faux

4.   vrai   faux

[1]*my mother* [2]*my father* [3]*my aunt* [4]*my brother* [5]*my sister*

5.   vrai   faux   6.   vrai   faux

F. La description correcte. You are going to hear the same descriptions you heard in Activity E. For each description that is true, write the adjective you hear in the space provided. For each description that is false, write the correct adjective.

1.   Elle est _____.

2.   Il est _____.

3.   Il est _____.

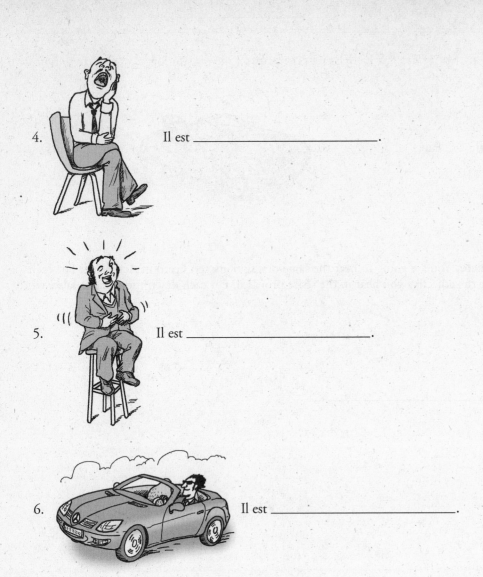

4. Il est _____.

5. Il est _____.

6. Il est _____.

Structure 1: Le verbe *être*

G. Le cours de français. Estelle is describing her French class. Complete the sentences with the appropriate form of the verb **être**.

In my french class the students are nice. The proffesor is interesting. He is

Dans mon cours de français, les étudiants (1) ___Sont___ gentils. Le prof *canadian.*

(2) ___est___ intéressant. Il (3) ___est___ canadien. Dans le cours,

nous (4) ___Somme___ 23 étudiants. Et vous, vous (5) ___êtés___ combien[6] dans

votre[7] cours de français? Je (6) ___Suis___ contente dans le cours. J'adore le français! Et toi, tu

(7) ___es___ content(e) dans ton[8] cours de français?

H. Les étudiants du cours de français. You are not sure you want to take French this semester. Estelle tells you about the students in the class to convince you to register in her class. Complete the sentences with the appropriate subject pronoun (**je, tu, il/elle/on, nous, vous, ils/elles**).

(1) ___Nous___ sommes une petite classe: 23 étudiants, seulement[9]. (2) _____

(*Everyone-We*) est très content dans le cours. Le prof est super! (3) ___Il___ est très amusant.

Les étudiants aussi. (4) ___Ils___ sont amusants et sympathiques. (5) ___Je___

suis enchantée d'être dans ce[10] cours. (6) ___tu___ es convaincu(e)[11]?

[6]*how many* [7]*your (formal)* [8]*your (informal)* [9]*only* [10]*this* [11]*convinced*

I. Non et non! Look at the picture of Estelle's French class, then correct the descriptions that are wrong by negating them. Next to them, write the correct descriptions.

MODÈLE: Le prof est gros.

Le prof n'est pas gros. Il est mince.

1. Le prof est antipathique.

_____

2. Marc est vieux.

_____

3. Valérie et François sont timides.

_____

4. Delphine est laide.

_____

5. Aurélie est contente.

_____

6. Rocky est gentil.

_____

J. Qui (*Who*)? You are going to hear some descriptions. Write the letter of the drawing that matches each description in the numbered spaces on page 17. **Attention!** Some drawings do not have a match!

a.

b.

c.

d.

e.

f.

g.

h.

i.  j.

1. _____ 2. _____ 3. _____ 4. _____ 5. _____

K. Alors (*Then*)... Your classmate is talking to you about your French professor. Based on the information provided, make your own conclusions and write them in the spaces below. After you write your statement, you will hear the correct answer. Listen and repeat it.

MODÈLE: Le prof n'est pas optimiste.

Alors, il est pessimiste.

1. Alors, _____.

2. Alors, _____.

3. Alors, _____.

4. Alors, _____.

5. Alors, _____.

6. Alors, _____.

7. Alors, _____.

À vous de vous perfectionner! (1)

Révision: *u* and *ou*

Allow us to illustrate why marking a clear difference between **u** and **ou** is so important.

A lot in French is **beaucoup.** If your **ou** comes out as an **u,** what you are saying is actually very rude: **beau cul** (as in **cul-de-sac**) means *nice bottom!*

Now that you are aware of this possible faux pas, let's practice the new words of this chapter.

Perception. Listen to the following words and write next to each number whether you hear **u** or **ou.**

1. _____

2. _____

3. _____

4. _____

5. _____

6. _____

7. _____

8. _____

⌒Production. Now, **à vous.**

- Listen to the following words and give a kiss (“**la bise**”) to every **u** you hear:
  amusant, ennuyeux, poilu, stupide, super, judo, rugby, musculation, musique, musical, aventures, Bruxelles, Lucien, vocabulaire.

- Be a dove or an owl for every **ou** you find in the following words:
  courageux, tout petit, courts, roux, football, épouvante.

À vous d'écrire!

Descriptions. Write a short paragraph describing your closest classmates and your favorite professors. Start your sentences with **il** and **elle** depending on whether you are referring to a man or a woman.

MODÈLE: Stéphanie est très grande et mince. Elle est très belle et très sympathique. Elle n'est pas sportive. Elle est gentille...

_____

_____

_____

_____

_____

_____

_____

Continuons!

Partie I: Vocabulaire essentiel: Les adjectifs descriptifs (2)

A. Les yeux et les cheveux. Indicate whether each statement is **vrai** or **faux** based on the pictures you see.

Bébé Alex

1. J'ai les cheveux longs.   vrai   ~~faux~~   J'ai les chaveux courts
2. J'ai les yeux noirs.   vrai   ~~faux~~   J'ai les ayeax bleu

Rhaimona

3. J'ai les cheveux blonds.   vrai   ~~faux~~   J'ai les chaveux brun/noir
4. J'ai les cheveux courts.   vrai   ~~faux~~   J'ai les chaveux longs

Lucien

5. J'ai les yeux bleus.   vrai   ~~faux~~   J'ai les geux noir
6. J'ai les cheveux frisés.   vrai   ~~faux~~   J'ai les chaveux

Yolanda

7. J'ai les cheveux châtains.   vrai   (faux)   J'ai les cheveux blonds/gris

8. J'ai les cheveux lisses.   vrai   (faux)   J'ai les cheveux boudés

Anou

9. J'ai les cheveux longs et frisés.   vrai   (faux)   J'ai les cheveux courts et ~~bou~~

10. J'ai les yeux bleus.   (vrai)   faux

B. Rectifications. Rewrite the sentences above, changing them to the third-person singular. Rectify the false statements by writing the correct statements. Start your sentences with **C'est faux!** (*That's wrong!*) or **C'est vrai!** (*That's right!*).

MODÈLE: **Bébé Alex:** J'ai les cheveux noirs.

   C'est faux! **Il a** *les cheveux châtains.*

1. _____

2. _____

3. _____

4. _____

5. _____

6. _____

7. _____

8. _____

9. _____

10. _____

C. Portraits. You will hear a series of descriptions. Based on the information provided, write the number of the person who is being described next to the appropriate drawing.

a. _____

b. _____

c. _____

d. _____

e. _____

f. _____

D. Enquête (_Investigation_). You are helping the police investigate a robbery. The person who saw the four thieves is describing them to you so that you may draw portraits of them. Listen carefully to the descriptions and then draw their portraits in the spaces below.

1.

> ils ont Cheveux brun et longs et frisés et il ont yeux brun.

2.

> il ont cheveux blond et longs et lisses. et il ont yeux bleu

3.

> Elle a cheveux court et ondulés et elle ont yeux brun.

4.

> Il a cheveux gris et courts et bardés et yeux bleu.

Structure 2: Le verbe *avoir*

E. Les étudiants. The professor is asking students questions about their physical features. Complete the sentences with the correct form of the verb **avoir.**

1.   LE PROF: Julie, tu _____ as _____ les cheveux frisés?

               JULIE: Oui, j(e) _____ ai _____ les cheveux frisés.

2.   LE PROF: Marc, demande[12] à Christophe s'il[13] _____ a _____ les yeux noirs.

3.   LE PROF: Marc et Christophe, est-ce que[14] vous _____ avez _____ les yeux noirs?

   MARC ET CHRISTOPHE: Oui, nous _____ avons _____ les yeux noirs.

4.   LE PROF: Sylvie, demande à Stéphane et à Fatima s'ils[15] _____ ont _____ les cheveux courts.

F. L'album de famille. Your friend Marie is showing you her family photo album. Complete her sentences with the correct forms of the verbs **avoir** and **être,** and with the appropriate descriptions for each photo.

1.

J(e) _____ ai _____ (avoir) les cheveux _____ frisés _____ et les yeux _____ bleu _____ .
Je _____ suis _____ (être) _____ Contente _____ .

2.

Voilà mon frère Mathieu. Il _____ a _____ (avoir) les cheveux _____ Courts _____ .
Il _____ est _____ (être) _____ triste(e) _____ .

Copyright © Houghton Mifflin Company. All rights reserved.

---

[12]*ask*   [13]*if he*   [14]*do*   [15]*if they*

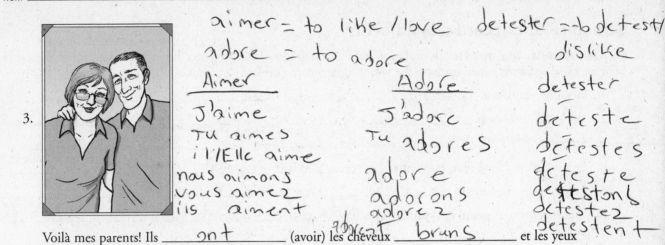

Handwritten notes:

aimer = to like / love   detester = to detest/
adore = to adore   dislike

Aimer	Adore	detester
J'aime	J'adore	deteste
Tu aimes	Tu adores	detestes
il/Elle aime		deteste
nous aimons	adore	detestons
vous aimez	adorons	detestez
ils aiment	adorez	detestent
	adorent	

3.

Voilà mes parents! Ils _____ont_____ (avoir) les cheveux ____bruns____ et les yeux ____bruns____.

4.

Voilà mon autre frère, Serge. Il _____a_____ (avoir) les cheveux ____frisés____ et ____courts____. Serge _____a_____ (avoir) les yeux ____bleu____.

Il _____est_____ (être) ____mechant____!

5. Et toi, tu _____as_____ (avoir) un album de famille aussi?

G. C'est qui? (Who is it?) Listen carefully to the following descriptions to identify the famous people or characters that are being described. Choose the person or character who best corresponds with each description.

1. a. Mickey Mouse   b. Goldilocks   c. Daisy Duck

2. a. Old Yeller   b. Bambi   c. Mickey Mouse

3. a. Benji   b. Nemo   c. Flower

4. a. Pocahontas   b. Curly Sue   c. Miss Piggy

5. a. Billy Joel   b. Frank Sinatra   c. Wynton Marsalis

HMWK: Pg. 25, 30

Structure 3: L'accord des adjectifs

H. Corrections. You are a French professor and you are grading your students' homework. The adjectives in bold are missing an agreement or have the wrong agreement. Correct the mistakes.

1. Géraldine est **beau**. _Géraldine est belle_

2. J'ai les cheveux **noir**. _J'ai les cheveux noirs_

3. Le cours de français n'est pas **ennuyeuse**. _Le cours de ... n'est pas ennuyeux_

4. Le prof, Monsieur Ledur, est **vieille**. _Le prof ... est vieux_

5. Le prof a les yeux **bleue**. _Le prof a les yeux bleu_ (eux)

6. Mes parents sont **gentil** et **sympathique**. _Mes parents sont gentils et sympathiques_

7. Serena Williams est **sportif**. _Serena Williams est sportive_

8. Jim Carrey est **amusante**. _Jim Carrey est amusant_

I. À l'aéroport. You are going to pick up a group of French students at the airport. Each of them arrives at a different time and day. They each give you their physical descriptions so that you can identify them at the arrival gate. Complete their sentences with the correct forms of the adjectives in parentheses. Pay attention to the agreements!

1. Je m'appelle Anne-Laure et j'ai les cheveux _châtains_ (châtain) et _courts_ (court). J'ai les yeux _bleus_ (bleu). Je suis _petite_ (petit) et _minces_ (mince).

2. Je m'appelle David. J'ai les cheveux très _longs_ (long) et _blonds_ (blond). Je suis très _grand_ (grand).

3. Je m'appelle Lucie et moi c'est Julie. Nous sommes jumelles[16]. Nous sommes un peu[17] _grosse_ (gros) mais[18] nous sommes _jolies_ (joli)! _Twins_

4. Je m'appelle Isabelle. Je suis _belle_ (beau)! Je suis assez _grande_ (grand) et je ne suis pas _vieille_ (vieux). J'ai les cheveux _frisés_ (frisé) et les yeux _verts_ (vert).

J. Mes amis (*My friends*). Dominique and Brigitte are talking about classmates they have in common. Listen to the dialogue carefully before you indicate whether each statement below is **vrai** or **faux**. Read the statements before you listen to the dialogue a second time.

1. Dominique pense que[19] Camille est très laide.	vrai	faux
2. Brigitte pense que Camille est très belle.	vrai	faux
3. Dominique et Brigitte pensent que Fatima est mignonne.	vrai	faux
4. Dominique pense que Patrick est super.	vrai	faux
5. Brigitte pense que Patrick est antipathique.	vrai	faux
6. Dominique pense que Patrick est amusant.	vrai	faux
7. Dominique pense que Patrick est très laid.	vrai	faux
8. Dominique et Brigitte sont jaloux.	vrai	faux

[16]*twins (feminine form)* [17]*a little* [18]*but* [19]*thinks that*

Partie II: Vocabulaire essentiel: Les sports et les passe-temps

A. Préférences. Match each celebrity from the left-hand column with the appropriate preference from the right-hand column. (The preferences are based on celebrities' career choices.)

_D_ 1. Shaquille O'Neal

_f_ 2. Stephen King

_C_ 3. Meg Ryan

_e_ 4. Harrison Ford

_b_ 5. Sting

_A_ 6. Roger Federer

a. Il adore le tennis.

b. Il aime le rock.

c. Elle préfère les films romantiques.

d. Il aime le basket-ball.

e. Il adore les films d'aventures.

f. Il aime les films d'épouvante.

B. Vos préférences. Indicate whether you like each of the following people or pastimes, using complete sentences. When the question refers to a celebrity, explain why you like or dislike that person.

MODÈLES: le théâtre

J'aime le théâtre. / Je n'aime pas le théâtre. / Je déteste le théâtre.

Jodie Foster

J'adore Jodie Foster. Elle est intelligente.

1. Brad Pitt: _____

2. Angelina Jolie: _____

3. Michael Moore: _____

4. les comédies musicales: _____

5. la musculation: _____

6. l'athlétisme: _____

7. les films de guerre: _____

8. les films dramatiques: _____

C. Opinions personnelles. You will hear a series of different types of movies and sports. Indicate how you feel about each of them by checking the appropriate column: **j'aime, je n'aime pas, je déteste, j'adore,** or **je préfère.**

	j'aime	je n'aime pas	je déteste	j'adore	je préfère
1.	☐	☐	☐	☐	☐
2.	☐	☐	☐	☐	☐
3.	☐	☐	☐	☐	☐
4.	☐	☐	☐	☐	☐
5.	☐	☐	☐	☐	☐
6.	☐	☐	☐	☐	☐

D. Catégories. You will hear a list of different types of sports and other pastimes. Choose a person from the list below who belongs in each category and write the letter of his or her name next to the appropriate number.

a. Venus Williams
b. Alfred Hitchcock *il grand*
c. Michael Jordan *il très très grand. il est très très sportif*
d. Arnold Schwarzenegger *il préfère la masculation*
e. Tom Hanks *il comique...*
f. Jean-Claude Van Damme *il belshique*
g. Madonna *— rock risqué*
h. Mozart *il musician classique*

1. _____
2. _____
3. _____
4.
5. _____
6. _____
7. _*Ell*_
8. _____

Structure 4: Les verbes en *-er* (Introduction)

E. Tu aimes qui? A group of French students is gathered at a bistro talking about their favorite actresses. Complete the dialogue with the appropriate forms of the verbs in parentheses.

ARMELLE: Éric, tu (1) __aimes__ (aimer) le dernier[20] film de Jodie Foster?

ÉRIC: Je n(e) (2) __aime__ (aimer) pas Jodie Foster. Elle est trop[21] intellectuelle pour moi. Je (3) __préfère__ (préférer) le dernier film de Gwyneth Paltrow.

CATHERINE ET CAROLINE: Oh, non! Nous (4) __détestez__ (détester) Gwyneth Paltrow. Elle est trop froide pour nous! Nous (5) __préferons__ (préférer) Jennifer Aniston. Elle est très belle et amusante.

ARMELLE: Vous (6) __préferez__ (préférer) Jennifer Aniston? Moi aussi! C'est mon actrice préférée!

ÉRIC: C'est curieux. Les filles[22], elles (7) __aiment__ (aimer) toutes[23] Jennifer Aniston, mais elles n(e) (8) __aiment__ (aimer) pas Gwyneth Paltrow. Elle est trop belle pour vous?

ARMELLE, CAROLINE ET CATHERINE: Pas du tout! Tu ne connais rien aux filles![24]

(margin handwriting: suis, es, est, je suis, sommes, êtes, sont, ons, ez, ont, j'ai, as, a)

F. Goûts personnels (*Personal tastes*). Conjugate the verbs in parentheses and complete the sentences in a logical way to indicate each person's taste. Then give a specific example from the category provided.

MODÈLE: Mon frère *aime* (aimer) _____ [*un film de science-fiction*].
  Mon frère aime Star Wars.

1. Je __préfère__ (préférer) _____ [*un film de science-fiction*].
2. Mes parents n(e) __aiment__ (aimer) pas _____ [*un chanteur de rock*[25]].
3. Mes amis et moi, nous __préferons__ (préférer) _____ [*un film de guerre*].
4. Mon/Ma meilleur(e) ami(e)[26] __adore__ (adorer) _____ [*un film d'épouvante*].
5. Et vous, qu'est-ce que vous __préferez__ (préférer): Coldplay, The Black Eyed Peas ou AFI? J(e) __aime__ (aimer) Coldplay.

[20]*last* [21]*too* [22]*the girls* [23]*all like* [24]*You don't know anything about girls!* [25]*a rock singer (masculine)* [26]*my best friend*

NOM _____ DATE _____

Handwritten: Préférer, il/Elle préfère Je préfères Nous préférons Tu préfère Vous préférez ils/Elles préfèrent

Structure 5: Les articles définis

G. Généralités. Below are some generalizations. Complete the sentences with the appropriate definite articles. Then, indicate whether you agree (**je suis d'accord**) or disagree (**je ne suis pas d'accord**) with these general statements.

	Je suis d'accord	Je ne suis pas d'accord
1. En général, les femmes[27] préfèrent _____ films romantiques et les hommes[28] _____ films de guerre.	_____	_____
2. En général, les parents aiment _____ musique classique et les enfants[29] _____ rock.	_____	_____
3. En général, les étudiants aiment _____ football américain.	_____	_____
4. En général, les Anglais[30] préfèrent _____ rugby et les Américains _____ base-ball.	_____	_____
5. En général, les enfants adorent _____ natation. Ils sont souvent[31] dans l'équipe de natation[32].	_____	_____

H. Questions personnelles. You will be asked some personal questions regarding your likes and dislikes. Stop the recording and answer each question with complete sentences.

MODÈLE: Vous aimez le base-ball?

J'aime le base-ball. / Je n'aime pas le base-ball.

1. _____
2. _____
3. _____
4. _____
5. _____
6. _____

I. Le cinéma. A new movie theater in town is taking a survey to see what kind of movies people prefer. Answer the questions that the survey representative asks you.

1. Mes[33] parents _____.
2. Ils (les étudiants) _____.
3. Ils _____.
4. Nous (mes amis et moi[34]) _____.
5. Nous _____.

[27]*women* [28]*men* [29]*children* [30]*the English* [31]*often* [32]*swim team* [33]*my* [34]*my friends and I*

À vous de vous perfectionner! (2)

The new sounds for this lesson: *i* and *r*

Remember . . . be a child again! *Play a happy, smiling horse* in our French sound circus and then *purr like a cat.*

1. The French **i:** Careful, the French **il** is very different from the English "ill."

   - As with **u,** close your mouth until the fleshy body of your tongue touches your palate. Firmly press the tip of your tongue behind your lower teeth.
   - Now, instead of rounding your lips as you did for **u,** stretch them in a *smile,* but without opening your mouth.
   - It is important to keep your teeth close together; otherwise, you end up doing an English *ill* instead of a French **il/ils.**
   - Now, be a smiling horse and produce a series of sharp, short, crystal French **i** sounds.

Production. Next, listen to your *SAM Audio* and practice the following words with **i:**

antipathique, sympathique, gentil, mignon, optimiste, pessimiste, petit, riche, sportif, stupide, timide, triste, frisés, gris, lisses, mi-longs, l'athlétisme, américain, rugby, tennis, comédie, musical, romantique, film dramatique, historique, policier, classique, qui, Patricia, Marie, Éric, Tahiti, compris, Sandrine, il, ils, physique, personnalité.

You have around 50 **i** sounds in the vocabulary list of your textbook. So have fun and keep smiling!

2. The French **r:** Purr like a cat.

   Let's take a step back first and be speech experts. What do you do when you produce an English *r?* Close your eyes; now feel where the tip of your tongue is and how your tongue behaves.

   For the English *r,* was the tip of your tongue up, almost touching the middle of your palate (the roof of your mouth)? And was your tongue all curled up? Well, the French **r** is totally different:

   - Your tongue needs to stay relaxed on the floor of your mouth, like a ray casually hovering in the golden sand of a Caribbean beach.
   - The tip of your tongue stays anchored behind your lower teeth.
   - Your mouth is open, almost as if it were ready to catch flies.
   - Now, try to push air as if something in your throat was bothering you. At first, it will sound harsh, but gradually, you will relax and the harshness will become a purr. This is the hardest sound to learn for English-speaking students learning French. But remember . . . be a child and play with your mouth!

Production. Now let's practice the new **r** words of this chapter:

bavard, courageux, fort, grand, gros, pauvre, provocateur, riche, sportif, super, triste, court, frisés, gris, noirs, roux, marron, vert, karaté, rugby, titre, romantique, aventure, dramatique, guerre, historique, western, moderne, rap, rock, Marie, Éric, Laura, Alexandra, Montréal (note: we don't pronounce the **t**), France, Bruxelles, Gérard, compris, vrai, vocabulaire, être, avoir, parler, portrait, personnel, Sandrine, Rahma, apparence, personnalité.

You also have around 50 **r** sounds in the vocabulary list of your textbook. So have fun and keep purring!

You have surely noticed that the same words are used to practice different parts of French pronunciation; as we all know, practice makes perfect!

À vous de lire!

A celebrity is going to describe him- or herself. Read the description below.

Une personne mystérieuse!

Bonjour! Je suis plutôt[35] vieux et je pense[36] que je suis très beau. Je n'ai pas beaucoup de[37] cheveux. J'ai les cheveux châtains-gris. J'ai les yeux bleus. Je ne suis pas mince mais je ne suis pas gros. Je suis très, très riche. Je suis intelligent. J'aime beaucoup New York et j'adore les casinos, les hôtels de luxe et les grands buildings. J'ai un programme à la télévision. Mon programme est un *reality show*. Mon show a beaucoup de succès. Quelquefois[38], je suis méchant dans mon programme. En général, les étudiants aiment mon show télévisé. J'ai cinq enfants[39] et ma dernière[40] épouse s'appelle Melania. Melania et moi, nous avons un enfant pour le moment. Avez-vous deviné[41] qui je suis?

Compréhension. Now answer the following questions in complete sentences in French, based on the reading.

1. Cette personne mystérieuse est une femme ou un homme?

_____

2. Il/Elle est jeune?

_____

3. Il/Elle a les yeux verts?

_____

4. Il/Elle est pauvre?

_____

5. Il/Elle est journaliste à la télévision?

_____

6. Il/Elle est gentil/gentille dans son programme?

_____

7. Qui aime son show télévisé?

_____

8. Il/Elle a un enfant?

_____

Qui est la personne mystérieuse?

_____

[35]*rather* [36]*think* [37]*a lot of* [38]*Sometimes* [39]*children* [40]*present* [41]*Have you guessed*

CHAPITRE

3 Ma famille et mes amis

Commençons!

Vocabulaire essentiel: Les activités, les professions, les animaux domestiques

A. Vies différentes (*Different lives*). Complete each sentence in the left-hand column with the most logical option in the right-hand column.

1. J'habite ___e___.
2. Je suis pilote ___c___.
3. Je suis médecin ___f___.
4. J'étudie _____.
5. J'écoute _____.
6. Je parle _____.

a. le rock
b. les mathématiques
c. chez American Airlines
d. japonais
e. dans un appartement
f. dans un hôpital

B. Sa profession? Determine the professions of the people listed below based on the descriptions. Start with **Il est...** or **Elle est...** followed by the appropriate profession.

1. Fred organise des voyages pour ses clients. _____

2. Sara invente des prototypes. _____

3. Jean-Marc voyage beaucoup. _____

4. Hélène élabore des plans d'appartements ou de bâtiments[1]. _____

5. Lisa cherche des criminels. _____

6. Benjamin s'occupe de l'hygiène dentaire. _____

C. Animaux domestiques. Below, the characteristics of several different types of pets are described. Read through the descriptions first, then listen carefully as the speaker lists a number of pets. Write the letter of each pet you hear next to the appropriate description.

1. Il aime chanter. _____

2. Il aime protéger. _____

3. Il habite dans un aquarium. _____

4. Il aime manger des carottes. _____

5. Il adore chasser les oiseaux. _____

[1]*buildings*

1. Frankenstein _____
2. Sherlock Holmes _____
3. Steve Jobs _____
4. Donald Trump _____
5. Frank Lloyd Wright _____

Structures 1 et 2: Les verbes en *-er* (2); Les verbes en *-er*: les questions avec réponse *oui* ou *non*

E. Que font-ils (*What are they doing*)? Look at the illustration below, then fill in the blanks with the correct form of the verbs that best describe what each person is doing.

1. Gilles _____.
2. Élise et Jacques _____ au _____.
3. Nous _____.
4. Vous _____.
5. Tu _____ de la _____.
6. J(e) _____ du Coca.

F. Mais non! Your little brother thinks he knows it all when it comes to professions. You correct him by negating his statements below and by giving him the correct information. Write the appropriate forms of the verbs in parentheses.

1. —Un architecte _____*Chante*_____ (chanter) des opéras.

   —Mais non! Un architecte ___*ne Chante pas*___ (ne... pas/chanter) des opéras. Il _____*travaille*_____ (travailler) dans un bureau et il élabore des plans.

2. —Les agents de police _____*Cherchent*_____ (chercher) des poissons rouges.

   —Mais non! Les agents de police ___*ne cherchent pas*___ (ne... pas/chercher) de poissons rouges. Les agents de police _____*trouvent*_____ (trouver) des criminels.

3. —En général, les dentistes et les médecins _____ (fumer) dans les cliniques.

   —Mais non! Ils _____ (ne... pas/fumer) dans les cliniques. Ils

   _____ (aimer) montrer un bon exemple aux patients[2].

4. —Vous, les étudiants à l'université, vous _____ (voyager) beaucoup.

   —Mais non! Nous _____ (ne... pas/voyager) beaucoup. Nous

   _____ (étudier) et nous _____ (écouter) les

   profs en classe.

G. Qu'est-ce qu'ils aiment? Based on the illustrations, tell what the following people like to do. **Attention!** There are two verbs together in each sentence.

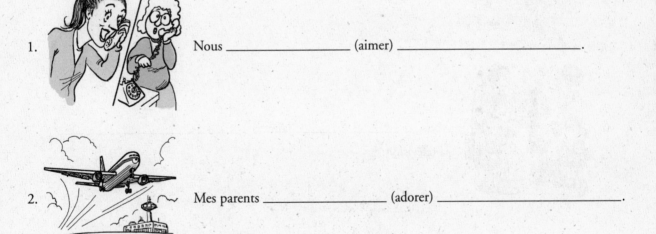

1. Nous _____ (aimer) _____.

2. Mes parents _____ (adorer) _____.

[2]*show a good example to the patients*

3. Tu _____ (adorer) _____ des chaussures³.

4. Je _____ (préférer) _____ le jazz.

5. Nicholas _____ (aimer) _____.

6. Vous _____ (aimer) _____ la télévision.

H. Questions indiscrètes! Stéphanie's brother, Julien, is asking her some personal questions to try to embarrass her in front of her boyfriend. Formulate Julien's questions based on Stéphanie's answers. Use **est-ce que** to form your questions.

1. JULIEN: _est-ce que tu Chantes_ dans la salle de bains⁴?

    STÉPHANIE: Non! Je ne chante pas dans la salle de bains!

2. JULIEN: _est-ce que tu danso_ devant⁵ le miroir?

    STÉPHANIE: Non! Je ne danse pas devant le miroir!

³shoes ⁴bathroom ⁵in front of

3. JULIEN: <u>est-ce que tu manges</u> avec la bouche ouverte[6]?

STÉPHANIE: Non! Je ne mange pas avec la bouche ouverte!

4. JULIEN: <u>est-ce que tu fumes</u> trente cigarettes par jour?

STÉPHANIE: Non! Je ne fume pas, Julien!

5. JULIEN: _____ les beaux garçons?

STÉPHANIE: Non! Je ne regarde pas les beaux garçons!

6. JULIEN: _____ les conversations privées?

STÉPHANIE: Non! Je n'écoute pas les conversations privées!

I. Vrai ou faux? Based on the illustration below, you will hear six activities described. Choose **vrai** or **faux** based on whether the descriptions match the illustrations.

1. Gilles   vrai   faux

2. Élise et Jacques   vrai   faux

3. nous   vrai   faux

4. vous   vrai   faux

5. tu   vrai   faux

6. je   vrai   faux

[6]with your mouth open

J. Une bande dessinée (*cartoon*). You work as a cartoonist for your local newspaper and your boss is telling you what to draw for the next Sunday issue. Listen as she describes what some people do for a living or in their leisure time. For each sentence you hear, write brief notes in English to remind yourself what to draw in each cartoon.

1. _____
2. _____
3. _____
4. _____
5. _____
6. _____

K. Questions personnelles. The speaker will ask you a series of personal questions. Listen carefully, then answer the questions with complete sentences.

1. _____
2. _____
3. _____
4. _____
5. _____
6. _____

Structures 3 et 4: Les articles indéfinis; Les professions et les articles indéfinis

L. Quel animal (*What animal*)? You are playing with your two-year-old sister by showing her animal drawings for her to identify. However, she is not identifying them well. Use the illustrations below to correct her. Write the correct answers with the appropriate indefinite articles in the spaces provided.

MODÈLE: C'est **un** hamster!

Non, ce n'est pas un hamster. C'est un chien.

1.   C'est ___un___ chien!

Non, _Ce n'est pas un chien_.

C'est _un hamster_.

2. C'est ___un___ oiseau!

Non, __Ce n'est pas un oiseau__.

C'est __un chat__.

3. Ce sont ___un___ poissons!

Non, __Ce n'est pas un poissons__

Ce sont __des lapins__.

4. C'est ___un___ cochon d'Inde!

Non, __Ce n'est pas un Cocho d'Irde__

C'est __un oiseau__.

M. Moi j'ai! Your little sister claims that she has all the pets that were mentioned above. Contradict her by negating her statements.

1. —J'ai un hamster!

   —Non, ~~oooo~~ tu n'as pas un hamster .

2. —J'ai un chat!

   —Non, tu n'as pas un chat .

3. —J'ai des oiseaux!

   —Non, tu n'as pas des oiseau .

4. —J'ai des poissons!

   —Non, .

5. —J'ai un cochon d'Inde!

   —Non, .

6. —J'ai un lapin!

   —Non, .

N. Quelle est votre profession (*What is your profession*)? You are a journalist taking a survey on the streets to determine the most common professions held by young people. Use the illustrations to provide answers to the questions. Pay attention to the gender of the subject!

1. —Bonjour Madame, quelle est votre profession?

   —Je suis une secrétaire .

2. —Bonjour Monsieur, quelle est votre profession?

   —Je suis un agent de police .

3. —Bonjour Madame, quelle est votre profession?

—Je suis _un dentiste_ _____.

4. —Bonjour Madame, quelle est votre profession?

—Je suis _un pilote_ _____.

5. —Bonjour Monsieur, quelle est votre profession?

—Je suis _un medecin_ _____.

O. Comment sont-ils? Each profession faces its own challenges and, as shown in the illustrations below, some days are better than others. Identify the profession of each person shown and tell how each person feels.

MODÈLE:

C'est une secrétaire. Elle est contente.

1. _____

2. _____

3.

4.

5.

P. L'ami des animaux (*The animal lover*). Listen to each sentence that you hear, and put it in the negative.

MODÈLE: *You hear:* J'ai un poisson. J'aime les poissons.
   You write: Je n'ai pas de poisson. Je n'aime pas les poissons.

1. _____ .
2. _____ .
3. _____ .
4. _____ .
5. _____ .

Q. Caractéristiques. You are about to hear the names of several famous animals, either real or from cartoons. Match their names, below, to the descriptions that you hear.

1. Snoopy _____
2. Garfield _____
3. Tweety _____
4. Nemo _____
5. Lassie _____

À vous de vous perfectionner! (1)

Révision: *u, ou, i,* and *r*

Using some of the vocabulary from preceding chapters and from this chapter, let's continue to be a dove with **ou,** give a kiss with **u,** smile with **i,** and purr with **r** while practicing French words and expressions.

Production. First listen to the selected expressions, then repeat them while focusing on the **u, ou, i,** and **r** sounds:

1. La grand-mère
2. Ils étudient.
3. Je ne fume pas.
4. Le mardi il joue.
5. Tu écoutes de la musique classique.
6. Le beau-père du marié et la secrétaire divorcée parlent.
7. L'infirmière célibataire trouve les films d'épouvante stupides.

À vous d'écrire!

Je suis comme ça. Write a short paragraph about yourself: where you live, where you work, what you do during the weekend, what you study, where you travel, your pets, your favorite music and movies, etc. Use the vocabulary that you have seen in the first half of this chapter and in previous chapters. Do not try to translate English sentences into French with the aid of your dictionary, as literal translations do not always make sense.

Je m'appelle Chris. J'habite un maison à Pickering.
Je traivaille dans un PetSmart. Le week-end, je
danse et Jouer un tennis. Je suis étudiant à Seneca,
et je étudie liberal arts. Je ne traivaille pas

Continuons!

Partie I: Vocabulaire essentiel: La famille

A. La famille. Test your knowledge of family-related vocabulary by completing the definitions below with the most logical vocabulary word or expression.

1. Fatima n'a pas de frères et elle n'a pas de sœurs. Elle est _fille unique_.
2. Louis n'est pas marié. Il est _Célibataire_.
3. Marie et Patrick ne sont plus[7] mariés. Ils sont _divorcé_.
4. Juliette sort avec[8] André, un très cher ami. André est le _petit ami_ de Marie.
5. J'ai un fils et une _fille_: j'ai deux enfants au total.
6. Deux frères qui sont identiques sont des _____. Et deux sœurs qui sont identiques sont des _____.
7. La fille de ma tante et de mon oncle c'est ma _____.

B. L'arbre généalogique de Daniel (*Daniel's family tree*). Daniel's family tree is below. Help him fill in the nouns for those members that are missing. Remember to include his relationship to his grandparents when you fill in the box under his name.

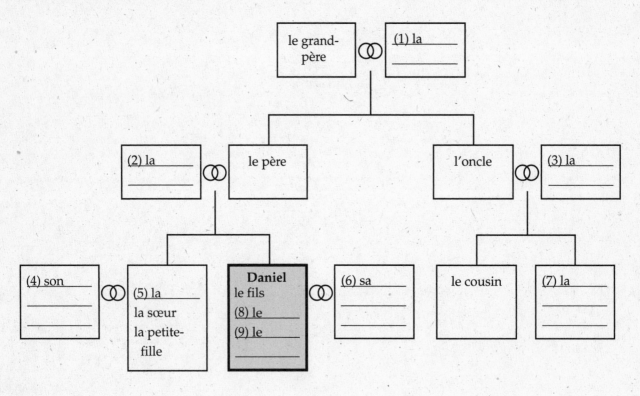

[7]*no longer*   [8]*goes out with*

C. J'ai une grande famille. Listen to Camille as she describes her family to you. Then read the statements below; based on Camille's descriptions, indicate whether each statement is true (**vrai**) or false (**faux**).

1. Le père de Camille habite avec la mère de Camille.   vrai   faux

2. Camille a une sœur. Elle s'appelle Béatrice. Elles sont jumelles.   vrai   faux

3. Béatrice travaille à Gap.   vrai   faux

4. Camille étudie à l'université.   vrai   faux

5. Béatrice et Camille aiment la musique classique.   vrai   faux

6. La mère de Camille est pianiste.   vrai   faux

Structure 5: Les adjectifs possessifs

D. Une famille atypique. Below is a description of an atypical family. Fill in the blanks with the appropriate possessive adjectives.

Bonjour! Je m'appelle Rachida et je suis suisse. (1) _____Ma_____ famille est une famille non traditionnelle.

(2) _____mes_____ parents sont algériens, mais ils habitent en Suisse, à Genève. (3) _____Mon_____ père travaille

pour Movado et le week-end il est guide touristique au lac Léman (le grand lac à Genève). (4) _____Ma_____

mère travaille dans une banque. Elle est directrice. Le week-end, quand (5) _____Mon_____ père est au lac

Léman avec (6) _____Son_____ (*his*) touristes, elle chante du rap dans un groupe. (7) _____ (*her*) groupe

s'appelle «Le rap râleur[9]». J'ai un frère et une sœur. (8) _____ (*Our*) parents parlent arabe à la

maison. (9) _____ (*Our*) famille est trilingue: on parle français, arabe et allemand[10]. La majorité de

(10) _____ (*our*) amis sont aussi trilingues. (11) _____ (*Their*) parents sont algériens ou

marocains. Est-ce que (12) _____ (*your*) parents vous parlent une autre langue à la maison?

E. Pourquoi (*Why*)? You are a French teacher and you have just introduced the possessive adjectives to your students. Your students want to know why their sentences are incorrect. Explain why they are incorrect and give them the correct sentences.

Key words for the explanations: **c'est masculin, c'est féminin, c'est pluriel, c'est singulier, ça commence par une voyelle**

1. LEAH: Est-ce que c'est correct **mon** grand-mère?

   VOUS: Non, ce n'est pas correct. C'est _____ grand-mère parce que[11] _____ .

2. JOHN: Est-ce que c'est correct **ma** amie?

   VOUS: Non, ce n'est pas correct. C'est _____ amie parce que _____ .

3. ROB: Est-ce que c'est correct **sa** mari?

   VOUS: Non, ce n'est pas correct. C'est _____ mari parce que _____ .

4. WENDY: Est-ce que c'est correct **ton** cousine?

   VOUS: Non, ce n'est pas correct. C'est _____ cousine parce que _____ .

5. JORDAN: Est-ce que c'est correct **nos** poisson?

   VOUS: Non, ce n'est pas correct. C'est _____ poisson parce que _____ .

6. JULIE: Est-ce que c'est correct **leur** chats?

   VOUS: Non, ce n'est pas correct. C'est _____ chats parce que _____ .

[9]*complaining/grumpy*   [10]*German*   [11]*because*

F. Qui est-ce (*Who is it*)? Based on the clues you hear, guess the famous person, real or fictional, that is being described and write his or her name next to the appropriate number. If you don't know the answer, simply write down the clue as you hear it.

1. _____
2. _____
3. _____
4. _____
5. _____

G. Ta famille. The speaker will ask you some questions about your family. Answer them below, using complete sentences.

1. _____
2. _____
3. _____
4. _____
5. _____

Partie II: Vocabulaire essentiel: Les jours de la semaine et les mois de l'année

A. Dates importantes en France. Do you know the French holidays? To find out, match the dates on the left with the French holidays or special days on the right column.

_____ 1. le 21 septembre   a. la fête[12] du Travail

_____ 2. le 31 décembre   b. le poisson d'avril[13]

_____ 3. le 14 février   c. le Tour de France

_____ 4. le 1er avril   d. le premier jour d'automne

_____ 5. le 1er juillet   e. la Saint-Valentin

_____ 6. le 1er mai   f. le Réveillon[14]

[12]*Literally* **fête** *means party. In this case it means* the day of labor *(Labor Day).*   [13]*April Fool's Day*   [14]*New Year's Eve, Christmas Eve*

B. L'emploi du temps (*Schedule*). You are the assistant to the president of the French company Renault. Based on the information given in English below, create a weekly schedule—in French! Leave the verbs in the infinitive form (do not conjugate them).

Weekly planner (8/5 to 8/9)		
Day	Date	Activity
Monday	**August 5th**	listen to news (les actualités) on the radio play tennis with Alain
Tuesday	**August 6th**	eat with Mr. Roux (le président de Peugeot)
Wednesday	**August 7th**	watch the stock market (la bourse) on (à la) TV
Thursday	**August 8th**	call your mother (c'est son anniversaire[15]!)
Friday	**August 9th**	talk with Mrs. Volant (le président de Citroën)

L'emploi du temps (05-08 au 09-08)

C. Fêtes américaines. You are going to hear several dates that correspond to American holidays. Write the letter of each date that you hear next to the correct holiday below.

1. _____ la fête de l'Indépendance américaine

2. _____ Noël

3. _____ la fête de la St. Valentin

4. _____ l'anniversaire de Martin Luther King, Jr.

5. _____ le Jour des Vétérans

[15]*birthday*

∩ D. Vos dates importantes. What are the most important dates of the year for you and your family? The speaker is going to ask you some questions to find out. Answer the questions with complete sentences.

1. _____

2. _____

3. _____

4. _____

5. _____

Structures 6 et 7: Les pronoms *on* et *il y a*; Les chiffres de 31 à 60

E. Que fait-on (*What does one do*)? Tell what one does in the following places. Be logical!

MODÈLE: dans un avion[16]

  On regarde la télé. / On parle avec les passagers.

1. dans un restaurant: <u>On mange là dîner</u>

2. à la maison[17]/dans l'appartement: _____

3. au night-club[18]: _____

4. à l'aéroport: _____

5. dans le cours de français: _____

6. au supermarché (des fruits/du café/du jus d'orange, etc.):

  _____

F. Combien? Are you materialistic? Let's see how many things you own! Answer the questions with complete sentences. Start your sentences with **Il y a...**

1. Combien de radios est-ce qu'il y a dans ta maison/ton appartement/ta chambre universitaire[19]?

  _____

2. Combien de voitures[20] est-ce qu'il y a dans ton garage?

  _____

3. Combien d'ordinateurs[21] est-ce qu'il y a dans ta maison/ton appartement/ta chambre universitaire?

  _____

4. Combien de DVD est-ce qu'il y a dans ta maison/ton appartement/ta chambre universitaire?

  _____

5. Combien de chaînes stéréo[22] est-ce qu'il y a chez toi[23]?

  _____

6. Combien de bicyclettes est-ce qu'il y a chez toi?

  _____

---

[16]*plane* [17]*house* [18]**Discothèque** *and* **boîte de nuit** *are also used for* nightclub. [19]*dorm room* [20]*cars* [21]*computers* [22]*stereos* [23]*at your house*

G. C'est combien (*How much is it*)? Look at the illustrations, then write out the price of each item in words in the spaces provided below. Start your sentences with **C'est...** The symbol for euros is €.

le chariot, 50 €

1. _____

2. 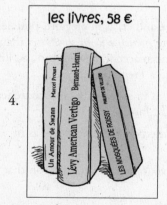 _____

les chaussures, 60 €

les jeans, 39 €

3. _____

les livres, 58 €

4. _____

les CDs, 45 €

5. _____ _____

H. Le week-end. You are going to hear what college students generally do on weekends in France. Write down what you hear.

1. _____

2. _____

3. _____

4. _____

5. _____

I. Numéros de téléphone. You are exchanging phone numbers with some friends at a party. Write down the phone numbers that you hear. You don't need to spell them out; use numbers.

1. _____

2. _____, _____

À vous de vous perfectionner! (2)

> **The new sounds for this chapter:**
> 1. **The four *e* options**
> 2. **Final consonants**

1. The four *e* options

You have already noticed that the letter **e** is very frequent; that it sometimes bears an accent (**grave, aigu, circonflexe, tréma** as introduced in Chapter 1); that—because of that accent—its pronunciation changes; and that sometimes we pretend it's not there.

So, how are you supposed to know what to do when you see the letter **e?** Here are some spelling tricks (**des trucs**), i.e., fast and easy solutions or rules of thumb:

(a) e = the vowel sound in the English words *day*, *bay watch*, or *fiancé* when spelled **é** and **er,** as in **élégant, policier, chanter,** and of course all the **-er** verbs. Your lips are stretched in a smile, but the *French e is much shorter* than the English. In other words, if you pronounce **chanter** or **danser** with an American accent, it would sound like *chanteyyyy* and *danseyyyy* . . . and that's when you would sound a little "funny" to a French listener!

(b) e = the sound in the English word *debt* when spelled **è, ê,** or **e + 2 consonants,** as in **mère, être,** and **cherche, architecte, n'est-ce pas.** Your lips are still stretched but they are more open than for **é.**

(c) e = the sound in the English expression *duh,* but shorter, when it's not one of the two options above, as in **petit, que,** or **je.**

(d) e as a phantom; it is simply not pronounced. However, it's not there just for decoration; see the section that follows on final consonants.

NOTE: Plural articles **des, les,** and possessive **mes** are pronounced as in (a) above.

⌒Perception. Using the four options above, enter (a), (b), (c), or (d) for each **e** that you find in the phrases below.

1. Ma   nièce   est   fiancée.

          — —   —   — —

2. Sa   mère   est   séparée.

          — —   —   — —

3. Le   médecin pratique   le   mercredi.

    —   — —   — — —   — —

4. j'achète

        — —

5. Je   préfère   acheter   mes   hamsters   le   samedi.

    —   — — —   — —   —   —   —   — —

2. Final consonants

You've probably noticed that most final consonants are not pronounced in French. However, when a word has an **e** at the end, in general, make sure to pronounce the consonant that precedes this **e.**

(a) with adjectives: In Chapter 2, you learned adjectives to provide physical descriptions and to talk about personality. In so doing, you already perceived and practiced the gender difference of adjectives when applied to masculine and feminine nouns, as in **amusant** vs. **amusante.** Isn't it amazing what a simple little **e** can do: it changes the masculine into a feminine form. So, when you speak, this gender clarification also needs to appear *clearly* in your pronunciation:

    Mon petit frère est grand. *vs.* Ma mère est gran**de.**

(b) with nouns

    le petit chat *vs.* la peti**te** cha**tte**

(c) with verbs (as in the conjugation of *-er* verbs): However, note that the **-ent** in the plural is not pronounced. This is because there is an **e** after the final consonant in the stem, so that is pronounced. However, there is no **e** after the **nt,** so those letters are silent. Hence, (**je**) chan**te** *sounds identical to* (**ils**) chan<u>tent</u>.

(d) with the conjunction *et:* There is no **e** after the **t,** so we don't pronounce the **t.**

⌒Perception. Listen to the following words or expressions and mark **Y** (yes) or **N** (no) to indicate whether or not you clearly hear the final consonant.

1. _____

2. _____

3. _____

4. _____

5. _____

⌒Production. Listen carefully to the following phrases, then repeat them, making sure to clearly produce the final consonant when appropriate.

l'agent et le médecin

Ma nièce est courag**euse.**

Ma peti**te** amie est intelligen**te.**

les cheveux blonds

Nous sommes de tout petits chats.

Ma fille est tou**te** petite et élégan**te.**

Ils chan**tent** un chant amoureux à la fiancée tou**te** migno**nne.**

l'architec**te** et le dentis**te**

Mon neveu est courageux.

Mon petit neveu est intelligent.

la plante ver**te**

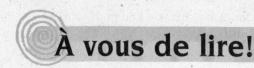

À vous de lire!

Read the text below and answer the questions that follow. Florence is going to share with you what she does when she takes some time off.

Des mini-vacances (*On vacation*)

J'adore le camping. Quand il y a un long week-end je prépare ma tente et je pars[24] à l'aventure. Je suis très intrépide! J'aime être seule face à l'immensité de la nature. J'aime être seule parce que je suis fille unique. J'ai un chien—il s'appelle Lou—mais il reste[25] avec mes parents. Je commence mes mini-vacances avec un café et un croissant le matin. J'aime regarder la nature et j'aime écouter chanter les oiseaux. C'est très relaxant! Ensuite[26], je cherche une rivière pour pêcher[27] des poissons. J'adore manger du poisson! Après, je fais du vélo[28]. Mon vélo est un VTT[29]. Je suis très sportive. Je pratique beaucoup de sports: le golf, le tennis, la natation et le basket. Mes parents sont très sportifs aussi. Ils sont champions de judo. Après le VTT, comme je suis fatiguée, je joue aux cartes (au solitaire) avant de manger mon dîner. Généralement, pour le dîner j'ai du poisson. Il est délicieux: très frais[30] et très naturel. J'adore mes mini-vacances!

Compréhension. Answer the following questions using complete sentences.

1. Est-ce que Florence aime la nature?

_____

2. Est-ce que Florence a des frères et des sœurs?

_____

3. Comment est-ce qu'elle commence ses mini-vacances?

_____

4. Florence aime faire de la natation dans la rivière?

_____

5. Est-ce que la famille de Florence est sportive?

_____

---

[24]*I leave*   [25]*stays*   [26]*next*   [27]*fish*   [28]*I ride my bicycle*   [29]*mountain bike* (**VTT = Vélo Tout Terrain**)   [30]*fresh*

CHAPITRE

4 Mon appartement

Commençons!

Vocabulaire essentiel: Le logement et la maison

A. Un appartement très agréable. Look at the floor plan below and describe what you see in each room. For each room, follow the indications below. Start each sentence with **Il y a...**

1. dans la cuisine (*choose two appliances*): _____

2. dans le salon (*pick four items*): _____

3. dans la salle à manger (*choose two pieces of furniture*): _____

4. dans la chambre (*choose four pieces of furniture*): _____

5. dans la salle de bains (*pick three items*): _____

6. dans le garage (*choose two things*): _____

B. Aux États-Unis. Your French friend Benoît is about to come to the United States for the first time. He would like to know what a typical apartment in the U.S. is like. Answer his questions with complete sentences.

1. En général, est-ce qu'il y a un concierge dans les immeubles?

   _____

2. Est-ce que les immeubles de deux ou trois étages ont un ascenseur?

   _____

3. Est-ce que les boîtes aux lettres sont à l'intérieur de l'immeuble ou à l'extérieur?

   _____

4. Est-ce que les appartements ont un cabinet de toilettes?

   _____

5. Est-ce que les toilettes sont à l'intérieur ou à l'extérieur des salles de bains?

   _____

6. Est-ce que les machines à laver sont dans la cuisine?

   _____

C. Mon appartement. You are looking for an apartment in Geneva, Switzerland. Cécile is going to describe her apartment to you over the phone. Write down each of the rooms she mentions and the furniture in each room.

1. _____ est petite. Il y a _____, _____

   et _____. Je n'ai pas de _____.

2. _____ est petit aussi. Je n'ai pas de _____.

   Je mange dans _____ ou dans _____. Dans mon salon,

   il y a _____, _____ et _____.

   Je n'ai pas de _____.

3. Il y a deux _____ dans mon appartement. _____ est très jolie.

   J'ai _____ et _____.

4. Dans l'autre chambre, il n'y a pas de _____. Il y a _____

   et _____.

5. Il y a _____ et _____.

D. Où est-ce que je place (Where do I place) ...? You have bought some furniture for your new apartment and the delivery person is wondering where to place each item. Listen to his questions, then decide where each piece of furniture should go and write your responses below. Be logical! Start with **dans le/la...** or **dans mon/ma...**

1. _____

2. _____

3. _____

4. _____

5. _____

Structures 1 et 2: Le futur proche; Les chiffres de 61 à 1 million

E. Qu'est-ce qu'ils vont faire demain? Look at the following illustrations and write what each person is going to do tomorrow, using the **futur proche** (**aller** + an infinitive). (No need to say where.)

1.  Ils _____.

2.  Nous _____.

3.  Il _____.

4.  Je _____.

5. Vous _____ .

6. Tu _____ .

F. Le week-end prochain. You would like to go out with your friends this coming weekend. However, when you ask them to go out with you they decline and tell you the plans they already have. Based on their likes and dislikes, complete each sentence in a logical way using the **futur proche** (**aller** + an infinitive).

1. CÉLINE: Je suis désolée! Comme j'adore le sport, je

_____ le week-end prochain.

2. DAVID: Je suis désolé! J'aime beaucoup le rock, alors[1] je

_____ le week-end prochain.

3. FRED ET FANNY: Nous sommes désolés! Nous aimons beaucoup les films d'aventures, alors nous

_____ le week-end prochain.

4. JÉRÔME ET ADRIEN: Nous sommes désolés! Nous adorons voyager, alors nous

_____ le week-end prochain.

5. ANNE: Je suis désolée! J'adore la cuisine italienne, alors je

_____ le week-end prochain.

G. Où est-ce qu'ils vont? Indicate to which room of the house the people below go to do the following activities, using the construction **aller à.** Be logical and watch for contractions!

1. Pour préparer le dîner, Anne-Marie _____ .

2. Pour écouter de la musique, tu _____ .

3. Pour prendre un bain[2], les enfants _____ .

4. Pour manger le dîner, nous _____ .

5. Pour prendre la voiture, vous _____ .

6. Pour regarder la télévision, je _____ .

[1]*so*   [2]*take a bath*

H. Le billet de loto (*lottery ticket*). Are you the winner of the grand prize (**le grand prix**)? To find out, look at the lottery ticket that you have and try to match it with the winning number. Spell out, in words, the prize amounts for each ticket in the space provided. Here is your lottery ticket:

Le LOTO				
01	02	09	12	19
21	27	30	35	42
43	47	53	54	66
75	81	89	93	98

1. Le grand prix: 1 600 393 euros _____

    pour le billet numéro soixante-quinze/quatre-vingt-dix-neuf/soixante-six/quatre-vingt-huit.

2. Le grand prix: 3 977 euros _____

    pour le billet numéro soixante-quinze/quatre-vingt-dix-neuf/soixante-seize/quatre-vingt-dix-huit.

3. Le grand prix: 90 365 euros _____

    pour le billet numéro soixante-quinze/quatre-vingt-neuf/soixante-six/quatre-vingt-dix-huit.

4. Le grand prix: 23 782 euros _____

    pour le billet numéro soixante-cinq/quatre-vingt-neuf/soixante-six/quatre-vingt-huit.

Did you win? How much? (You can write your response in numerals.) _____

I. Je déteste! Listen to Aline as she tells you where she will not be going based on what she hates doing. Then, based on what she says, choose the correct sentence from each group below to indicate her dislikes.

1. _____ a. Je déteste aller à l'université.

    _____ b. Je déteste aller à l'hôpital.

    _____ c. Je déteste aller à la discothèque.

2. _____ a. Je déteste aller au restaurant.

    _____ b. Je déteste aller au bureau.

    _____ c. Je déteste aller à Paris.

3. _____ a. Je déteste aller au cours de mathématiques.

    _____ b. Je déteste aller à un concert de musique classique.

    _____ c. Je déteste aller à un concert de musique rock.

4. _____ a. Je déteste écouter la radio.

    _____ b. Je déteste acheter des films.

    _____ c. Je déteste regarder des films.

5. _____ a. Je déteste aller au cours.

    _____ b. Je déteste manger dans la salle à manger.

    _____ c. Je déteste aller en voyage.

🎧 **J. Akea cadeaux (*Akea gifts*)!** Akea, the furniture store, is giving away certain items to its clients under a "buy one, get one free" promotional campaign. You call Akea's Customer Service to find out which items are being given away and their value. Listen to the clerk as he names the specific items and their prices, then write them down below. (No need to spell out the numbers.)

1. _____

2. _____

3. _____

4. _____

5. _____

À vous de vous perfectionner! (1)

Vowels in couples

Have you noticed how some vowels tend to get together and create new sounds? English also has coupled vowels, such as *ea* in *weather, learn,* or *tea;* or *ei* in *receive* or *their.*

You have surely noticed that similar coupled vowels in English may translate into different sounds. Well, in this respect, French is much more regular (i.e., easier!) than English in the sound that is produced by each "couple." Let's organize our French vowel couples as you see them in words.

1. *a* couples: *a + i, a + il, a + u*

- *a + i* = *ai* sounds just like the *è* in **mère.**

  You have seen this **ai** couple in, for example, **semaine, secrétaire, maison, chaise,** and the verbs of this lesson: **je vais, faire, je fais, il fait.**

  EXCEPTION: In the phrase **nous faisons,** the **ai** sounds like the *u* in *duh;* that is, option (c) in Chapter 3.

- *a + il* = *ail* sounds like the pronoun *I.*

  You have seen this **ail** couple in *portail.*

- *a + u* = *au* sounds like the English *o* as in H_2O, but much, much shorter and *not glided,* that is, not sounding like "*owww.*"

  You have seen this **au** couple in **jaune, gauche, chaud, restaurant,** and every time you use **aller** + **à** + **le** as in **aller *au* restaurant.**

- *e + au* = *eau* sounds exactly like the *au* above.

  So, don't let the spelling mislead you. Pretend the **e** is not there and focus on the **au.** You have seen this "triangular" couple in words like **tableau, gâteau, bureau,** and **rideau.**

🎧 **Perception and production.** Listen to each word or phrase, and repeat after the model:

- semaine, secrétaire, chaise, faire, je fais, il fait frais
- Le portail est jaune. Je vais à la maison. La chaise est à gauche du bureau. S'il fait chaud, je vais au restaurant. Il fait frais pour la saison.
- **ATTENTION—EXCEPTION!** Nous **fai**sons un gâteau.

2. *i* couples: *i + er, i + è, i + on, i + o,* and *i + e*

For the first three couples, the **i** simply changes into a **y** sound, as in *yes* or *you.*
Let's look at some examples:

- *i + er:* Remember! The final **er** sounds like **é: grenier, évier, escalier, le quartier.**
- *i + è* as in **pièce, cafetière, cuisinière, derrière.**
- *i + on* and *i + o* as in **télévision** and **violet.**
- For *i + e,* just hold your "smiling **i**" a little longer to make the **i** a little longer as in **boucherie, charcuterie, boulangerie, pharmacie.** In this case, the **i** does not change to a **y** sound but is simply held longer.

3. *o* couples: *o + i, o + y*, and *o + u*

Since you have already been practicing your "dove" sounds with **ou** as in **four** (oven), **douche**, and **séjour**, let's look into the new couples.

- *o + i* and *o + y = oi,* which sounds like the *wa* in **voilà** that you already know and use in English. You have seen this **oi** couple in **à droite, noir, devoir, froid, toilette, voiture, baignoire, choisir,** and **loyer.**

There are other interesting couples, such as **e + u** and **e + u + i + l,** as in **livreur, décorateur, réfrigérateur, fauteuil, bleu,** and **il pleut,** but we leave these for another chapter.

Perception and production. Listen to each word or phrase, and repeat after the model. You will notice that we have inserted words to review sounds from preceding lessons.

le grenier, l'évier, l'escalier, le quartier
la pièce, la cafetière, la cuisinière
la boucherie, la boulangerie, la pharmacie
four, douche, salle de séjour
à droite, noir, devoir, froid, toilette,
voiture, baignoire,
choisir, loyer
La cafetière est sur la cuisinère.
Non! La douche est trop froide pour faire ma toilette!
La baignoire est à droite de l'escalier, derrière la salle de séjour.

À vous d'écrire!

Le week-end prochain. Write a short paragraph describing what you are going to do next weekend. Talk about the friends with whom you are going to go out (to watch a movie, go to a concert, go dancing, etc).

_____

_____

_____

_____

_____

_____

_____

_____

_____

_____

_____

_____

Continuons!

Partie I: Vocabulaire essentiel: Les magasins

A. Les petits commerçants. Meet some specialty store owners. Based on what they sell (**je vends** = I sell); tell where they work. Start your sentences with **Il/Elle travaille à la/au...**

1. Jacques: Je vends des croissants. _____

2. Emmanuelle: Je vends des enveloppes. _____

3. Bernard: Je vends du saumon. _____

4. Christian: Je vends de l'aspirine. _____

5. René: Je vends des saucisses. _____

6. Christelle: Je vends des fruits. _____

7. Pierre: Je vends de la bière. _____

B. Où trouve-t-on (*Where can we find*) ...? An American friend has just come to visit you in Toulouse. He shows you a list of items he needs to buy. Tell him in which stores he can find the items listed below. Start your responses with **à la, au,** or **à l'...**

1. des aspirines _____

2. des filets de sole _____

3. des biftecks _____

4. des éclairs au chocolat _____

5. des tomates _____

6. des oranges _____

C. Où est-ce qu'on vend (*Where does one sell*) ...? You are helping some tourists in France buy various foods or medicines. Based on the questions that you hear, circle the appropriate response.

1. a. à la pâtisserie   b. à la boulangerie   c. à la pharmacie

2. a. à la poissonerie   b. à la épicerie   c. à la boucherie

3. a. à la épicerie   b. à la pâtisserie   c. à la boulangerie

4. a. à la chocolaterie   b. à la pharmacie   c. à la boulangerie

5. a. à la épicerie   b. au supermarché   c. à la pharmacie

Structure 3: Les verbes réguliers en *-ir*

D. Une journée typique. A popular singer is describing a typical day off from her show in Las Vegas. Conjugate the verbs in brackets.

1. Mon mari Alain et moi, nous _____ (choisir) notre petit-déjeuner au restaurant. Notre fils Charles _____ (ne... pas/choisir) son petit-déjeuner parce qu'il est encore[3] trop petit!

2. Quand nous _____ (finir) notre petit-déjeuner, nous allons faire une promenade[4].

3. Le petit Charles est très actif, il s'amuse beaucoup au parc mais il _____ (ne... pas/obéir)! Généralement, après le parc, je _____ (punir) Charles—il ne peut pas regarder la télévision. (Il adore regarder Bob l'éponge!)

[3]*still* [4]*take a walk*

4. Charles et son papa _____ (bâtir) des châteaux de sable[5] dans le bac à sable[6]
    du jardin. Ils _____ (salir) leurs beaux vêtements, mais ce n'est pas grave[7]! Ils
    sont contents de jouer tous les deux!

5. Pendant ce temps[8], je _____ (réussir) à me relaxer un peu dans mon sauna.
    C'est super quand je ne travaille pas!

E. Bravo! Congratulate your friends for their accomplishments. Choose the right verb from the list below and conjugate it in the present tense to complete each sentence.

   choisir   obéir   réussir   salir   finir

1. Bravo Marc, tu _____ tes devoirs avant le cours de français!

2. Bravo Odile et Odette, vous _____ toujours à terminer votre travail à temps[9]!

3. Bravo Jean-Paul, tu _____ (ne... pas) le tapis avec la peinture!

4. Bravo Alex et Gabriel, vous _____ à vos mamans!

5. Bravo Luc, tu _____ un excellent travail!

F. Questions pour des stars. A journalist is interviewing some famous stars. First, listen to the questions that she asks. Then, answer the questions as if you were the celebrities listed below. Be logical in your answers!

1. Tom Cruise: _____

2. Angelina Jolie: _____

3. Michael Moore: _____

4. Elizabeth Taylor: _____

5. Julia Roberts: _____

Partie II: Vocabulaire essentiel: La maison, les prépositions, les couleurs

A. Où est chaque chose (*Where is each thing*)? Remember Aurélie Marquis? It turns out that you are going to move in with her in her apartment in Geneva. Your parents are curious to know what the apartment looks like. Look at the illustration and answer your parents' questions on the next page, using complete sentences.

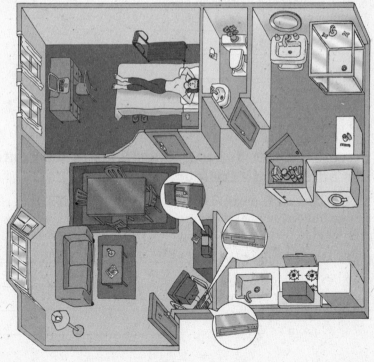

[5]*sandcastles* [6]*sandbox* [7]*it's no big deal* [8]*meanwhile* [9]*on time*

1. Où est la cuisine? À gauche ou[10] à droite de la salle à manger?

   _____

2. Où est la cuisinière? Entre le réfrigérateur et l'évier ou entre le micro-ondes et la machine à laver?

   _____

3. Où est le micro-ondes? Sur l'évier ou au-dessus de la cuisinière?

   _____

4. Où est le salon? À gauche de la salle à manger ou à droite?

   _____

5. Où est le téléviseur? À gauche du sofa ou dans le coin?

   _____

6. Où est la chambre? Devant le salon ou derrière le salon?

   _____

7. Où est la salle de bains? À côté du cabinet de toilettes ou à côté de la chambre?

   _____

B. Va nettoyer (*Go clean*) ... You just moved in with Aurélie Marquis. She is a little bossy and she asks you to clean certain items as part of your weekly chores. Complete the sentences by writing down the items Aurélie asks you to clean. Refer to the illustration in the previous activity to find the items.

1. Va nettoyer le _____ dans la cuisine. Il est à gauche de la cuisinière.

2. Va nettoyer le _____ de la salle de bains. Il est au-dessus du lavabo.

3. Va nettoyer la _____ dans le salon. Elle est sur le tapis.

4. Va nettoyer la _____ dans le salon. Elle est à gauche du sofa.

5. Va nettoyer la _____ dans le salon. Elle est derrière le sofa.

C. Devinez à la couleur (*Guess by the color*). Guess the household items that you hear being described for each number and write them below.

1. _____

2. _____

3. _____

4. _____

5. _____

Structures 4 et 5: Les prépositions et les contractions; Les adjectifs de couleur

D. La classe de français. Do you pay attention to your French classroom? Do you know where everything and everyone is? Answer the following questions to find out! Use prepositions to locate each person or item that is mentioned in the questions.

1. Où est le professeur? _____

2. Où est ton livre de français? _____

3. Où est le tableau[11]? _____

4. Où sont les étudiants? _____

[10]*or* [11]*board*

5. Où est ton étudiant(e) préféré(e)? _____

6. Où sont les fenêtres? _____

7. Où sont les portes[12]? _____

8. Où est-ce que tu es? _____

E. Ce n'est pas possible! You are an interior designer who is visiting a very special client. This client has very unique taste. As he tells you where he sees his furniture, you tell him **Ce n'est pas possible!** and you give him a better place for it. Follow the model.

MODÈLE: —Je voudrais[13] le sofa dans la salle de bains.

—*Ce n'est pas possible! Le sofa va dans le salon.*

1. —Je voudrais les tables de nuit à côté de la table de la salle à manger.

—Ce n'est pas possible! _____

2. —Je voudrais le canapé devant le micro-ondes.

—Ce n'est pas possible! _____

3. —Je voudrais le lit à côté de la table basse.

—Ce n'est pas possible! _____

4. —Je voudrais mes plantes dans le réfrigérateur.

—Ce n'est pas possible! _____

5. —Je voudrais mes tableaux sous mon lit.

—Ce n'est pas possible! _____

F. Les symboles. As you know, colors are very symbolic. Write down what color best symbolizes each of the following feelings, situations, or people.

1. la paix[14]: Elle est _____.

2. la passion amoureuse: Elle est _____.

3. les sorcières[15]: Elles sont _____.

4. les petites filles: Elles sont _____.

5. les petits garçons: Ils sont _____.

6. la joie: Elle est _____.

G. Mon salon. Your client from Activity E above loved the way you furnished his place. He referred you to a friend who is describing her living room over the phone to you. Listen to your new client, and try to visualize her living room. Choose the illustration that best fits her description.

a.

b.

c.

[12]*doors* [13]*I would like* [14]*peace* [15]*witches*

H. De quelle couleur? Your friend lost his sight during an accident when he was a young child. You always help him by telling him the colors that surround him. Tell him the colors of the things he asks you about.

1. _____
2. _____
3. _____
4. _____
5. _____

Partie III: Vocabulaire essentiel: Expressions avec *faire*, Expressions de temps, Les saisons

A. Les tâches ménagères. Remember how bossy your roommate Aurélie is? Well, now she is asking you to do household chores. You are a little aggravated so when she starts giving you tasks, you tell her that you know (**Je sais!**) and before she has time to tell you, you give her a list of chores that you will be doing. Give one chore for each room. Be logical!

MODÈLE: —Dans le jardin...

   —*Je sais! Je fais du jardinage!*

1. —Dans le salon...

   —Je sais! _____

2. —Dans la cuisine...

   —Je sais! _____

3. —Dans la chambre...,

   —Je sais! _____

4. —Dans la cuisine, avec la machine à laver...

   —Je sais! _____

5. —Dans la salle de bains, avec le marteau[16]...

   —Je sais! _____

B. La météo (*weather forecast*). Do you know what the weather around the globe is generally? Test your knowledge by choosing **vrai** or **faux** depending on the statements.

1. Il fait très chaud à Laval (Québec) en automne.   vrai   faux
2. Il fait très froid à Abidjan (Côte d'Ivoire) au printemps.   vrai   faux
3. Il fait du vent—le Mistral—en Provence (France) en été.   vrai   faux
4. Il pleut beaucoup en Normandie en hiver.   vrai   faux
5. Il neige à Pointe-à-Pitre (Guadeloupe) en hiver.   vrai   faux
6. Il ne neige pas à Montreux (Suisse) en automne.   vrai   faux

[16]*hammer*

C. C'est sale (*It's dirty*). Before you listen to the audio, look at the sentences below. They each indicate a dirty room or a dirty furnishing. The speaker is going to give you a list of chores. Write the letter of each chore you hear next to the sentence that matches it.

MODÈLE: *You hear:* f. Je fais la lessive.
             You see: *Les vêtements sont sales.*
             You write: *f*

1. _____ Le tapis est sale.

2. _____ Le jardin est mal entretenu[17].

3. _____ Le lavabo a une fuite[18].

4. _____ Les vêtements sont froissés[19].

5. _____ Les assiettes[20] sont sales.

D. Es-tu frileux(euse) (*Are you cold-blooded*)? The speaker is going to ask you what the temperature feels like under certain weather conditions. Answer the questions as logically as possible.

MODÈLE: *You hear:* Quand il fait du vent...
             You write: *Il fait froid.*

1. _____

2. _____

3. _____

4. _____

Structure 6: Le verbe faire

E. La routine de Margot Seurat. The host of a popular cooking show tells you about her daily routine. Fill in the blanks with the appropriate form of the verb **faire**.

1. Le matin, je _____ du café dans ma cuisine. Ensuite, avec ma meilleure amie[21],

   nous _____ de la peinture sur porcelaine. Après, nous allons dans le jardin et nous

   _____ du jardinage.

2. À midi, les cameramans arrivent pour filmer mon show télévisé. Je _____ des desserts ou

   des plats principaux[22] pour mon programme. Les photographes _____ des photos de mon

   jardin pour mon magazine. Mon chef _____ la cuisine pour tout le monde[23].

3. L'après-midi, je _____ la sieste[24] et je _____ un peu d'exercice.

4. Le soir, je ne _____ rien[25]. Je regarde la télé ou je parle avec mon mari. Et vous, qu'est-ce

   que vous _____ le soir?

F. À l'agence de voyages. You are choosing a vacation destination with your mate. To make your choice easier, your travel agent is telling you about the weather at popular tourist destinations. Complete the sentences with the most appropriate weather expression. (Visit the *À vous!* Online Study Center if you need to find resources that tell you about the weather in these places.)

1. À Moorea (Tahiti), _____ toujours[26] _____ !

2. À Montréal (Canada) en hiver, _____ .

3. À Fort-de-France (Martinique) en été, _____ .

4. À Saint-Denis (La Réunion) en automne, _____ .

[17]*badly kept*   [18]*leak*   [19]*wrinkled*   [20]*dishes*   [21]*best friend*   [22]*main dishes*   [23]*everybody*   [24]*I take a nap*   [25]*nothing*   [26]*always*

G. Qu'est-ce que tu fais? You are trying to plan the rest of your day, so you call your roommate to ask him what chores he is doing around the house. Write down all the things he is doing, those he is going to do, and those he is not going to do.

Il fait:

1. Il fait le ménage.

2. _____

3. _____

4. _____

Il va faire:

5. _____

6. _____

7. _____

Il ne va pas faire:

8. _____

9. _____

À vous de vous perfectionner! (2)

The French nasal vowels: Speaking through the nose

You are already familiar with nasal vowels because they also exist in English, as in *long, language,* and *lunch.* However, there are a couple of differences between French and English nasal vowels: (1) French nasals are produced differently, and (2) in some instances, a nasal vowel creates a new word or marks gender differences, as in the following examples: **un** (*masculine*) vs. **une** (*feminine*); **mot** (*word*) vs. **mont** (*mountain*).

In this chapter, we will look into the first item, the production of the nasal vowels, and in the next chapter, we will cover the second item.

Let's work with our mouth and our rounded lips again.

We shall go from:

- rather closed lips for **o + n,** as in **mon oncle;**
- to a little more open for **a + n** and **a + m,** as in **grand, ma tante,** and **la lampe; e + n** as in **appartement;** and in **e + m** as in **temps;**
- to really wide open (we call it the "dentist" mouth) for **a + i + n, a + i + m, u + n,** or **i + n,** as in **le pain américain, j'ai faim, brun,** and **le vin.**

The major difference between the French and the English nasals is that in French, the **n** or **m** *disappears* completely. In other words, by pushing air through both our nose and our mouth, we erase entirely the **n** or the **m.** So, the **m** in **faim** vanishes through your nose.

If you speak Spanish, Italian, or Portuguese, this may be hard at first, because you will have to hold your tongue and your lips and prevent them from producing this **n** or **m** that the French speakers throw away through their nose!

In this lesson, we will practice the three nasal vowels; in the next chapter, we will switch between nasal and non-nasal, also called oral vowels.

🎧**Perception and production.** Listen to each word or phrase, and repeat after the model. Remember to control your tongue to make sure that you don't release the **n** or the **m**.

1. **o + n:**

   l'oncle, les ondes, marron, saison, balcon, nous allons

2. **a + n, a + m, e + m,** and **e + n:**

   ma tante, le boulanger, la lampe, la chambre, le temps, trente, soixante, cent

3. **i + n, a + i + n, o + i + n,** and **u + n:**

   du vin, du pain américain, le linge, le magasin, un coin, cinq, vingt

   J'ai fort faim!
   Nous bâtissons un appartement au coin de l'avenue.
   La maison est entre le grand magasin et la boulangerie.
   Les nombres sont: cinq, onze, quinze, vingt, trente, cinquante, cent et cent-cinquante.
   Dans mon logement, il y a cinq chambres et vingt lampes différentes.
   Au printemps, il fait toujours un temps superbe! J'adore!

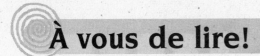

À vous de lire!

First, read the text below to get the gist of it. Then, look at the questions and read the text a second time. When you are finished reading the text, answer the questions.

L'habitat intérieur des Français

Les Français aiment beaucoup les maisons anciennes et les meubles[27] anciens. Leurs meubles sont souvent[28] des meubles hérités de leurs familles. Parfois aussi, ils héritent les maisons de leurs ancêtres. Ces maisons sont très anciennes: cent ou deux cents ans[29]! Bien sûr, les Français restaurent[30] ces vieilles maisons pour avoir le confort et la commodité de la vie moderne. Par exemple, dans les vieilles maisons de campagne, les toilettes étaient[31] à l'extérieur de la maison, dans la cour[32].

D'habitude à l'intérieur des maisons il n'y a pas de moquette[33]. Il y a plutôt du parquet[34]—dans le salon, la salle à manger, les chambres ou la salle de séjour—ou du carrelage[35]—dans les salles de bain, les cabinets de toilette et la cuisine. Les Français n'aiment pas beaucoup la moquette! Ils préfèrent les tapis. À l'extérieur des fenêtres il y a des volets[36] et à l'intérieur des rideaux. Il n'y a pas de moustiquaires[37]! Sur les murs, une grande majorité de Français aime avoir du papier peint au lieu d'avoir[38] de la peinture.

Compréhension. Now, answer the following questions with complete sentences.

1. Est-ce que les Français achètent souvent leurs maisons pour cent ou deux cent euros?

_____

2. Pourquoi[39] est-ce que les Français rénovent leurs maisons?

Pour[40] _____

[27]*furniture* [28]*often* [29]*years old* [30]*renovate* [31]*were* [32]*courtyard* [33]*carpet* [34]*wood floors* [35]*tile* [36]*shutters* [37]*screens* [38]*instead of having* [39]*why*
[40]*in order to*

3. Est-ce qu'il y a de la moquette dans les salles de bain et dans la cuisine?

_____

4. Les Français n'aiment pas beaucoup la moquette. Qu'est-ce qu'ils aiment?

_____

5. Qu'est-ce qu'il n'y a pas sur les fenêtres?

_____

CHAPITRE

5 Ma ville

Commençons!

Vocabulaire essentiel: Les magasins spécialisés

A. C'est difficile de faire des courses en vitesse! Carole and Thierry have only thirty minutes to shop for groceries; they need to come up with a game plan. Help Carole and Thierry decide who goes where, according to what they need to buy. Include the preposition **à** as necessary.

CAROLE: Thierry, nous avons besoin de lait et d'œufs.

THIERRY: D'accord, je vais (1) _____, mais aujourd'hui c'est vendredi, je voudrais

manger du poisson.

CAROLE: D'accord, moi je vais (2) _____. Thierry! Attends! Nous avons des invités

ce soir, j'ai besoin d'un dessert.

THIERRY: Bon, je vais (3) _____.

CAROLE: Super! Alors, moi j'achète les baguettes, je vais (4) _____.

THIERRY: Carole... ça ne t'embête pas si[1] je passe (5) _____ pour mes cigarettes?

CAROLE: Quand je pense que tu devais arrêter[2] de fumer cette semaine...

B. Les emplettes de Carole. Today is Carole's only day to do her weekly errands, and this time Thierry is not around. She needs to plan her day ahead so she doesn't miss anything she needs to do. Match each errand with its appropriate location so that her "to-do" list makes sense.

Je dois...

_____ 1. acheter du papier à lettres

_____ 2. acheter du shampooing

_____ 3. acheter des médicaments

_____ 4. acheter des timbres

_____ 5. acheter mon parfum préféré

Alors, je vais...

a. à la parfumerie

b. au salon de coiffure

c. à la poste

d. à la papeterie

e. à la pharmacie

[1]you don't mind if   [2]when I think that you were supposed to stop

C. Les promos (*Special offers*). You are a bargain shopper on a budget and you like to save money whenever you can. In order to get great deals at the grocery store you listen to the daily ads for the **Hypermarché Auchamp.** Listen to the sentences twice: the first time to get a general understanding, the second time to write down your answers. Check your understanding by saying whether the statements below are **vrai** or **faux.**

1.	Le poisson de l'Atlantique est en promotion au rayon poissonnerie.	vrai	faux
2.	Il y a une offre spéciale au rayon confiserie sur deux paquets de chocolats frais.	vrai	faux
3.	Les pâtisseries au chocolat sont toutes en promotion aujourd'hui.	vrai	faux
4.	Le journal *Le Monde* est en promotion au rayon papeterie.	vrai	faux
5.	Toutes les viandes sont en promotion à la boucherie.	vrai	faux

D. Les surprises de François. Alice's boyfriend, François, wants to surprise her by buying her the "right thing," so he is asking her what she likes. After you listen to the dialogue twice, write down the correct specialty store where François can buy each of the things he mentions.

1. _____
2. _____
3. _____
4. _____
5. _____

Structure 1: Les verbes réguliers en *-re*

E. Qu'est-ce qui se passe? You are telling a friend about what's going on today with you and those around you. Match each action given below with its corresponding noun in order to form sentences that make sense.

_____	1. Tu rends	a.	les cloches de l'église[3].
_____	2. Il attend	b.	le sandwich à pleines dents[4].
_____	3. Je mords	c.	les résultats de ses examens.
_____	4. Vous entendez	d.	le match de football.
_____	5. Nous perdons	e.	les livres à la bibliothèque.

F. Que fais-tu normalement? Now, tell your friend what you do in a normal day by filling in the blanks with the appropriate forms of the following verbs:

> **attendre**   **mordre**   **perdre**
> **descendre**   **rendre**

Normalement, je vais au campus en autobus. Comme ça, je peux étudier dans le bus, et je ne

(1) _____ pas de temps. Ensuite, je (2) _____ de l'autobus à l'arrêt Faculté

de Lettres. Après, j(e) (3) _____ à l'entrée de l'amphithéâtre. À l'heure du déjeuner, je

(4) _____ rapidement dans un sandwich au jambon. Le soir, je (5) _____

visite à ma grand-mère.

---

[3]*church bells*   [4]*with gusto*

G. Qui vend quoi (*Who sells what*)? You are planning on having a garage sale with your friends and family, and you are telling everyone what each person is going to sell. Listen a first time for general meaning, then listen again and write down the name of each person who is selling an item, using the correct form of the verb **vendre.**

1. _____ des bijoux fantaisie.

2. _____ des livres anciens.

3. _____ des timbres usés.

4. _____ du parfum.

5. _____ notre collection de DVD.

6. _____ des vêtements de l'année dernière.

H. Qui fait quoi? You are a new exchange student living in a dorm. Your roommate Pascal is trying to tell you what everyone is doing, but unfortunately, he's not giving you a lot of specific information. Listen to each of his sentences, and match it to a logical item below.

1. les clefs _____

2. les escaliers _____

3. la baguette _____

4. les livres à la bibliothèque _____

5. sa voiture _____

Structure 2: L'article partitif et les expressions de quantité

I. Combien? You are at the supermarket. Mark which **article partitif** you would use with each item listed below.

	du	de la	des	de l'
1. poulet	_____	_____	_____	_____
2. eau	_____	_____	_____	_____
3. journaux	_____	_____	_____	_____
4. chocolat	_____	_____	_____	_____
5. viande	_____	_____	_____	_____
6. bouteilles	_____	_____	_____	_____
7. bière	_____	_____	_____	_____
8. œufs	_____	_____	_____	_____

J. Combien en veux-tu? At the supermarket, you tell the clerk of each department how much of each item you would like. Circle all correct answers (sometimes more than one answer is correct).

1. jambon
   a. un kilo de   b. une douzaine de   c. assez de

2. fromage
   a. une tranche de   b. du   c. un litre de

3. œufs
   a. une tranche d'   b. beaucoup d'   c. une douzaine d'

4. lait
   a. un morceau de   b. assez de   c. un litre de

5. café
   a. une tranche de   b. un kilo de   c. une douzaine de

⌢ K. La commande. You are doing your grocery shopping over the phone for personal delivery. Listen as the operator repeats your order back to you. Then, circle **vrai** for each item below that matches your order and **faux** for each item that does not.

1. trois douzaines d'œufs   vrai   faux

2. beaucoup de gruyère   vrai   faux

3. deux litres de lait   vrai   faux

4. un kilo de viande   vrai   faux

5. une boîte de chocolats   vrai   faux

6. assez de gâteaux au beurre   vrai   faux

À vous de vous perfectionner! (1)

Révision: r

Do you remember how to pronounce the French **r?** Let's review this together in a three-step operation. First, if you have forgotten how to physically make a purring sound to produce the French **r,** go back to Chapter 2 to review how to retrain the muscles of your tongue and throat. Then, let's take the **Lexique** from Chapter 4 and, one at a time, review and practice each word in isolation, focusing on the **r,** whether it's at the beginning, in the middle, or at the end of words.

⌢ Production. Listen and repeat after the model.

un appartement	un portail	un réfrigérateur = un frigo
un ascenseur	la cafetière	une chaîne stéréo
une boîte aux lettres	la cuisinière	un lecteur de DVD
un camarade de chambre	un four à micro-ondes	une armoire
une locataire	un grille-pain	un bureau

These were the first 15 words with **r** that were selected from the **Lexique** in Chapter 4. As you noticed, sometimes there are up to four **r**'s in one word! Now, go back to Chapter 4 and follow the same procedure for the rest of the **Lexique.** There are about 70–75 more words with purring **r**'s awaiting you.

Finally, let's look at the **Lexique** in Chapter 5 to practice some more.

⌢ Production. First listen and repeat after the model:

faire les courses au supermarché

la caissière

le chariot à provisions

une grande surface

les petits commerçants

le rayon boucherie, crémerie, poissonnerie

les produits alimentaires

des crevettes

un poulet fermier

du vin rouge

Those are the first 10 **r** words and expressions from Chapter 5's **Lexique.** If you faithfully continue and set your mind on conquering all the French **r**'s from this chapter, you will actually produce another set of 70–75 words and expressions containing the **r** sound. Remember to have fun while you do this! Enjoying what we do in life is an essential part of our success . . . it's true for mastering the French **r** as well.

À vous d'écrire!

Une fête surprise (*A surprise party*). You are planning on throwing a surprise birthday party for your boyfriend/girlfriend. Write down all the things you need to buy and where, using the verbs **acheter** and **prendre.** Also mention some things your boyfriend/girlfriend likes and dislikes and come up with some gift ideas.

_____

_____

_____

_____

_____

_____

_____

_____

_____

Continuons!

Partie I: Vocabulaire essentiel: Les vêtements

A. Quelle est la mode? You are looking at clothes in the window display of a shop and trying to describe your favorite items from this year's fashions to your friend Gérard. Tell him what those items are by writing down what each mannequin below is wearing. Don't forget to mention accessories.

1. La femme mannequin porte:

_____   _____

_____   _____

_____   _____

_____   _____

2. L'homme mannequin porte:

_____   _____

_____   _____

_____   _____

B. Quel est ton style? Now you want to know what Gérard's clothing style is. Fill in the blanks with the right clothing item so that the questions make sense. Be logical!

1. Gérard, tu portes _____ pour aller à la plage?

2. Normalement, tu mets _____ pour aller au gymnase?

3. Tu portes _____ pour les fêtes de fin d'année?

4. Quand tu vas au cinéma avec ta copine, tu mets _____ et

_____.

5. En hiver, tu mets _____ quand il fait froid?

∩C. Que porte Alex? Dominique is at work and she is calling the babysitter to tell her what her son Alex should wear to go to different places during the day. Listen to her instructions, then write down what Alex will wear for each occasion.

1. Pour aller au jardin d'enfants: _____

2. Pour aller jouer avec son copain Isaac: _____

3. Pour aller faire du foot: _____

4. Pour aller dîner avec son papa et sa maman: _____

Structure 3: Les verbes *mettre, porter* et *essayer*

D. Les vêtements. You have a new roommate at your French dorm in Marseilles and you want to tell her how Americans dress for different occasions, so you show her several pictures of people in the United States. Describe the outfits of the four people you see below, using the correct forms of the verbs **porter** and **mettre** where indicated.

1. L'homme _____ (porter) une _____ et des _____ de ski.
   Aux États-Unis, les hommes _____ (mettre) des lunettes pour le ski.

2. La femme _____ (porter) un _____ et des _____. Aux
   États-Unis, les femmes _____ (mettre) toujours _____.

3. Les enfants _____ (porter) des _____ et des _____.
   Les enfants aux États-Unis _____ (mettre) toujours des _____ de sport
   pour marcher.

4. Le couple Durand porte des _____ très élégants. Elle _____ (porter)
   une _____ et il _____ (porter) un _____. Aux États-
   Unis, les couples _____ (mettre) toujours des _____ élégants pour les
   occasions spéciales.

E. Que portes-tu? Now you want to get to know French habits better and you ask your roommate what she wears in different situations. Fill in the blanks with the correct forms of **mettre, porter,** and **essayer.**

À la plage:

—Qu'est-ce que tu (1) _____ (porter) quand tu vas à la plage?

—Je (2) _____ (mettre) le bas[5] du bikini et je (3) _____ (porter) aussi des sandales de plage.

—Tu ne (4) _____ (mettre) pas le haut de ton bikini?

—Non, en France le «topless» est autorisé!

En boîte de nuit:

—Qu'est-ce que tu (5) _____ (porter) quand tu vas en boîte de nuit?

—En général, je (6) _____ (mettre) un jean très serré[6] et je (7) _____ (porter) un joli tee-shirt.

L'essayage:

—Tu (8) _____ (essayer) beaucoup avant d'acheter des vêtements?

—(9) J'_____ (essayer) seulement si la vendeuse est sympathique. Elles ne sont pas toujours très agréables!

F. Que portent les quadruplés? Thérèse is the mother of quadruplets. As you can imagine, her mornings are hectic! But today the quadruplets insisted on getting dressed by themselves. As she sees them, she cannot help but be surprised! Listen to her comments, then list below what each child is wearing. Are you surprised, too?

1. Élise _____.

2. Albert _____.

3. Luc _____.

4. Sandra _____.

G. Normalement, que porte Caroline Bouret? Listen to a *Radio France* interview of an actress named Caroline Bouret, to find out what she normally wears. Then respond **vrai** or **faux** to each of the statements below.

1. Caroline porte souvent des jeans et un tee-shirt blanc le week-end.	vrai	faux
2. Caroline ne porte jamais[7] de pantalons pour aller danser.	vrai	faux
3. D'habitude, Caroline essaie ses vêtements dans les boutiques.	vrai	faux
4. Pour aller au restaurant, Caroline met toujours un tailleur-pantalon.	vrai	faux
5. Pour les occasions spéciales, Caroline met des vêtements de haute couture.	vrai	faux

---

[5]*the bottom* [6]**très serré:** *very tight* [7]**ne... jamais:** *never*

Structure 4: Les pronoms *y* et *en*

H. On y va? You and your friends are talking about typical activities. For each item that is mentioned, ask a question to find out how frequently the person in question does that activity. Use the pronoun **y** in your question.

MODÈLE: Ma mère aime manger au restaurant Chez Pierre.

Elle y mange souvent?

1. J'ai envie d'aller au cinéma.

2. Mon frère doit aller au supermarché.

3. Mes parents vont voyager en Europe cet été.

4. Nous descendons à l'hôtel de ville.

5. Je ne veux pas aller en classe.

I. Comment le fais-tu? Your friend Maurice is telling you what he thinks or does in different situations. You are repeating everything he says in question form because you don't believe him. For each of his statements, write the question you would ask him, using the pronoun **y.**

MODÈLE: Je vais souvent chez ma grand-mère.

Tu y vas souvent?

1. Je ne pense pas à mes problèmes tous les jours.

_____?

2. Je ne réponds pas aux questions indiscrètes.

_____?

3. Je crois au bonheur.

_____?

4. Je vais au gymnase tous les jours.

_____?

5. Je mange au McDonald's quand je n'ai pas le temps.

_____?

J. Le personnage mystérieux. Listen to this recording of a famous personality talking about where she goes and what she does. Then fill in the blanks to rewrite each of her statements, using the pronoun **y.**

1. Quand _____, je vais à Las Vegas.

2. Normalement, _____ avec ma limousine.

3. _____ dans un hôtel cinq étoiles.

4. _____ très connue.

K. Dans mon placard. Tell how many of which clothing items you have in your closet, using the pronoun **en** in your response.

1. Dans votre placard, est-ce que vous avez beaucoup de jeans ou peu de jeans?

_____

2. Vous avez combien de chemises ou de chemisiers approximativement?

_____

3. Vous avez un maillot de bain ou trois maillots de bain?

_____

4. Vous avez combien de pantalons?

_____

5. Vous avez assez de pull-overs ou trop peu de pull-overs?

_____

6. Est-ce que vous avez un manteau?

_____

7. Vous avez un costume (pour les hommes) ou un tailleur (pour les femmes)?

_____

8. Vous avez combien de vestes?

_____

L. C'est pour quelle occasion? In the following exercise, you'll hear an activity mentioned; select the clothing item that is most likely represented by the pronoun **en** in each sentence.

MODÈLE: *You hear:* J'en mets pour aller à la plage.

You see: a. un maillot de bain   b. une veste   c. une jupe

You choose: a. un maillot de bain

1. a. un tee-shirt	b. une écharpe	c. un short
2. a. une robe	b. des tennis	c. un sweat
3. a. un pantalon	b. une veste	c. des tennis
4. a. des costumes	b. des jeans	c. des imperméables
5. a. un bikini	b. un pyjama	c. un short
6. a. une casquette	b. un survêtement	c. un pull-over

Partie II: Vocabulaire essentiel: Les moyens de transport

A. Comment est-ce que tu voyages? Since you just arrived in France, you need to know how people travel, so you ask your new friends Pierre and Marie. Complete their responses with the correct means of transportation.

1. —Normalement, comment est-ce qu'on va de Paris à Lyon?

—On y va en _____ (*train*). Il y a un TGV qui fait cette ligne.

2. —Et comment est-ce qu'on va en Corse depuis Paris?

—On prend _____ (*the plane*), car[8] c'est très loin!

3. —Je voudrais aller visiter le palais de Versailles. Comment est-ce que j'y vais?

—Tu peux y aller en _____ (*bus*) ou en _____

(*subway*).

4. —Le soir, quand on sort jusqu'à 3 heures du matin, comment est-ce qu'on revient à la maison?

—Tu peux prendre _____ (*a taxi*).

[8]*because*

B. Mon voyage. You are at a travel agency making reservations for a round trip to Nice. You do not have much money, so you are going to take various modes of transportation in order to spend the least amount of money. Write down five sentences explaining to the travel agent how you want to travel from your place to the airport and then from the airport to Nice. Make sure to include the means of transportation and the types of tickets you will be using.

Je voudrais... _____

_____

_____

_____

_____

_____

C. Comment y vas-tu? Your parents have heard that public transportation is very good in France. They ask you how you go from one place to another. Listen to their questions, then write answers based on what you think are logical ways to travel. Remember to use the pronoun **y** where necessary.

1. _____

2. _____

3. _____

4. _____

5. _____

D. Excusez-moi! Several people on the street ask you where they can take public transportation. Listen to their questions, then respond logically in the spaces provided below.

1. À _____ du Nord.

2. À _____ juste là-bas.

3. À _____ «République», sur la ligne 9.

4. À _____.

5. À _____.

Structure 5: Les verbes *prendre, comprendre* et *apprendre*

E. «L'Auberge espagnole». As an exchange student at the Sorbonne, Matt is in search of a new apartment. He has found an ad where five foreigners like him are looking for a new roommate. The apartment is very nice, but the roommates want to make sure he is the ideal candidate. Complete their interview by filling in the blanks with the correct forms of the verbs **prendre, comprendre,** and **apprendre.**

—Bonjour Matt, nous voulons te poser quelques questions. D'abord, est-ce que tu (1) _____

(comprendre) très bien le français?

—Je (2) _____ (comprendre) le français et aussi l'italien.

—D'accord, qu'est-ce que tu (3) _____ (apprendre) à l'université?

—(4) J'_____ (apprendre) le droit, l'histoire et la géographie.

—Matt, nous (5) _____ (apprendre) tous la littérature et l'art. Tu aimes ça?

—Oh! Oui, j'adore ça!

—Aussi, nous (6) _____ (prendre) tous le métro pour aller à l'université. L'arrêt de métro est juste à côté[9].

—Super! Moi aussi, je (7) _____ (prendre) le métro tous les jours.

—Matt, tu as des questions?

—Oui. Vous (8) _____ (prendre) des Américains dans cet appartement?

—Des Américains comme toi, oui!

F. Le voyage. Now that Matt has found great roommates, he has decided to take a trip to the South of France. As usual in the house, there is a heated discussion going on, this time on what means of transportation he should take. Complete their discussion by filling in the correct forms of **prendre** or **comprendre,** according to what makes sense in the context.

—Matt, nous (1) _____ l'autocar pour aller à Lyon, et après nous (2) _____ le TGV jusqu'à Marseille.

—Non, vous (3) _____ le TGV de Paris à Lyon, c'est plus rapide!

—Matt, nous (4) _____ l'autocar, c'est moins cher.

—Non, je (5) _____ toujours des billets aller-retour et c'est moins cher.

—Matt, tu ne (6) _____ pas le français! Je te dis que l'autocar est moins cher!

—Je (7) _____ très bien l'argent et le français, il y a une promotion sur le TGV Paris-Lyon.

—Alors... C'est d'accord!

G. Voici mes colocataires. Matt is now speaking on the phone with his girlfriend and he is giving her some information about his roommates. Listen to his description; then, based on what you hear, choose the right answer to complete each sentence below.

1. Nena et Matthias sont allemands et ils _____ le droit français.

   a. comprennent   b. apprennent   c. prennent

2. Angela est italienne et elle _____ l'espagnol.

   a. comprend   b. apprend   c. prend

3. Sean est irlandais et il _____ l'art contemporain.

   a. comprend   b. apprend   c. prend

4. Joachim et moi, nous _____ les bonnes manières des Français.

   a. comprenons   b. apprenons   c. prenons

H. Qu'est-ce que tu apprends, comprends, prends? Now Matt's girlfriend wants to know more about his life at the university. After you listen to her questions, complete Matt's responses below with the appropriate verbs.

1. Je _____ le métro pour aller à la fac et le vélo pour aller au parc.

2. Je _____ le rap français.

3. J'_____ à cuisiner avec mes colocataires.

4. Je ne _____ pas pourquoi les Français ne mettent pas de glaçons[10] dans le Coca.

5. Je ne _____ pas les taxis, ils sont trop chers!

[9]*very nearby*   [10]*ice cubes*

Structure 6: L'heure

I. L'horaire de l'autobus et du train. You are looking at the schedule for buses to the university and to the train station. The schedule is in "military" time. Write out the equivalent "conventional" time in French in the spaces below. Don't forget to mention whether it's morning, afternoon, or evening.

1. Le dernier bus pour l'université de Jussieux est à 22h30.

_____

2. Le premier bus de l'après-midi est à 14h15.

_____

3. Le prochain bus pour la gare Saint-Jean est à 17h25.

_____

4. Le dernier bus pour la gare Saint-Jean est à 23h30.

_____

5. Le premier bus de l'après-midi pour la gare Saint-Jean est à 13h45.

_____

J. Ton horaire. You just started classes and you want to get organized to study better. Write down your weekly schedule of classes. Make sure you include the name of the class in French. Follow the model.

MODÈLE: Lundi à quatre heures de l'après-midi, j'ai le cours de français.

lundi: _____

mardi: _____

mercredi: _____

jeudi: _____

vendredi: _____

K. Quand est-ce que je prends l'avion? You are traveling from France to the United States. There are delays at the airport and you need to find out when your next flight is scheduled for. Listen to the airport announcements, then write (in numbers) the times that you hear next to each destination. Write in military time.

1. L'avion pour Londres est à _____.

2. L'avion pour Toulouse est à _____.

3. L'avion pour Toronto est à _____.

4. L'avion pour Marrakech est à _____.

5. L'avion pour Chicago est à _____.

L. Quand est-ce que j'arrive? Now you have found out when you take off, but you still need to find out when you arrive. You are still listening to the airport announcements. You will hear the times in official time. Write them down in conventional time, followed by the terms **du matin, de l'après-midi,** or **du soir** as necessary.

1. L'avion pour Abidjan arrive à _____.

2. L'avion pour Fez arrive à _____.

3. L'avion pour Chicago arrive à _____.

4. L'avion pour Marseille arrive à _____.

5. L'avion pour Montréal arrive à _____.

Partie III: Vocabulaire essentiel: Pour demander des renseignements et donner des directions

A. Les renseignements. You are still new in town and you need to ask for directions and places to go. Fill in the following blanks to make full sentences.

1. _____ (*Excuse me*), Madame, je tourne _____ (*right*) ou

   _____ (*left*) pour aller à la bibliothèque?

2. _____ (*Pardon me*), Mademoiselle, la rue du Traversin _____ (*is on the*

   left) ou _____ (*on the right*)?

3. Messieurs, _____ (*could you tell me*), la station du bus 121 _____ (*is in*

   the center) ou _____ (*is next to*) du boulevard Michelin?

B. Les indications. You are lost in Paris, and now is the time for asking for directions. Look at the map of downtown Paris, then write a complete sentence for each question according to how you think each person would respond.

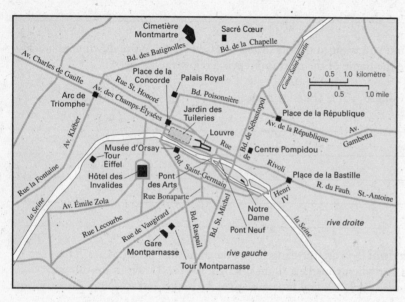

1. Monsieur, pour aller de la place de la Concorde aux Champs-Élysées, s'il vous plaît?

   _____

2. Pardonnez-moi Madame, comment vais-je du Palais-Royal au Jardin des Tuileries?

   _____

3. Excusez-moi, Messieurs, comment vais-je de la place de l'Hôtel des Invalides à la Tour Eiffel?

   _____

C. Je suis perdu! You are lost in the city and you are late for your friend's party. Listen to your friend's directions, then complete them below to find your way again.

Alors, pour aller à la rue Malesherbes _____ et _____

dans la rue du Serpolet, ensuite _____ jusqu'à la place du Tilleul et finalement

_____, la rue Malesherbes est _____.

D. Encore perdu! You are still having a hard time finding your way to the party! Now, your friend is giving you new directions on how to get there. Listen to her directions, then choose the correct answer to complete each sentence.

Pour aller à la rue Malesherbes:

1. D'abord, vous _____.

   a. traversez la rue   b. continuez tout droit   c. tournez à gauche

2. Ensuite vous _____.

   a. tournez à droite   b. traversez la rue Petit Pois   c. continuez tout droit

3. Finalement, la rue Malesherbes, _____.

   a. c'est en face   b. c'est au centre de la place Pois Carrés   c. c'est à droite

Structure 7: L'impératif

E. Les ordres. You and your friends are telling each other what to do. Write down the correct commands based on the statements below.

MODÈLE: Tu ne dois pas manger trop de chocolat.

Ne mange pas trop de chocolat!

1. Tu ne dois pas être timide. _____!

2. Tu ne dois pas avoir peur. _____!

3. Tu ne dois pas acheter trop de pain. _____!

4. Vous devez travailler. _____!

5. Vous ne devez pas faire trop d'achats. _____!

F. Mes ordres. Your parents have always told you what to do, but now you are 30 years old and you think you can tell them what they have to do. Write down five commands to your parents, following the model. Make sure to use regular and irregular command forms.

MODÈLE: Maman, arrête de faire les courses à Auchamp! C'est trop cher!

1. _____

2. _____

3. _____

4. _____

5. _____

G. Le chien. Laure just bought a new puppy, Alfred, and she is trying to train him. Listen to the commands she gives to Alfred, then put a check next to each command you heard.

1. Alfred, ne mange pas mes chaussettes! _____

2. Alfred, arrête-toi tout de suite! _____

3. Tourne à droite! _____

4. Continue tout droit! _____

5. Va chercher la balle! _____

6. Prends les pantoufles[11]! _____

[11]*slippers*

H. Que faire? Julien is trying to make changes in his friends' lives. He knows that the best way for him to do so is to be honest and "command" them what to do. Listen to his advice, then write each order down in the space below, changing it to the plural (*vous*) command form.

MODÈLE: *You hear:*   Vous devez téléphoner à vos parents plus souvent!

You write: *Téléphonez* à vos parents plus souvent!

1. _____ bien!

2. _____ plus responsables!

3. _____ tout votre argent!

4. _____ la vérité!

5. _____ des pâtisseries tous les jours!

6. _____ plus actifs!

7. _____ plus de sport!

8. _____!

À vous de vous perfectionner! (2)

The sounds vowel + *n/m* + *e* and *ll*

1. Vowel + *n*, *nn*, *m*, or *mm* + *e*

In the preceding chapter, we learned how to recognize, perceive, and produce the French nasals: **on, an, am, en, em, in, ain, aim, oin,** and **un,** as in **oncle, tante, chambre, vent, temps, vin, pain, faim, coin,** or **un.** When you produce these nasals, you push the air through both your mouth and your nose.

In this chapter, we will observe when and why these same letter combinations will *not* produce a NASAL vowel. We call these sounds ORAL vowels, because all the air you exhale is channeled only through your mouth, not through your nose.

Let's look at some pairs of words for comparison. In the left-hand column, we have nasal vowels, and in the right-hand column, we have oral vowels:

Nasal vowels	Oral vowels (i.e., not nasal)
un	une
cousin	cousine
américain	américaine
je prends	nous prenons
tu prends	vous prenez
il/elle/on prend	ils/elles prennent
ils sont	nous sommes
grand/grande	gramme

Notice that in the right-hand column, the **n, nn, m,** or **mm** is invariably followed by a vowel, often an **e** (a phantom **e,** actually, since we don't really pronounce it) or an **o,** as in **prenons.**

In the left-hand column, **n** is followed by either nothing or by a consonant.

So, the choice is simple. When you see a vowel followed by **n, nn, m,** or **mm,** just look at what is directly afterwards:

• If the next letter is a vowel, you keep the **u, i,** or **e** as they are.

• If the next letter is a consonant or if there is no next letter, then you change the vowel into its corresponding nasal, as we studied in Chapter 4.

Now, why is it essential to nasalize or not nasalize, as in Shakespeare's "To be or not to be"? It is essential because—as you observed from the examples above—nasal vowels vs. oral vowels mark the difference between:

- masculine vs. feminine, as in **un cousin** vs. **une cousine;**
- the singular vs. plural forms of some **-re** verbs, as in **il comprend** vs. **ils comprennent.**

NOTES:

- Based on our observation, the word **femme** should be oral. However, despite the fact that it is spelled with an **e,** the pronunciation of the first **e** is **a** as in **famine.**
- What about **prennent?** We know it's an oral vowel, but which pronunciation of **e** will it have? Look back in Chapter 3, under the section "The four **e** options," under (b); the first **e** in **prennent** is produced like an **è** because it is followed by two consonants.

  And what happens to the **-nt?** Do we produce these two last consonants or not? Look again in Chapter 3. Since they are not followed by a final **e,** we don't pronounce them.

Perception. In the list of words below, indicate whether the vowel + **n/nn** or **m/mm** sounds are nasal or oral by writing **N** or **O** in the blank spaces.

1. _____ grand
2. _____ grande
3. _____ faim
4. _____ famine
5. _____ femme
6. _____ homme
7. _____ poissons
8. _____ poissonnerie
9. _____ magasins

10. _____ expressions
11. _____ quantité
12. _____ je comprends
13. _____ nous comprenons
14. _____ ils comprennent
15. _____ un
16. _____ une
17. _____ parfum
18. _____ parfumerie

19. _____ les cheveux bruns
20. _____ les chemises brunes
21. _____, _____ mon cousin américain
22. _____, _____ mes cousines américaines
23. _____, _____ je réponds au téléphone
24. _____ je prends le téléphone
25. _____ ils prennent le téléphone
26. _____ pardon!
27. _____ pardonnez-moi!

2. What to do with the double *l*, as in *ville* and *fille*

Observe the following words containing double l's:

s'appelle	fille
intelligent	famille
football	fillette
aller	bouteille
vaisselle	gentille/gentillesse
belle	vieille
jumelles	travailler
salle à manger	juillet
personnelle	grille-pain

Based on what you have heard in class and on the *SAM Audio* recording, what have you noticed?

- In the left-hand column, the double **l** is pronounced like a single **l.**
- In the right-hand column, the double **l** is pronounced like the English *y,* as in *you.* Note that all *these double l's are preceded by a smiling i.*

NOTE: You have already experienced the power of the smiling **i** with the "vowels in couples" **a** + **il** in Chapter 4, as in **portail** or **travail.**

EXCEPTION: Although preceded by **i,** the double **l** in **ville** is pronounced like a single **l,** as in **il** or **ils.**

Production. Listen and repeat after the model:

La plus gentille fille de notre famille s'appelle Isabelle.
En juillet, elle travaille à son expansion personnelle.

À vous de lire!

Les magasins dans une ville française

Quand on veut faire des achats dans une ville française, il faut connaître les horaires des magasins. En général, dans les villes françaises, les magasins ouvrent à 10 heures du matin et ferment à 7 heures du soir. De plus en plus, les magasins restent ouverts entre midi et 2 heures de l'après-midi. Le lundi, beaucoup de magasins sont fermés, surtout dans les villes de province[12]! Les supermarchés et les magasins de quartier sont normalement fermés le dimanche. À Paris et en province, les bureaux de tabac sont souvent aussi des bars ouverts jour et nuit. Ils s'appellent bars-tabacs. On peut y acheter aussi des timbres et des billets de loterie. En fait, les bars-tabacs sont souvent «le cœur»[13] d'un quartier. On y trouve beaucoup de gens du coin, jeunes ou âgés[14].

Compréhension. After reading the above passage, answer the following questions in French.

1. Est-ce qu'on peut faire des courses à l'heure du déjeuner?

_____

2. Quand est-ce que les magasins sont fermés?

_____

3. Quand est-ce que les magasins ouvrent?

_____

4. Expliquez un bar-tabac.

_____

5. Qu'est-ce qu'on peut acheter dans un bar-tabac?

_____

6. Est-ce qu'il y a des bars similaires aux bars-tabacs dans votre pays[15]?

_____

[12]*small towns*   [13]*heart*   [14]*young or old locals*   [15]*in your country*

CHAPITRE

6 Mes goûts gastronomiques

Commençons!

Vocabulaire essentiel: Expressions avec *avoir*, Dans un bistro

A. Trouvons la paire! Match each word or phrase from column A with an appropriate situation from column B.

A	B
_____ 1. une pression	a. je regarde
_____ 2. un Perrier	b. j'ai faim
_____ 3. une omelette	c. je voudrais
_____ 4. un jambon-fromage, s'il vous plaît	d. j'ai sommeil
_____ 5. les passants	e. je prends une bière
_____ 6. bien confortable à la terrasse du bistro	f. j'ai soif (mais pas d'alcool)

B. À la fête. Imagine you are throwing a party and you ask all of the guests what they want to eat and drink. Complete the following dialogue with the appropriate food and beverage items. Don't forget to use the partitive article when appropriate.

YOU: Mes amis, que voulez-vous prendre?

ÉLIANNE: Qu'est-ce que tu as à (1) _____ (*to drink*)?

YOU: (2) _____ (*I have*)

(3) _____ (*bubbly water*),

(4) _____ (*lemonade*),

(5) _____ (*red wine or white wine*) et

(6) _____ (*beer*), mais pas

(7) _____ (*on tap*).

GÉRALDINE: Qu'est-ce que tu as à (8) _____ (*to eat*)?

YOU: (9) _____ (*I have*)

(10) _____ (*crêpes*) au fromage, une

(11) _____ (*salad*) niçoise et des mini

(12) _____ (*ham and cheese sandwiches*).

C. En boîte de nuit. It is Saturday night and you are at a club with a group of friends. It is crowded and the music is so loud that the bartender has a hard time understanding what you all want. Help him by filling in the blanks in the conversation below.

Listen to the recording once to get the gist, then listen to the recording a second time and start writing the details.

BARTENDER: (1) Que _____ ce soir?

BENOÎT: Moi, je vais prendre (2) _____.

AURÉLIE: Moi, je vais prendre (3) _____ très froid.

CHARLES: Moi, je vais boire (4) _____ avec (5) _____.

BARTENDER: (6) _____ seulement[1] (7) _____. C'est

d'accord?

AURÉLIE: Oui, ça me va bien.

Structures 1 et 2: Les verbes *vouloir* et *boire*; Les adverbes

D. Qui veut quoi? Paul, the poor waiter, suddenly lost track of what his orders are. Help him recover his memory by writing who wants what and what each person wants to drink according to what you see in the drawings. Use the verbs **vouloir** and **boire** as appropriate.

1. M. et Mme Courtois _____.

2. Chloé et le petit Bernard _____.

3. Lise _____.

4. Xavier _____.

[1]*only*

E. Comment je sers? Now, Paul is training a new waiter and he needs to tell him how to serve his customers. Write the corresponding adverb next to each situation.

1. M. Courtois veut sa bière servie[2] _____ (*slowly*).

2. Mme Courtois réclame[3] _____ (*constantly*) du vin.

3. Chloé a besoin[4] de lait _____ (*quickly*).

4. Lise boit du coca-cola _____ (*occasionally*).

5. Et marche _____ (*with caution*)—tu ne veux pas renverser les boissons!

F. Comment le voulez-vous? You will hear several people talking about what they are going to order at a restaurant. As the waiter, you need to find out how each person wants his or her item. First, read the statements below, then listen to the recording once. Finally, listen again and choose the correct option to complete each statement.

1. Je veux une bière Stella Artois _____.   a. très froide   b. pression

2. Nous voulons boire de l'eau _____.   a. plate   b. gazeuse

3. Louis et Marie boivent _____.   a. le coca   b. un coca

4. Laurent veut un thé _____.   a. nature   b. citron

5. Tu bois un café _____.   a. crème   b. au lait

G. Combien en voulez-vous? You're still having problems understanding your customers. Listen to the following recording and find out if your customers want one or just some of each item. Write the correct answer in the appropriate column in the following table.

	un/une/le/la/les	du/des/de la
1. vin rouge		
2. pizza au jambon		
3. omelette(s) au fromage		
4. soupe à l'oignon		
5. plat du jour		
6. limonade(s)		
7. verre de lait		
8. sucre		

À vous de vous perfectionner! (1)

Révision: *u* and *ou*; *ail* and *aille*

As we did for **r**, let's review **u** together in our three-step operation:

- First, let's brush up on the physiological features of the sound;
- then, we'll use the **Lexique** from Chapter 5;
- and finally, we'll practice using the new **Lexique** from Chapter 6.

[2]*served*   [3]*asks for*   [4]*needs*

1. *u*: give a kiss

First, if you have forgotten how to physically give a kiss (**faire la bise**) to form the French **u,** go back to Chapters 1 and 2 to review how to retrain the muscles of your tongue and your lips.

Now, let's take a look at the **Lexique** from Chapter 5 and, one at a time, practice each word in isolation, focusing on the **u.**

Perception and production. Listen and repeat after the model:

supermarché	costume	voiture
chaussures	pull	excusez-moi
coiffure	autobus	rue

Finally, let's look at the **Lexique** in Chapter 6 to practice some more.

Perception and production. First listen, then repeat after the model:

les féculents	de la confiture	ça brûle
les légumes	du sucre	du lapin aux pruneaux
une crème brûlée		

2. *ou*: be a dove

First, do you remember how to be a dove? If you don't remember, go back to Chapters 1 and 2. Then, let's look at the **Lexique** from Chapter 5 and, one at a time, review and practice each word or expression in isolation, focusing on **ou.**

Perception and production. First listen, then repeat after the model:

la boucherie
une bouteille
une gare routière
un aller-retour
Où se trouve la gare?
beaucoup (Careful with this one! Remember that if you produce **u** instead of **ou,** you actually say "nice bottom"!)

Finally, let's look at the **Lexique** from Chapter 6 to practice some more.

Perception and production. Listen and repeat after the model:

des boulettes	de la soupe	un bouquet
du poulet	le goûter	une fourchette
une langouste	les couverts	un tire-bouchon
des moules		

These are the first ten words from the **Lexique.** For more practice using the other words in the **Lexique,** listen to them on your In-Text Audio CD.

3. ail–aille

In Chapter 4, you already studied the vowel combination **ail** as in **portail:** it simply sounds like the English *I* as in "*I like you*". In the following list, simply produce the same English *I* for all words with **aille.**

Perception and production. Listen and repeat after the model:

Il aime trav**aill**er.

Il aime son trav**ail**.

Elle achète un t**aill**eur et un m**aill**ot.

Le canard et le poulet sont des vol**aill**es.

À vous d'écrire!

La fête du samedi soir. It's Saturday morning and you're planning on having a party tonight at your house. You know that some of your friends have special tastes when it comes to food and drinks. First write down *three* of your friends' names, then write what you think each of them wants to eat and/or drink. Make sure you use the verbs **vouloir** and **boire** as well as the vocabulary for drinks and food.

_____

_____

_____

_____

_____

_____

_____

Continuons!

Partie I: Vocabulaire essentiel: La nourriture

A. Les courses. You are in a host family as an **au pair** in France. Your hostess is a very snobby woman who thinks you do not know enough French to go buy groceries at the local market. She left you several pictures for you to understand what she wants. Prove her wrong by writing down the names of each food that she wants.

Mme Gonzagues veut: (1) _____ ,

et (2) _____ ,

et (3) _____ ,

et (4) _____ ,

et (5) _____ ,

et (6) _____ ,

et (7) _____ .

B. Les repas pour Mme Gonzagues. Your hostess is so happy with your knowledge of food and grocery shopping, that now she wants you to plan all meals for her, her husband, and "**les triplées,**" their three four-year-old daughters, for the following two days. Plan breakfast, lunch, and dinner for three children and two adults. Start with a list of foods for each category below, then schedule your menu around the foods you wrote down. Lunch and dinner should be three-course meals.

Lundi, je vais préparer...

pour le petit-déjeuner	pour le déjeuner	pour le dîner
_____	_____	_____
_____	_____	_____
	_____	_____

Mardi, je vais préparer...

pour le petit-déjeuner	pour le déjeuner	pour le dîner
_____	_____	_____
_____	_____	_____
	_____	_____

C. Monsieur Claude Lebrun. Claude Lebrun is a famous author. He is also a fine gourmet. Listen as a journalist asks him questions about his tastes in gastronomy. Then indicate whether each of the following statements is **vrai** or **faux.**

1. M. Lebrun mange du pâté de campagne avec du pain. vrai faux

2. Il ne mange jamais d'asperges à la mayonnaise. vrai faux

3. Il mange rarement de la soupe à l'oignon. vrai faux

4. Il mange souvent des tomates provençales. vrai faux

5. Il va probablement manger du foie gras à Noël. vrai faux

Structure 3: Les verbes *devoir* et *pouvoir*

D. Devoir c'est bien, mais autant faut-il pouvoir (*What you must do but cannot always do*)! For your New Year's resolutions, you and your friends promised that you would do the following things. Now you're finding out that it's not so easy to keep your promises. Complete the sentences to explain what you and your friends need to do and why you can't do it. Use the verbs **pouvoir** and **devoir.**

1. Je _____ arrêter de fumer, mais je ne _____ pas parce que je suis trop nerveux.

2. Hélène _____ manger moins[5], mais elle ne _____ pas parce qu'elle a toujours faim!

3. Émile et Caroline _____ travailler moins, mais ils ne _____ pas parce qu'ils ont besoin d'argent.

4. Nous _____ sortir plus[6] au cinéma, mais nous ne _____ pas parce que nous _____ réviser pour les examens finaux.

5. Tu _____ faire la cuisine, mais tu ne _____ pas parce que tu ne sais pas cuisiner.

[5]*less* [6]*more*

E. La cuisine à la télévision. The Food Network is organizing a contest where the most famous chefs compete for the best replica of a French recipe. Help the chefs improve their recipes by using the appropriate forms of the verbs **pouvoir** and **devoir**.

1. Emeril _____ (devoir) faire un poulet au curry, il _____ (pouvoir) mettre du lait de coco.

2. Wolfgang Puck _____ (devoir) faire des escargots, il _____ (pouvoir) mettre du bacon.

3. Bobby et Mario _____ (devoir) faire des sorbets au citron, ils _____ (pouvoir) mettre du Kirsh.

4. Rachel Ray et Giada de Laurentiis _____ (devoir) faire des crèmes brulées, elles _____ (pouvoir) mettre de l'eau de fleur d'oranger[7].

F. Les recettes. You are responsible for designing new menus at a big international hotel chain. Your marketing team is telling you the results of a survey of your clients' dietary wishes. After you listen to the survey results, take notes to indicate what each person likes to eat or can eat and what the chef should prepare for each of them.

1. Mme Laurent: _mal à digérer_ _____ ;

   le chef peut préparer _____ .

2. Madame Cassogne: _____ ;

   le chef peut préparer _____ .

3. Monsieur Émile: _____ ;

   le chef peut préparer _____ .

4. Monsieur Argouin: _____ ;

   le chef peut préparer _____ .

G. Les conseils. You have a friend who has an opinion on everything. After you listen to his advice on various topics, write the advice in the corresponding blanks, using the correct form of the verb **devoir**.

Situation

1. Je veux avoir plus d'énergie.
2. Tu veux beaucoup d'argent.
3. Ils veulent avoir plus de succès avec les filles.
4. Tu veux maigrir[8].
5. Elle veut changer de style.
6. Vous voulez apprendre à cuisiner.
7. Il veut avoir de bonnes notes.

Conseil

1. Je _____ boire _____ .

2. Tu _____ travailler _____ .

3. Ils _____ faire _____ .

4. Tu ne _____ pas manger _____ .

5. Elle _____ acheter _____ .

6. Vous _____ aller _____ .

7. Il _____ étudier _____ .

---

[7]*orange blossom water*   [8]*lose weight*

Partie II: Vocabulaire essentiel: À table!

A. Comment mettre la table? You have decided you are leaving your job as an **au pair** at Mme Gonzague's house. You know how picky she is about table manners and service and you are making sure that the new **au pair**, Celina, knows how to set the table. Tell Celina where every item is supposed to go by completing the sentences.

Celina, tu dois mettre (1) _____ (*the forks*) à gauche,

(2) _____ (*the knives*) à droite, (3) _____ (*the spoons*)

à droite aussi, (4) _____ (*the teaspoons*) au-dessus des

(5) _____ (*plates*). (6) _____ (*The water glasses*)

vont à côté des (7) _____ (*wine glasses*).

B. Les mauvaises manières. Today is Thanksgiving and you have invited your cousin and her 6-year-old son, Benoît, to dinner. Benoît has very bad manners. Everything he does at the table is wrong and you are about to have a heart attack. Complete the sentences below to remind him what not to do.

1. Benoît! On ne mange pas la soupe avec _____ (*the fork*). On mange la soupe

   avec _____.

2. Benoît! On ne s'essuie pas la bouche avec _____ (*the tablecloth*). On s'essuie la

   bouche avec la _____.

3. Benoît! On ne boit pas l'eau dans _____ (*a cup*). On boit l'eau dans

   _____.

4. Benoît! On ne met pas le sucre dans _____ (*the pitcher of water*). On met le

   sucre dans _____.

C. Devine (*Guess*)! You are playing "Twenty Questions" with a friend. Listen to her descriptions and try to guess what foods and dishes she is describing. Next to each item below, write the number of the audio description that matches it.

a. _____ des escargots

b. _____ le café

c. _____ une quiche

d. _____ la glace

e. _____ le thon

Structures 4 et 5: Le comparatif; Le superlatif

D. Les Français et les Américains. You need to learn about French habits compared to American habits before you go on a trip to Paris so that you can converse with your host family. Based on the drawings, choose the best phrase to complete each statement.

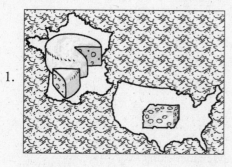

Les Français mangent _____ fromage que les Américains.

a. plus de   b. moins de   c. autant de

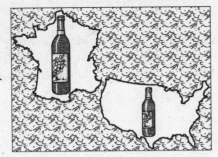

2.

Les Français boivent _____ vin rouge pendant les repas que les Américains.

a. plus de   b. moins de   c. autant de

3.

Les Américains cuisinent _____ les Français.

a. plus que   b. moins que   c. autant que

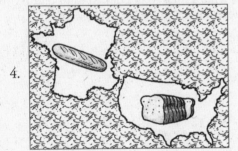

4.

Le pain français est _____ le pain américain.

a. meilleur que   b. pire que   c. aussi bon que

5.

Les hors-d'œuvre français sont _____ variés que les hors-d'œuvre américains.

a. plus   b. moins   c. aussi

E. Les comparaisons de Pascal. Your friend Pascal is a **gourmet** and a **gourmand**[9]; he knows where the best and worst foods, drinks, and restaurants are. Before you take your trip to Paris, listen to his advice and write down the superlative for each statement.

1. _____ (*The best*) camembert est en Normandie.

2. _____ (*The worst*) vin est le Beaujolais.

3. À Paris, les restaurants _____ (*the least*) chers sont les bistros.

4. L'Auvergne a _____ (*the least amount*) d'habitants.

5. Paris a _____ (*the largest amount*) d'habitants.

F. Mirabelle et ses voisins. Mirabelle is new to her town and she is asking her neighbors what the worst and best locations in town are. Listen to the dialogue once to get the gist of the conversation, then listen again and answer the following questions.

1. Quel est le meilleur boulanger? _____

2. Quelle est la meilleure boutique de vêtements? _____

3. Quelle est la pire salle de cinéma? _____

4. Quel est le parc le plus beau de la ville? _____

5. Quel est le marché le plus proche? _____

À vous de vous perfectionner! (2)

New sound and letter combinations for this chapter:
1. **ui** as in *cuisine*
2. **eu** as in *je peux*
3. **gu** as in *baguette*
4. **qu** as in *quiche*
5. **gn** as in *lasagnes*

1. *ui*: a kiss and a smile

Earlier, you practiced the pronunciation of **u.** Now that you are all warmed up, let's move on to a new French sound: **ui** as in **cuisine** and **produits alimentaires.**

This is how to train your speech apparatus to create a French **ui:**

- With your lips well-rounded and the tip of your tongue firmly nestled behind your lower teeth, let's combine a kiss with a smile!
- you start with a kiss, i.e., a **u;**
- then, once the air has pushed out the **u,** you stretch your lips in a smile, i.e., an **i;**
- and you end up with a perfect French **ui.**

Perception and production. First listen, then repeat after the model:

une cuillère   des fruits de mer
une truite   des huîtres fraîches
de l'huile d'olive

[9]*someone who has a sweet tooth*

2. *eu* as in *j'ai p<u>eur</u>* and *eu* as in *je p<u>eux</u>*

There are two different sounds that can be produced by the **eu** combination.

(a) **eu** in **j'ai peur:** Do you remember, from Chapter 3, how to produce a neutral **e,** as in the English expression "duh," or the French word **petit?** Well, the **eu** in **j'ai peur** is also pronounced like this neutral **e.** You hear and produce this sound in: **ascenseur, immeuble, réfrigérateur, ordinateur, tailleur, traiteur,** and **hors-d'œuvre.**

(b) **eu** as in **je peux:** This special **eu** sound does not exist in the English sound system, but you have all the elements to train the muscles of your mouth to produce a beautiful French **eu.**

- First, start with the French **u:** your tongue touches the roof of your mouth, the tip of your tongue is firmly pressed behind your lower teeth, and your lips are rounded in a kiss.
- Now, *slightly open your jaws,* but don't change the position of your tongue or lips. Simply let a little more air come out. In other words, this position is between the French **u** (very closed) and the neutral **e** (more open).
- So the sequence from closed to open, when you separate your jaws while keeping your lips rounded, is like this:

  (1) **du** (very closed) → (2) **deux** (slightly open) → (3) **de** and **peur** (more open)

When to produce which one?

Since there is no difference in the spelling between the **eu** in **deux** and the **eu** in **peur,** how do you know which one is which? There is an easy solution. Let's look at some examples:

eu as in the English open "duh" (option 3 in the progression shown above)	*eu:* slightly more open than *u* (between options 1 and 3 in the progression above)
ascenseur	amoureux
immeuble	les yeux
ils peuvent	il peut (je peux, tu peux)
ils veulent	il veut (je veux, tu veux)
j'ai peur	il pleut un peu

What pattern do you observe? In the left-hand column, we pronounce the consonant that immediately follows the **eu.** Conversely, in the right-hand column, we don't pronounce the consonant after the **eu,** even when there is one in the spelling. So, here is the rule of thumb: *If we pronounce the consonant(s) immediately after the **eu,** then **eu** sounds like the English "duh." Otherwise, **eu** is pronounced between the French **u** and the neutral **e,** i.e., between options 1 (very closed) and 3 (more open), as explained above.*

Perception. Listen to the following list of words. Then in each blank below, write the number that corresponds to the sound you hear, as follows:

u as in **du** = 1

eu as in **deux** = 2

eu as in **de, peur** = 3

1. _____

2. _____

3. _____

4. _____

5. _____

NOTE: un œuf – deux œufs, un bœuf – deux bœufs. In **un œuf,** we pronounce the **f.** So, will you choose to pronounce the **eu** as in **deux** (i.e., option 2 in the progression shown above) or the open **eu** as in **peur** (i.e., option 3)? If you chose option 3, you are correct. However, in **deux œufs,** we do not pronounce the **f**s. Will you choose 2 or 3? If you chose **eu** as in **deux** (i.e., option #2), you are correct. Bravo! The reasoning is identical for **bœuf** and **bœufs.**

3. *g* as in *garage* vs. *gu* as in *baguette*

You already know the *hard "g"* as in the English *garage* and *good.* You are also familiar with the *soft "g"* as in *genre* and the second *g* in *garage.*

The French **g** is somehow similar:

(a) French has a soft **g** when it is followed by **e** and **i,** as in **rouge, gentil,** or **asperges.** Notice, though, that contrary to the English soft *g* (as in "General George is a genial giant"), French does not have a **d** in front of the soft **g.** So, in the sentence **"Le général Georges est un géant génial,"** every soft **g** will be pronounced *without the "dg" sound* you are familiar with.

(b) French has a hard **g,** as in the English *good,* in three instances:

- when **g** is followed by the vowel **a,** as in **gateau, eau gazeuse,** or **gauche;** by **u** as in **légumes;** or by **o** as in **langoustes** or **goûter**
- when **g** is followed by a consonant, as in **glace, vinaigre,** or **grand**
- in the **gu + vowel** combination, as in **baguette** or **dégueulasse**

From this chapter on, the "Listen and repeat" exercises will all be gathered at the end of the pronunciation section. We believe that, in so doing, we help you keep a broad picture of this beautiful French pronunciation forest, while carefully looking at each tree.

4. *c* as *une carte* or *France* vs. *qu* as in *une quiche*

We can follow similar reasoning for **c,** which is pronounced **k** as in *kangaroo* in certain situations and **s** as in *certain* in others, vs. **qu,** which is always pronounced **k.**

The French letter c may be pronounced as k or as a snaky s. As with the letter **g,** the pronunciation of the letter **c** in French is determined by the vowel that follows. So, the spelling gives us all kinds of clues to help us decide how to pronounce the **c.**

- **c** is a snaky **s** when **c** is followed by an **e** or an **i,** as in **France, citron, céleri,** or **cerises;** or when **c** is spelled **ç,** as in **Françoise, ça va, provençale,** or **commerçant**
- **c** is a hard **k,** as in **kilo,** when followed by **a, o, u,** or a consonant, as in **carte, haricots, coquilles, cuite,** or **crevettes.**
- **qu** is always pronounced **k** (and *never* **kw**), as in **quartier, quiche, bouquet, coquilles, pastèque,** and **exquis.**

5. *gn* as in *lasagnes*

This one is really easy and straightforward: when you see **gn** in the spelling, just remember **lasagna.** That is exactly how most French **gn** are pronounced, as in **magnétoscope, baignoire, campagne, oignon, agneau,** or **champignon.**

Perception and production. We have now integrated all the new sounds together. To warm up your perception skills and tune your ears and, potentially your speech apparatus, we recommend that before you do the activity below, you listen diligently to the pronunciation of the Chapter 6 **Lexique** on your In-Text Audio.

The following sentences may appear rather challenging at first. So, work your way through progressively: (1) listen to each of them several times and simultaneously look at the script; then, (2) break each sentence into smaller chunks; and finally, (3) repeat the whole sentence, trying to match the model's speed. It may take a while at first, but it's like jogging. Once you get the rhythm, you will keep it. So, just take one step at a time.

 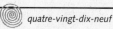

Listen and repeat after the model:

Excusez-moi, pourriez-vous me dire où se trouve le salon de coiffure?

Il aime beaucoup les fruits de mer et la volaille.

Les huîtres fraîches au citron, c'est excellent pour la santé!

En cuisine, j'utilise deux cuillères d'huile d'olive pour préparer ma truite.

Pour descendre, il veut toujours prendre l'ascenseur de son immeuble, pas l'escalier! Il est paresseux, n'est-ce pas?

Comme hors-d'œuvre, ils veulent beaucoup de pastèque, des coquilles Saint-Jacques, du pâté de campagne et des mini-quiches. C'est exquis!

Pour commencer, il peut prendre une soupe à l'oignon et, avec son agneau, des champignons et deux tomates provençales.

À vous de lire!

Les produits du marché

Les Français sont habitués[10] à manger frais. Normalement, les Français vont au marché pour acheter les produits les plus frais fournis par les fermiers[11] et les agriculteurs[12] les plus proches de la ville. À Paris, tous les arrondissements[13] possèdent un marché local. Sur les marchés, on peut trouver tous les aliments, depuis les épices jusqu'aux viandes et produits les plus raffinés comme le foie gras frais. On ne trouve pas de poisson le lundi, car les pêcheurs ne pêchent pas le dimanche. Les meilleurs restaurants de France achètent les aliments pour leurs recettes tous les matins très tôt, à cinq heures du matin. Ils cuisinent ces aliments immédiatement. C'est un des secrets de la bonne cuisine française!

Compréhension. Answer these questions after reading the above passage.

1. Est-ce que les Français peuvent acheter du poisson le lundi? Pourquoi?

_____

2. Pourquoi est-ce que les Français aiment acheter sur les marchés locaux?

_____

3. Qu'est-ce qu'on peut acheter sur les marchés?

_____

4. Qui vend les produits?

_____

5. Est-ce qu'on peut trouver du poivre, du curry et de la coriandre sur les marchés?

_____

6. Comment est-ce que les meilleurs restaurants français peuvent avoir des plats toujours excellents?

_____

[10]*used to*   [11]*cattle farmers*   [12]*crop farmers*   [13]arrondissements *corresponds to neighborhoods. Paris is divided into 20* **arrondissements.**

CHAPITRE

7 Les infos qui m'entourent

Commençons!

Vocabulaire essentiel: Les médias (1)

A. Le guide TV. You are living in Quebec and you're looking at the following TV schedule to try to find what kind of programs you would like to watch this week. First, write in the blank spaces, in French, the type of program you think each one is. Then, circle the ones you would like to watch.

Programme/ jour de la semaine	lundi	mardi	mercredi	jeudi	vendredi
9h30–10h30	Salut, Bonjour! _____ _____		TV5 Le journal _____ _____		Le téléjournal, le point _____ _____
12h00–13h00	Les feux de l'amour _____ _____			L'empreinte du crime _____ _____	
16h00–17h00		Buffy contre les vampires _____ _____	Futurama _____ _____		CSI Miami _____ _____

B. Quels sont tes programmes préférés? You are living in a dorm in Montreal and you and your roommate are sharing a TV. In order to set up a schedule for watching TV, tell your roommate which programs you prefer and what type of programs they are. Follow the model.

MODÈLE: Ma série télévisée préférée est «Desperate Housewives». C'est une comédie.

1. _____
2. _____
3. _____
4. _____
5. _____

C. Le guide de Radio Québec. You are listening to Radio Québec, and the host is talking about the best and worst programs on radio for that day. Listen to his review once to get the gist of the information. Then listen again, and for each program mentioned, write down the type of program that it is, or one adjective that the reviewer uses to describe it. Finally, circle **O** if he recommends it, **N** if he doesn't.

1. L'heure de vérité   _____   O   N

2. Musique, enfin!   _____   O   N

3. Ushuaïa   _____   O   N

4. Comment va ta vie?   _____   O   N

D. Les programmes préférés de Sylvie Dumont. You are a journalist for the magazine *Châtelaine* and you are interviewing a popular singer about her TV habits and her favorite TV/radio programs. Read the statements below before you listen to this interview. Then, circle **vrai** or **faux** for each statement.

1. Sylvie Dumont change de chaîne tout le temps.   vrai   faux

2. Elle regarde rarement les émissions musicales.   vrai   faux

3. Sylvie n'aime pas les reportages d'actualité.   vrai   faux

4. Elle regarde les dessins animés avec son fils.   vrai   faux

5. Elle adore les téléfilms.   vrai   faux

Structures 1 et 2: Le *passé composé* avec le verbe *avoir*; La négation et l'interrogation au passé composé

E. L'investigation. Your friend Robert is undergoing a police interview because, last night, he lost track of what he was doing and ended up sleeping on a park bench. Help him retrace what he did by filling in the blanks with the appropriate verb forms in the **passé composé.**

AGENT DE POLICE: M. D'Abzac, qu'est-ce que (1) _____ (vous/faire) hier soir?

ROBERT: Je crois que (2) _____ (je/manger) au Bistro Romain.

AGENT DE POLICE: Qui est-ce que (3) _____ (vous/voir)?

ROBERT: Je crois que (4) _____ (je/voir) Paul et sa fiancée.

AGENT DE POLICE: À quelle heure est-ce que (5) _____ (vous/perdre) connaissance?

ROBERT: J'ai du mal à me souvenir, mais je crois que (6) _____ (je/dormir) vers 21h.

AGENT DE POLICE: Pourquoi ne pas revenir à la maison pour dormir?

ROBERT: Euh... Je crois que (7) _____ (je/boire) trop de Beaujolais au Bistro Romain...

AGENT DE POLICE: Passe[1] pour cette fois, au moins (8) _____ (vous/ne pas conduire) saoul[2]!

[1]*okay*   [2]*drunk*

F. Les retrouvailles. It's been a while since you saw your friends Matthieu and Isabelle. You are all chit-chatting on the **terrasse** of a bistro. Ask your friends some questions and answer them by using the **passé composé** and the appropriate pronouns.

YOU: Salut, Matthieu et Isabelle, quoi de neuf?

MATTHIEU: Depuis la dernière fois, (1) _____ (acheter) une voiture neuve!

ISABELLE: Moi, (2) _____ (finir) mes études de médecine. Je suis docteur maintenant.

YOU: Génial, moi, (3) _____ (trouver) un travail comme rédacteur du magazine *Voici.*

MATTHIEU: Alors, (4) _____ (tu/rencontrer) beaucoup de personnalités!

YOU: Non, moi, (5) _____ (je/ne pas voir) de personnalités, car je suis nouveau.

ISABELLE: Matthieu et moi, (6) _____ (faire) un voyage aux îles de Wallis et Futuna.

YOU: Ah, bon! (7) _____ (entendre) dire qu'elles sont merveilleuses!

MATTHIEU ET ISABELLE: Oui, (8) _____ (faire) de la plongée sous-marine.

G. La plongée sous-marine. Matthieu and Isabelle are in Wallis et Futuna and they are planning their scuba diving adventure. They want to know if everything is ready, so they are checking on each other's duties. After you listen to their plans, choose the correct answer to complete each sentence below.

1. Est-ce que tu _____ les palmes dans ton sac?
   a. as mis   b. as perdu   c. as trouvé

2. J'_____ les indications pour prendre le bateau.
   a. ai fait   b. ai acheté   c. ai oublié

3. Est-ce que nous _____ de la crème solaire?
   a. avons mis   b. avons pris   c. avons étalé

4. Est-ce que tu _____ mes lunettes de plongée?
   a. as oublié   b. as vu   c. as perdu

5. Nous _____ de liste de tout le matériel!
   a. n'avons pas dit   b. n'avons pas laissé   c. n'avons pas fait

H. L'enquête du commissaire Maigret. You are at the police station working as a police clerk and you need to listen to the deposition of a suspect. Write down each verb form you hear that is in the **passé composé,** along with its accompanying pronoun.

1. _____

2. _____

3. _____

4. _____

5. _____

Continuons!

Partie I: Vocabulaire essentiel: Les médias (2)

A. La presse. You found a job at the university bookstore at Université Laval in Québec, and you are responsible for organizing the newspaper and magazine international sections. Sort the following publications into the appropriate categories, based on their title.

Le Figaro   *Le nouvel observateur*   *TV Hebdo*

Sports Illustrated   *Femme actuelle*   *The Economist*

Châtelaine   *Voici*   *Shape*

Bonjour   *Elle*   *Bon Appétit*

revues de sport: _____

magazines de santé: _____

revues de cuisine: _____

quotidiens: _____

revues de mode: _____

guides des programmes télévisés: _____

magazines d'actualité: _____

presse du cœur: _____

B. Le journal de l'université. Now, you have been promoted to the rank of journalist at the university's newspaper. It's a big paper and they are asking you to take a quiz to make sure you understand how it operates. Choose the right word from the list below to complete each sentence.

Un(e) abonné(e)   Un(e) photographe   Un bulletin d'abonnement

Un(e) journaliste   Un lecteur/Une lectrice   Un(e) paparazzi

Un abonnement

1. _____ se charge de faire les dossiers photos.

2. _____ se charge d'écrire les informations les plus récentes.

3. _____ poursuit les personnalités pour obtenir une photo ou une information

    sur sa vie privée.

4. _____ lit les articles que nous publions.

5. _____ paie le prix de notre journal tous les mois.

C. Les infos à la radio. You are listening to radio news in French and you want to check that you understood it all. Listen to the recording twice and then finish each sentence below with the right word(s).

1. Alan Bates, _____ le plus prestigieux du monde, a annoncé sa prochaine exposition au

    Palais des Beaux Arts.

2. _____ Pauline Leclerc a annoncé sa démission.

3. _____ *Le Monde* cite les horreurs de la faim en Afrique.

4. La Princesse de Monaco a été envahie par _____.

5. Il a mis en danger _____, *l'Express*.

D. Quels sont tes magazines et journaux préférés? You are trying to learn more about your roommate so you can have more interesting conversations. Your roommate is telling you what her tastes are as far as magazines and newspapers are concerned. Write the title of each one, then circle **O** or **N** based on whether she likes to read it or not. Finally, based on the title of each, try to guess its genre.

Titre			Genre
1. _____	O	N	_____
2. _____	O	N	_____
3. _____	O	N	_____
4. _____	O	N	_____
5. _____	O	N	_____
6. _____	O	N	_____

Structure 3: Le *passé composé* avec le verbe *être*

E. "CSI Montréal" (1.) Your favorite TV show "CSI" is now playing in Montréal, where new episodes are being filmed. Only one problem: these episodes are in French and you want to understand them. To try to solve the murder, retrace the characters' actions by matching each person in column A with the right verb form in column B, making sure the subjects and the verbs agree.

A	B
Je	êtes venus au restaurant avec Aline.
Aline	sont arrivées chez Gérard à 13 heures.
Gabe et Pierre	suis tombé quand j'ai entendu les nouvelles.
Gérard	sont partis de leur maison.
Mélanie et Sophie	sommes sortis à 20 heures.
Matt et moi, nous	est passé me voir,
Vous	est montée dans un taxi.

F. "CSI Montréal" (2.) To continue figuring out what each character did, fill in the blanks with the appropriate forms of the verbs in parentheses, in the **passé composé.**

1. Gabe et Pierre _____ (rester) au restaurant toute la soirée.

2. Aline _____ (partir) du restaurant à 22 heures.

3. Mélanie et Sophie _____ (aller) se promener dans le parc vers 15 heures.

4. Gérard _____ (mourir) à 7 heures du soir.

5. Matt et moi, nous _____ (rentrer) à la maison à 23 heures.

G. Allô, Maman! Your mother is calling you tonight. She wants to know everything about your new life in Montréal. Listen to her questions twice, then tell her what you did by responding to her questions with the **passé composé.** You are in a bad mood so you need to write negative answers to her questions.

1. _____ au gymnase.

2. _____ me voir.

3. _____ voir mes notes à l'université.

4. _____ en boîte de nuit.

5. _____ aujourd'hui.

H. L' incident. Today, you saw an event on the street that caught your attention and you are trying to describe what happened to your roommate. Listen to the recording and write down each verb form you hear in the **passé composé,** noting whether it is used with **avoir** or **être.**

<table>
<tr><td></td><td>avoir</td><td>être</td></tr>
<tr><td>1.</td><td>_____</td><td>_____</td></tr>
<tr><td>2.</td><td>_____</td><td>_____</td></tr>
<tr><td>3.</td><td>_____</td><td>_____</td></tr>
<tr><td>4.</td><td>_____</td><td>_____</td></tr>
<tr><td>5.</td><td>_____</td><td>_____</td></tr>
<tr><td>6.</td><td>_____</td><td>_____</td></tr>
<tr><td>7.</td><td>_____</td><td>_____</td></tr>
<tr><td>8.</td><td>_____</td><td>_____</td></tr>
</table>

À vous de vous perfectionner! (1)

Révision: vowel + *n/m*: through the nose (nasal) or through the mouth (oral)?

In Chapters 4 and 5, we looked into different pronunciation scenarios when a vowel was followed by **n** or **m.**

Nasal	**Oral**
un Américain	une Américaine
il comprend	ils comprennent
un magasin	un magazine

As we did in previous review sections, let's practice nasal vs. oral vowels using the vocabulary from your **Lexique** from Chapters 6 and 7 in a three-step operation:

- First, you will listen to these words to determine whether you perceive nasal or oral sounds for each of the words with an **n** or an **m.**
- Then, you will retrain the muscles of your speech apparatus to produce either a nasal or an oral French sound—this is the speech pathology part of pronunciation.
- Finally, you will produce some words and expressions selected from these two chapters.

1. Perception. Listen to the following vocabulary words on your SAM Audio. While you listen, write next to each word and expression below whether you perceive the underlined vowel + **n/m** as nasal (**N**) or oral (**O**), i.e., not nasal.

From Chapter 6

1. _____ ess<u>en</u>tiel
2. _____ <u>en</u>trée
3. _____ saum<u>on</u>
4. _____ oign<u>on</u>

5. _____ pr<u>in</u>cipal
6. _____ vi<u>an</u>de
7. _____ sard<u>in</u>es
8. _____ champign<u>on</u>s

9. _____ ép<u>in</u>ards
10. _____ p<u>om</u>mes
11. _____ s<u>an</u>dwich
12. _____ v<u>in</u>aigre

From Chapter 7

1. _____ émission
2. _____ classement
3. _____ informations
4. _____ dessins

5. _____ magazines
6. _____ écran
7. _____ programme
8. _____ divertissements

9. _____ cuisine
10. _____ abonnement
11. _____ abonnement
12. _____ bulletin

2. The physiological features of nasal vowels vs. oral vowels.
Let's review the main distinction between English and French nasals (Chapters 4 and 5). Do you remember? Let's observe again:

Nasal

un Américain
grand
magasin

Oral (non-nasal)

une Américaine*
programme*
magazine*

*When the vowel + **n/m** is followed by an **e,** as in **une Américaine** or **un programme,** that vowel, as well as the **n** or **m** that follows, must be clearly *produced separately.* In other words, the **-caine** in **américaine** must be clearly sounded as **k + ai + n.** The air for the vowel represented by the spelling **ai** is flowing through your mouth only; your nose is not involved at all.

Conversely, with the *French nasal,* as in **un grand Américain** or **j'ai faim,** the **n** and **m** completely disappear from your pronunciation. The **n** and **m** become part of the nasal vowel; that is, the air flows *both through your mouth AND through your nose.* So, the **n** and **m** disintegrate into thin air while moving through your nose.

3. Production
It is now your turn to clearly produce the difference between a French nasal or a French oral vowel. To warm up, go back to the list just above and repeat single words first, before tackling the sentences.

As for the practice in the previous chapter, the following sentences may appear rather challenging at first because of their length. Just work your way through progressively:

(1) Listen to each sentence several times while looking at the script.

(2) Break each sentence into smaller chunks or breath groups.

(3) Repeat the whole sentence, trying to match the model's speed.

It may take a while at first; but you'll be producing beautiful nasals before long.

⌒ First listen, then repeat after the model.

From Chapter 6

Les épinards... les champignons... les pommes de terre... tous les légumes sont bons pour la santé.

Comme entrée, mon amie américaine, Suzanne, aime beaucoup les sardines grillées au citron ou au vinaigre.

From Chapter 7

Yasmina et Vincent ont un super grand écran de télévision. Quelle chance!

Ils sont toujours branchés sur les bulletins d'informations et les programmes de divertissements.

Marie-France et Anne ont beaucoup d'abonnements à différents quotidiens et magazines mensuels en français.

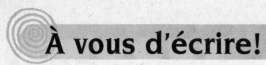
À vous d'écrire!

Votre journée hier (*Your day yesterday*). Write ten things you did yesterday. Use the following verbs in the **passé composé:** lire, prendre, manger, boire, rester, partir, faire, finir, regarder, aller. Use **être** and **avoir** as appropriate.

_____

_____

_____

_____

_____

_____

_____

_____

_____

Partie II: Vocabulaire essentiel: Les événements dans la vie

A. Quels sont les événements négatifs de leurs vies? You are at a party, reviewing what has happened to your friends during the past six months. Write a sentence explaining the negative event that led to each of the conditions below.

MODÈLE: Denise n'est pas contente après avoir joué au tennis.

Elle a perdu un match.

1. Gérard est à l'hopital. _____

2. Martine n'a plus de voiture. _____

3. Fred et Laurent sont en prison. _____

4. Maude a été attaquée dans la rue. _____

B. Quels sont les événements positifs de ta vie? You are still at the party, and now you're talking about the positive events that have happened in your life. Mention at least five positive events with the verbs in the **passé composé.**

MODÈLE: Il y a deux ans, j'ai chanté dans un groupe de rock alternatif finlandais.

1. _____

2. _____

3. _____

4. _____

5. _____

C. Les événements de l'année 2005. The radio station that you listen to features retrospectives of events that happened in previous years. Today's retrospective highlights the year 2005. Listen to the events of that year and write what happened next to the appropriate person or people, then check whether the event was positive or negative.

		Positif	Négatif
1. Des chanteurs anglais et américains _____		☐	☐
2. Madonna _____		☐	☐
3. Chelsea Clinton _____		☐	☐
4. Un français et deux américains _____		☐	☐
5. André Agassi _____		☐	☐
6. Lindsay Lohan _____		☐	☐

Structure 4: Le pronom interrogatif *quel*

D. L'abonné. You want to subscribe to a French magazine and you are doing it over the phone. Complete the following questions with the appropriate form of the interrogative pronoun **quel.**

1. _____ sont vos lectrices?

2. _____ est le prix de votre abonnement mensuel?

3. _____ sont vos paparazzis les plus connus?

4. _____ est le numéro le plus intéressant?

5. _____ est votre journaliste la mieux informée?

E. L'abonnement. Now, you are the operator. Write five questions with the interrogative pronoun **quel** that you would use to obtain personal information from a subscriber.

1. _____

2. _____

3. _____

4. _____

5. _____

F. Ma mère est curieuse! Your mother is calling to check on you. Write down the questions she asks you, each starting with a form of **quel.**

1. _____ est-ce que tu es rentré à la maison?

2. _____ est-ce que tu as vu aujourd'hui?

3. _____ est-ce que tu as invitée à dîner?

4. _____ est-ce que tu as mangés?

5. _____ avec cette fille?

G. À la librairie de l'université. As part of your job at the university bookstore, you like to meet new students and ask them questions about their tastes. Listen to the recording twice and choose the correct form of the interrogative pronoun **quel.**

1. _____

   a. Quelle   b. Quels   c. Quel

2. _____

   a. Quelle   b. Quels   c. Quelles

3. _____

   a. Quelle   b. Quelles   c. Quel

4. _____

   a. Quels   b. Quelles   c. Quelle

5. _____

   a. Quel   b. Quelle   c. Quels

6. _____

   a. Quel   b. Quelle   c. Quelles

Structure 5: Le *passé composé* avec les pronoms *y* et *en* et avec les adverbes

H. Je n'y crois pas! You are having a hard time believing what everybody is telling you. Repeat each of the statements below in question form, replacing the nouns with the pronouns **y** and **en** as appropriate.

1. Tu as mangé dans ce bistro. _____?

2. Vous avez fait des gâteaux. _____?

3. Babette et Luc sont allés au cinéma. _____?

4. Maman a dépensé tout l'argent à Macys. _____?

5. Tu as dit des mensonges. _____?

I. Comment l'ont-ils fait? Now you are trying to find out how everybody did what they did. Write down the previous questions, including the pronouns you added, now adding the adverbs provided in parentheses.

1. (rapidement) _____

2. (beaucoup) _____

3. (souvent) _____

4. (rapidement) _____

5. (beaucoup) _____

J. Mais oui! Your friend Pascal does not believe anything you say. Listen to his questions, then answer them in the affirmative. Replace the nouns with the pronouns **y** or **en.**

MODÈLE: Tu as déjà couru dix marathons?

Oui, j'en ai couru dix!

1. _____
2. _____
3. _____
4. _____
5. _____
6. _____

Structure 6: Les verbes *lire, dire* et *écrire*

K. Qu'est-ce que vous lisez, écrivez, dites? You are comparing what you do with your friends over a dinner party. Match columns A and B to form sentences that make sense. More than one answer could apply in some cases.

A	B
J'écris	des revues de mode.
Nous lisons	qu'ils aiment le journal *Le Monde.*
Tu dis	des lettres à vos amis.
Vous écrivez	mon courrier électronique.
Ils disent	des poèmes sur ma vie.
Je lis	que je suis grosse.

L. L'éditeur en chef. You are the main editor of the French newspaper *Le Canard enchaîné* and you are being interviewed by two journalists. Fill in the blanks with the correct form of the verbs **dire, lire,** or **écrire.**

Normalement, le matin je (1) _____ (lire) mon courrier électronique vers 9 heures.

Ensuite, mon équipe et moi nous (2) _____ (dire) quelles sont les nouvelles les plus

intéressantes. Mon assistant et ma secrétaire (3) _____ (écrire) les détails les plus importants.

Après, je (4) _____ (dire) qu'il faut commencer à écrire les articles. Mon assistant

(5) _____ (lire) les articles les plus importants. Finalement, je (6) _____ (dire):

«D'accord, tout est prêt pour l'édition d'aujourd'hui.»

M. Les habitudes littéraires de Margot Durand. The writer Margot Durand is being interviewed by a journalist on her writing routine. Listen to the interview, then mark each of the following statements as **vrai** or **faux.**

1. Mme Durand n'écrit pas tous les jours.		vrai	faux
2. Mme Durand lit seulement *Le Monde.*		vrai	faux
3. Mme Durand écrit des histoires personnelles.		vrai	faux
4. Mme Durand dit que l'écriture n'est pas personnelle.		vrai	faux
5. Mme Durand aime l'actualité.		vrai	faux

N. L'enquête. You are about to hear the results of a survey on children's reading and writing habits. Listen to the results, then complete the following statements with the verbs that you hear in the appropriate forms.

1. Les enfants ne _____ pas plus d'un livre par an.

2. Ces enfants _____ qu'ils préfèrent passer leur temps devant la télévision.

3. L'INSEE _____ que les parents sont responsables.

4. Les filles _____ plus que les garçons au même âge.

5. Les filles _____ qu'elles sont plus assidues que les garçons.

À vous de vous perfectionner! (2)

Known sounds but new letter combinations:

1. *s* as in *France, émission,* or *information*

2. *z* as in *zapping,* but also in *télévision*

3. *ch* as in *chambre,* but also *orchestre*

4. *j* as in *jouer*

The sounds and letters **s, z, ch,** and **j** are not new at all to you. You use them also in English in words such as *snake, passage, zoo* or *zapping, chamber, orchestra,* and *pajama* or *fusion.*

The problem is that, in French, these familiar letters are not necessarily pronounced the same way as they are in English, and/or some letters that you would pronounce in a certain way in English are different in French. It's simply a question of keeping these differences in mind.

1. The "snaky" s sound and its spelling environments

Let's look at some examples. The word **emission** is the same in both English and French. The difference is that in French the **ss** is pronounced like an **s,** as in **passer,** whereas in English, you pronounce it like the *sh* in *shoe.* The same applies to **informations.** So, let's organize these data a little.

What you already know about the s sound:

We have the **s** sound in the following environments:

- the **s** at the beginning of a word (as in English), as in **sport** and **sauver**
- **s** when it is between a vowel and another consonant—and vice versa—as in **orchestre, journaliste, mensuel, rhapsodie, psychologie.** You see, it works even on new words!
- with **c** followed by **e** or **i** as we already studied: **publicité, fréquence,** and **France**
- with **ç** as in **français, provençale, caleçon**

What is new and different from English about this French s sound:

- Unlike in English, we have an **s** sound in French where there is a double **s,** as in **émission, professionnel,** and **pression,** for example. These cognates are pronounced in English with a *sh* sound. You will also see this **ss** in words like **divertissement, dessert, presse, nous choisissons.**
- Similarly, French uses the **s** sound with the **-tion** combination, as in **information** and **manifestation.** As you know, this same combination corresponds to *sh* in the English pronunciation.

2. The "busy bees" z sound and its spelling environments

You have already seen this **z** sound in **eau gazeuse, zapping,** and **zoo,** for example.

What is new and different from English about the French z sound:

In French, every **s** surrounded *by two vowels is also produced as a z,* as in: **diffuse, cuisine, fraise, lasagnes, avoir besoin, avoir raison, choisir.**

3. *ch* as in *chambre,* but also as in *orchestre*

You are already familiar with the **ch** combination in English, where it sounds more like *tch* as in *chamber, chain, change,* or *k* as in *orchestra* and *architecture.*

What is new and different from English about this *ch* combination:

In French, the **ch** sounds like the English *sh,* as in *shoe,* or in the borrowed words *Chicago* and *chef.* So there's no *t* sound at all, as you would hear in most English words, such as *China* or *cheese.*

QUICK CLUE: When you see a **ch** in the French spelling, just assume that it behaves like an English *sh.* Let's apply it: **changer, une chaîne, boucherie, chaussures, chaussette, chemise, chocolat, chapeau, cher, tire-bouchon, chance, chanter, architecte.**

EXCEPTIONS: In **un chœur** and **un orchestre,** the **ch** sounds like *k.*

4. *j* as in *jouer*

Very similar reasoning may be applied to the letter **j.**
    You are already familiar with the *j* combination in English, where it sounds more like *dj,* as in *trajectory* or *Jack.*

What is new and different from English about this *j*:

In French, the **j** sounds just like the English *genre,* the second *g* in *garage* in British English pronunciation, and in words borrowed from French such as **Dijon mustard** or **déjà vu.** In English, you come across that sound very often but under a totally different spelling: *-sion,* as in *fusion* or *immersion.*

QUICK CLUE: When you see a **j** in the French spelling, treat its pronunciation as if it were an English *g* as in *genre* or a word ending with *-sion.* Let's apply it to the following words: **pyjama, trajet, Jacques, jeu, jouer, déjeuner, journal.**

Perception and production. To warm up your perception skills, tune your ears, and gradually train your speech apparatus, listen diligently to the following sentences on your *SAM Audio. Pay close attention to the s, z, ch, and j scenarios.* Once you're done, you are ready for production.
    As mentioned before, the following sentences may appear rather challenging at first. So, work your way through progressively.

⌒ First listen, then repeat after the model:

Pour le petit déjeuner, nous choisissons toujours des jus de fruits.

Un journaliste professionnel peut écrire dans différents magazines et journaux.

Mes amis architectes Jacqueline et Jean-Jacques bâtissent des maisons à la chaîne dans la ville de Dijon.

À la télévision, on a souvent besoin d'un guide télé pour choisir entre les émissions de divertissement, les jeux, les dessins animés, le sport ou les informations.

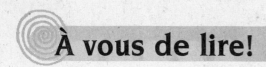

À vous de lire!

Les habitudes médiatiques des Français

La télévision occupe la première place en tant que[3] média préféré des Français. Les programmes de télévision sont variés; ils incluent des émissions comme les journaux télévisés, les téléfilms ou les jeux. Les journaux télévisés de certaines chaînes comme Canal+ présentent les informations de façon comique. Les Français aiment se divertir avec des émissions humoristiques. La presse française est divisée en tendances politiques, mais elle inclue aussi des journaux très critiques et originaux comme *Le Canard enchaîné*. Les Français aiment lire leur journal quotidien au bar-tabac ou au café, où ils peuvent partager leurs commentaires avec le patron ou les autres clients. Souvent, cela entraîne[4] des discussions! Les jeunes aiment écouter les radios qui annoncent le hit-parade. Les matchs de foot en direct sont diffusés à la radio et à la télévision. Pour beaucoup de gens, c'est une excuse pour passer du temps au bar-tabac ou à la maison avec des amis.

Compréhension. Now, check your comprehension by answering the following questions in French.

1. Est-ce que la télévision française offre des programmes variés? Donnez des exemples.

_____

2. Est-ce que les Français aiment l'humour à la télévision?

_____

3. Est-ce que les lecteurs français aiment commenter les informations dans les journaux et à la télévision? Où? Comment?

_____

4. Qu'est-ce que les jeunes Français aiment écouter à la radio?

_____

5. Comment est-ce qu'on peut connaître les résultats des matchs de foot?

_____

---

[3]**en tant que** = *as*   [4]*leads to*

CHAPITRE
8 Mes relations amoureuses et amicales

Commençons!

Vocabulaire essentiel: La routine

A. L'ordre des choses. Based on the pictures you see below, list in the most logical order the things Martin needs to do each day. Match the verb to the appropriate action by writing the number next to the picture.

 _____

 _____

 _____

 _____

 _____

 _____

Le matin, (1) _____. (2) Après, _____. Ensuite,

(3) _____ et (4) _____.

À la fin de la journée, (5) _____. Et finalement, (6) _____.

B. La routine de ma femme. Albert and his wife have been married for a while now. Albert's wife reproaches him for never paying attention to what she does or says. Help him try to prove her wrong by writing all her routine habits. Make sure you use reflexive verbs in all your responses and feminine forms as appropriate. Start with **Tous les jours, Tous les matins, Tous les soirs,** etc.

MODÈLE: Tous les matins, tu te maquilles les yeux avant de prendre le petit-déjeuner.

1. _____

2. _____

3. _____

4. _____

5. _____

C. Un jour dans la vie d'un acteur. *Paris-Match* is interviewing the actor Patrick Bruneault about his daily routine. Listen to the recording once and try to get the gist of each answer. Then listen again and write down his routine habits.

1. Pour se relaxer, il _____.

2. Avec l'aide de son assistante, il _____, _____ et

   _____.

3. Après une représentation, il _____ et _____.

Structure 1: Les verbes réfléchis au *présent*

D. Les habitudes de ma famille. You are talking to your roommate about your family and their routine at home. Tell him/her about six different habits that they have by finishing the following sentences. Be logical!

1. À la maison, maman _____.

2. Quand il rentre du travail, papa _____.

3. Sébastien, mon petit frère, _____ devant la télévision.

4. Aude, ma grande sœur, _____ tout le temps devant le miroir.

5. Pascale, ma sœur cadette[1], _____ tard le samedi!

E. Ma classe. You want to get to know your peers in your French class, so you ask them about their habits. Fill in the blanks with logical verbs. Be careful with the spelling.

—Cécile, tu (1) _____ à quelle heure?

—Je (2) _____ à 10 heures du matin le samedi et le dimanche.

—Et vous, Arielle et Murielle?

—Nous (3) _____ vers 7 heures du matin tous les jours.

—Cécile, tu (4) _____ dans le parc?

—Oui, je (5) _____ dans le parc Monceau avec mon petit chien.

—Et vous, Arielle et Murielle?

—Nous, (6) _____ dans le Jardin des Tuileries.

[1]*youngest*

∩F. Les vacances. You are at a party and some friends are describing how they spend their holidays. Listen to the dialogue twice and then mark **vrai** if you heard a similar statement and **faux** if you did not.

1. Moi, je ne m'endors jamais en vacances.   vrai   faux

2. Isabelle et moi, nous nous levons tous les matins à 6 heures.   vrai   faux

3. Laurent et Philippe s'endorment sans problèmes.   vrai   faux

4. Isabelle et moi, nous nous sentons bien près de la mer.   vrai   faux

5. Moi, je ne me sens pas bien en vacances.   vrai   faux

∩G. La routine, c'est embêtant (*Routine is a pain*)! You are still at the party and you are telling your friends how awful a routine can be for you. Listen to the recording twice and then list, in the infinitive, all the routine habits mentioned.

1. *se lever tous les matins* _____

2. _____

3. _____

4. _____

5. _____

6. _____

Structure 2: Les verbes réfléchis au *futur proche*

H. Mon horaire. You need to get organized and you have decided to get ahead by planning tomorrow's schedule. Mention at least five actions that you will undertake tomorrow. Use reflexive verbs in each sentence.

MODÈLE: Demain, je vais m'épiler les jambes pour aller à la fête de Paul.

1. _____

2. _____

3. _____

4. _____

5. _____

I. Que vont-ils faire? Now, you have been told you have a gift for guessing what people *are not going to do*. Prove it by filling in the blanks with the correct forms of the verbs in parentheses *in the negative*.

MODÈLE: Patrick _ne va pas se peigner les cheveux_____ (*comb his hair*) avant de se coucher.

1. Coralie et Michelle _____ (*hurry*) pour arriver au cinéma
   à l'heure.

2. Gilles _____ (*blow dry*) les cheveux pour aller voir sa copine.

3. Nous _____ (*shave*) pour aller au match de foot.

4. Vous _____ (*go to bed*) pour le réveillon.

5. Toi, tu _____ (*get up*) tôt pour aller pêcher.

J. Comment? Charles is on the phone with his friend Matt, talking about what their friends are going to do today. The phone connection is so bad that Charles is having a hard time understanding Matt. Listen to the phone call twice, then match the people below with the appropriate activities.

_____ 1. Delphine et Sandrine

_____ 2. Matt

_____ 3. Laurent

_____ 4. Charles, Delphine, Sandrine et Laurent

a. s'endormir sur le sofa.

b. vont tous se doucher.

c. arriver chez Charles.

d. vont se réveiller bientôt.

K. Mes projets. Élise is planning on doing various things with her friends today. Listen to the recording and write down what each person's plans are.

1. Je _____ et je

_____ .

2. Marc et moi, nous _____ et nous

_____ .

3. Jacques et Luc _____ .

4. Nadège _____ .

À vous de vous perfectionner! (1)

1. **Cognates (*Mots apparentés*)**
2. **Words borrowed from French but commonly used in English**
3. **Words borrowed from English but commonly used in French**

1. Cognates (*Mots apparentés*)

«C'est le coup de grâce du déjà vu et la pièce de résistance»

Congratulations! You have already covered the first eight chapters—that is, half of the *À vous!* program. You have probably noticed the enormous number of words that look alike in both English and French. These are *cognates,* as in **philosophie, idée, conversation, cousin, courageux, intelligent, architecture, bulletin,** and **informations.** It is like having two for the price of one!

However, if cognates do indeed simplify the memorization of French vocabulary, their downfall lies in their pronunciation. In other words, because you are familiar with such words, you will spontaneously pronounce these words as you are used to, i.e., with an American English accent.

Now that we have studied together the essential rules of French pronunciation, we know better!

Perception and production. Listen to the following cognates, produced first with an American accent, and then with a standard French accent: **courageux, intelligent, pyjama, limonade, fréquence.** In this particular exercise, we are going to help you learn to produce the latter. Here is the strategy for you to use.

1. Look at the spelling of each word and apply—in a critical way—the fundamentals of pronunciation covered in the previous chapters: the various cues, rules of thumb, and physiological advice you have learned. For example, let's look at the first word, **courageux.** Which errors of pronunciation can be predicted?

   • First, the stress: as a native speaker of American English, you would naturally emphasize the **-ra** syllable; but in French, you need to emphasize the **-geux** syllable, the last one (see Chapter 1), by lengthening it a little.

   • Then, to make sure that you round your lips and drop open your jaws appropriately, you will focus on the **ou** dove-sound (Chapter 2).

- Then, to avoid producing an American *r*, you will control your tongue to produce a purring **r** (Chapter 2).
- And finally, to avoid producing a gliding and too lengthy *duh*-type **eu,** you will control the rounding and opening of your lips to produce a nice **eux,** i.e., between the kissing **u** and the English *duh* sound (Chapter 6).

Now, it is simply a matter of applying this critical analysis to each syllable in each word.

2. Listen to the model in your *SAM Audio*.

3. Repeat the model's standard French pronunciation. Pay close attention to the following predictable, natural hurdles: stress, gliding of vowels (i.e., making them too long and dragging them), the purring **r,** last consonant, **u** vs. **ou,** vowel + **n/m, -tion,** and **-ssion** syllables.

From Chapter 2: courageux, intelligent, stupide, riche, élégant, super, blond, long, judo, comédie, science-fiction

From Chapter 3: cousin, cousine, anniversaire, préparer, oncle, architecture, pilote, ingénieur, mai, septembre, octobre, novembre, décembre

From Chapter 4: appartement, télévision, table, lampe, miroir, couleur orange, couleur crème, automne, balcon, chaise, un sofa, une armoire

From Chapter 5: pharmacie, shampooing, pull, pyjama, sandales, bicyclette, motocyclette, train, aéroport, chocolat, cigarettes, parfums

From Chapter 6: saumon, oignon, tomates, carottes, banane, vinaigre, limonade, thé, bol, bouquet, délicieux

From Chapter 7: publicité, émission, informations, fréquence, concert, crime, bulletin, accident, un photographe, un défilé

From Chapter 8: relation amoureuse, déception amoureuse, sécurité, compagnon, priorité, se promener, se reposer, accélérateur

2. Words borrowed from French but commonly used in English

In 1066, the Frenchman William the Conqueror won the Battle of Hastings (near Brighton, in Great Britain, just across the Channel from Calais, France). This is when the English language of that time started to assimilate lots of French words, simply because there were many French people living in England: the nobles and soldiers who fought and stayed in the newly conquered country, followed by merchants, traders, monks, etc. As relationships developed—sometimes on peaceful terms, other times not so peaceful—this *borrowing* of French terms continued.

Perception and production. We have selected some borrowings from French that are commonly used in English: As in the preceding exercise, you will hear two versions of each word: first with an exaggerated American accent, then with a standard French accent. Let's apply the same strategy that we used for the preceding exercise:

1. First, look at the spelling of each word and predict what the sound "should be" in a critical way, i.e., based on your newly acquired knowledge of French pronunciation.

2. Listen to the model.

3. Repeat the model's standard French pronunciation.

4. And finally, feel free to brag among your friends and teach them the French way to produce these words and expressions!

coup de grâce (*which can end up sounding like* "cut the grass"!)

déjà vu

raison d'être

joie de vivre

et voilà

la pièce de résistance

3. Words borrowed from English but commonly used in French

Battle of the twentieth century: English becomes "the" world language

Throughout your textbook, you have noticed that the French language has also borrowed many English words that are now totally assimilated by French native speakers. Here are some selected examples from the vocabulary you learned in Chapters 1–8: **le base-ball, le basket-ball, le football, le surf, un thriller, un western, le rap, le rock, le jazz, un jean, un tee-shirt, un sandwich, le hit-parade, un match.**

In general, there is a broad spectrum of possible variations. Some French native speakers will totally "convert" these words to the French sound system. But on the other side of the spectrum, some people prefer to brag a little and show that they know that these words are borrowed from the English, by maintaining some of the English pronunciation.

So, where does that leave you? There are a couple of typical French features that you will need to adjust to these borrowings:

1. The stress and intonation. For example, **base-ball** used in a French context will carry the stress on the last syllable, as is typical in French.

2. The **r** will have to be purring, no matter what!

3. But the vowel **a** can be pronounced in many different ways:
   - It will be **a** and not **ej** in **hit-parade, rap, jazz,** and **match**
   - but it will remain **ej** in **base-ball,** or
   - **o** in **base-ball** and **football.**

We may conclude that although these borrowed words have been "Frenchified" (the real linguistic term is "Gallicized"), there still is some flexibility in the way French people pronounce them.

EXCEPTIONS:

- **faire le clown:** The pronunciation of the borrowed word **clown** is very different from the English. It sounds like the "dove sound" **u,** as if the spelling were **cloon** instead of **clown.**
- **pull:** The pronunciation of the **u** is similar to the standard French **u,** as in **tu.** If you apply the American pronunciation of the *u,* i.e., like the French **ou,** you would be talking about a hen—**une poule.** So, if you say **mettre une poule**—with a dove **ou**—instead of **mettre un pull** with the **u,** you are saying *to put on a hen!*

À vous d'écrire!

Pendant mes prochaines vacances... Write a short paragraph (10 sentences) describing your plans for your next vacation. Use reflexive verbs in all the sentences.

_____

_____

_____

_____

_____

_____

_____

_____

_____

Continuons!

Partie I: Vocabulaire essentiel: Les relations amoureuses et amicales

A. Mes relations. You want to know where you stand in your relationships. You are trying to answer a survey on love and friendship. Choose the answers that apply to you. Be logical!

1. Le mariage, c'est _____.

   a. aimer quelqu'un à la folie   b. être fidèle à quelqu'un   c. s'entendre mal

2. Le divorce, c'est _____.

   a. être amoureux de quelqu'un   b. aimer quelqu'un à la folie   c. avoir une déception amoureuse

3. Tromper quelqu'un, c'est _____.

   a. le coup de foudre.   b. se quitter   c. être amoureux de quelqu'un

4. Se réconcilier, c'est _____.

   a. avoir une déception amoureuse   b. tomber amoureux   c. s'entendre bien

5. Se fiancer, c'est _____.

   a. divorcer   b. se quitter   c. décider de se marier

B. Ton futur. Your friends took you to a fortune teller. Now you want to know what will happen in your love life. Fill in the blanks with the appropriate expression to find out what your love life will be!

1. Tu vas avoir beaucoup de _____ (*love at first sight*).

2. Tu ne vas pas _____ (*to get engaged*), mais tu vas

   _____ (*to get married*) trois fois!

3. Tu vas _____ (*get a divorce*) à Las Vegas.

4. Tu vas _____ (*to love someone madly*) et tu vas

   _____ (*to get along*) très bien avec cette personne.

C. Le personnage mystérieux. You missed the beginning of a TV program about the life of a famous person, and now you want to guess who the person is. Listen to the description, then write down the main events in this person's life.

1. *se marier une fois* _____

2. _____

3. _____

4. _____

5. _____

6. _____

7. _____

D. Le reportage. You are watching a local entertainment program that reviews the lives of various celebrities in town. Listen to the recording to find out what is happening in each person's life. Then mark **vrai** or **faux** next to each statement below.

1. Arielle Simone n'est pas amoureuse.   vrai   faux

2. Arielle Simone s'entend bien avec son mari.   vrai   faux

3. Sophie Picon s'est réconciliée avec son mari.   vrai   faux

4. Gérard Triparti a eu une déception amoureuse.   vrai   faux

5. Gérard Triparti est amoureux de quelqu'un.   vrai   faux

Structure 3: Les verbes réciproques

E. La rupture. You and your girlfriend/boyfriend are seeing a counselor about your problems. You are both thinking about leaving each other. Create complete sentences using the words below, putting the verbs into the correct forms.

1. nous/se faire du mal _____

2. nous/se disputer _____

3. ils/se tromper _____

4. ils/se quitter _____

5. nous/se regarder sans comprendre _____

6. vous/s'entendre mal _____

F. La réconciliation. After counseling, you are getting along better with your boyfriend/girlfriend. Write down all the things you are doing together now with the verbs given below. Start your sentences with **nous**.

1. _____ (se regarder) dans les yeux.

2. _____ (s'embrasser) gentiment.

3. _____ (s'entendre bien) tout le temps.

4. _____ (se parler) souvent.

5. _____ (se donner la main) dans la rue.

G. La retraite spirituelle. Christine and Jean want to get married and they have to go through a weekend retreat at their church in order for the church to get to know them better. They are having an interview with a church psychologist. Listen to the interview and mark **vrai** if the statement is true for Christine and Jean and **faux** if it is not.

1. Ils se regardent tendrement tout le temps.   vrai   faux

2. Ils ne s'embrassent pas.   vrai   faux

3. Ils s'entendent mal.   vrai   faux

4. Ils s'aiment.   vrai   faux

5. Ils se comprennent bien.   vrai   faux

6. Ils vont se marier.   vrai   faux

H. Les problèmes sentimentaux. Chantal and her female friends are having a discussion on why they are having trouble with their boyfriends. After you listen to their conversation twice, fill in the blanks with the right information.

1. Charles et moi, nous _____ rarement.

2. Stéphane et moi, nous _____ et nous

   _____. constamment.

3. Lucien et moi, nous _____ en public.

4. Albert et moi, nous _____.

Structure 4: D'autres négations

I. Les conseils. Lately everything is going wrong in Albert's life. His best friend, who has noticed Albert's depression over the last few months, is giving him advice to remedy his situation. Fill in the blanks to complete his advice.

1. Tu _____ dois _____ (*never*) être déprimé.

2. Tu _____ dois _____ (*not anymore*) boire de whisky.

3. Tu _____ dois embêter _____ (*not anybody*).

4. Tu _____ dois _____ (*no longer*) rester à la maison.

5. Tu _____ dois _____ (*not anymore*) écouter les mauvaises nouvelles.

J. Mes problèmes. Albert finally decides to talk to a psychologist about his problems. In the paragraph below, Albert is explaining his situation. To complete his sentences, fill in the blanks with the correct form of the verb indicated and a negation other than **ne ... pas.**

1. Je _____ (*to see/not anymore*) personne.

2. Je _____ (*to feel anything/no longer*) pour ma fiancée.

3. Elle _____ (*to come/never*) me voir.

4. (*No one*) _____ (*to speak with me*).

5. (*No one*) _____ (*to invite me*) à sa fête.

K. Les résolutions de fin d'année. You are celebrating with some friends at a New Year's Eve party and they are all sharing their resolutions for the New Year. Listen to their resolutions, then fill in the blanks below according to what you hear. Have you ever made similar New Year's resolutions?

1. Nous _____ allons _____ nous coucher tard pendant la semaine.

2. Je _____ vais _____ pleurer pour mon copain.

3. Nous _____ allons _____ nous rappeler des mauvais moments.

4. Je _____ vais _____ tomber amoureuse.

5. Nous _____ allons _____ nous disputer en public.

L. Une nouvelle vie. Éric has been heartbroken for a while. Now he wants to get out of that situation and he is saying what he will never do again. After you listen to his resolutions, circle **vrai** for the statements that paraphrase what he said and **faux** for the statements that do not.

1. «Je ne vais plus tomber amoureux.»   vrai   faux

2. «Je ne vais pas être un très bon ami.»   vrai   faux

3. «Personne ne va me regarder.»   vrai   faux

4. «Je ne vais tromper personne.»   vrai   faux

5. «Je ne vais plus parler à personne de mes problèmes.»   vrai   faux

Partie II: Vocabulaire essentiel: La voiture

A. Ma voiture est pourrie (*My car is rotten*)! You took your car to the mechanic because there are many things wrong with it. Now the mechanic is giving you a list of things to repair. Complete the following sentences with the appropriate vocabulary.

Rien ne va plus dans votre voiture, la (1) _____ (*seat belt*)

et le (2) _____ (*rearview mirror*) sont cassés. Le

(3) _____ (*steering wheel*) et les

(4) _____ (*brakes*) ne fonctionnent pas.

(5) L'_____ (*gas pedal*) n'est plus performant.

B. Le permis de conduire. You've just failed a driving test. Now the instructor is telling you why you failed. Finish the sentences with the French equivalents of the verbs in parentheses. Use the **passé composé** in your responses.

1. Vous n'_____ pas _____ (*to accelerate*) suffisamment.

2. Vous n'_____ pas _____ (*to brake*) au stop.

3. Vous _____ (*to drive*) _____ trop vite dans le virage².

4. Vous _____ (*to start*) _____ sans enlever le frein à main³.

5. Vous n'_____ pas _____ (*to pump up*) vos pneus suffisamment avant de venir.

C. La scène du film. You are at a movie studio watching as the director gives instructions on how to use a car during a movie scene. Listen to the recording once, then as you listen a second time, write down the car-related words you hear. Write the verbs in their infinitive form and the nouns with their appropriate definite articles.

1. *démarrer la voiture* _____

2. _____

3. _____

4. _____

²**dans le virage** = *at the corner*   ³**frein à main** = *hand brake*

5. _____

6. _____

7. _____

8. _____

D. Le script. Now, the movie director is explaining some things to the actors. Listen to the recording twice, then read the statements below. Choose **vrai** if the director made a similar statement and **faux** if he didn't.

1. Vous appuyez sur l'accélérateur quand vous voyez l'homme avec le revolver.   vrai   faux

2. Vous ne passez pas les vitesses.   vrai   faux

3. Vous mettez de l'air dans les pneus.   vrai   faux

4. Vous roulez lentement.   vrai   faux

5. Vous mettez de l'essence dans la voiture.   vrai   faux

Structure 5: Les verbes pronominaux au *passé composé*

E. Que s'est-il passé hier au match de foot? Alain wants to tell his roommate what happened yesterday at the soccer match. Fill in the blanks by putting the pronominal verbs in parentheses into the correct form of the **passé composé.**

1. Hier, nous _____ (se disputer) avec Aïsha.

2. Nous _____ (se fâcher) parce que les sièges n'étaient pas réservés.

3. Aïsha _____ (se lever) et elle _____ (se mettre) à crier.

4. Je _____ (se lever) aussi et je _____ (se fâcher) avec elle.

5. Finalement, nous _____ (se réconcilier) et nous _____ (se parler) gentiment.

F. L'accusé. You have been accused of breaking into a house to steal small electronic equipment. Now you need to defend yourself. Provide your alibi for yesterday by finishing the sentences in the **pronominal** form of the **passé composé,** using both positive and negative forms. Be logical!

MODÈLE: M. le Juge, hier je *ne me suis pas levé de mon lit de toute la journée* _____.

1. M. le Juge, hier je _____.

2. Je _____.

3. Mon chat _____.

4. Mon frère et moi _____.

5. Ma copine _____.

G. L' interrogatoire. You are still at the police station trying to defend yourself, and the **Commissaire** is asking you questions about what you did last night. Listen to his questions, then answer them in French in your own words, using complete sentences.

1. _____

2. _____

3. _____

4. _____

5. _____

H. Une journée folle! Yesterday, your friend had the weirdest day of all. He is now telling you what happened. After you listen to his story, match the people in column A with the actions in column B to form complete sentences reflecting what happened and then write them in the correct order.

A	B
	me suis énervé
La fille et moi,	s'est mise à crier
Le policier	nous nous sommes mis à parler
Elle	me suis trompé
Je	nous nous sommes embrassés
	s'est mis à rire
	nous nous sommes regardés
	nous nous sommes mis à rire

_____

_____

_____

_____

_____

_____

Partie III: Vocabulaire essentiel: Pour parler de sa vie personnelle

A. Je suis troublé... Henri is supposed to introduce his sweetie at a big party. He has never been too good at having formal relationships and he is confused as to what she represents for him. Finish the sentences with the correct words in French as Henri tries to explain his relationship with Caroline.

1. Caroline est _____ (*my girlfriend*) car[4] je sors avec elle.

2. Caroline est _____ (*the love of my life*) car je suis follement amoureux d'elle.

3. Caroline n'est pas _____ (*my wife*) car je ne suis pas marié.

4. Caroline est _____ (*my mate*) car j'habite avec elle.

5. Caroline est _____ (*the woman of my life*) car je n'ai aimé qu'elle.

[4]*because*

B. Mon copain. You are not familiar with French terms of endearment, so a French friend of yours is telling you about typical affectionate nicknames in France. Match each of the relationships he mentions with its corresponding term of endearment.

_____ 1. mon fiancé

_____ 2. ma sœur à son bébé

_____ 3. ma petite nièce

_____ 4. mon père qui parle à ma mère

a. mon tout petit

b. mon doudou

c. ma chérie

d. mon petit lapin

C. L'histoire de Caroline et Sébastien. Listen to the story of Caroline and Sébastien. Then, in the left-hand column below, write the nouns and verbs you hear that express personal relationships (friends, girlfriend/boyfriend, to marry or divorce, etc.). In the right-hand column, write the expressions you hear that relate to feelings of love (falling in love, love at first sight, etc.).

Relationships

_____

_____

_____

_____

_____

Love feelings/expressions

_____

_____

_____

_____

_____

D. La maman. Aude is a mother of three little girls and she talks to them in a very affectionate way. Listen as she prepares her children for school, then write down the expressions they use to address each other.

1. Aude à Delphine: _____

2. Delphine à sa maman: _____

3. Aude à Amélie: _____

4. Aude à Coralie: _____

Structure 6: Les verbes *conduire* et *rouler; quitter, sortir* et *partir*

E. La conduite en famille. Your host family in France is having a conversation about its driving habits. Fill in the blanks with the appropriate form of the verb **conduire**.

1. Je _____ une voiture décapotable verte.

2. Sabine et moi, nous _____ à tour de rôle[5] pendant la nuit.

3. Albert et Simone _____ lentement quand les bébés sont dans la voiture.

4. Émilie _____ très rapidement, elle aime la vitesse.[6]

5. Toi, Max, tu _____ une voiture très belle, mais très chère!

[5]**à tour de rôle** = *taking turns*   [6]*speed*

F. Les questions. Now your host family is very curious about you and your family. They are asking you questions about your life and your daily habits. Answer each question using one of the following verbs: **conduire, rouler, quitter, sortir,** or **partir.**

1. Jason, vous roulez à droite ou à gauche aux États-Unis?

   Nous _____.

2. Normalement, tu quittes la maison à quelle heure?

   Je _____.

3. Tes amis partent en vacances tous les ans?

   Ils _____.

4. Ta mère sort avec ses amies de temps en temps?

   Elle _____.

5. Tu roules vite ou lentement dans ton pays?

   Je _____.

G. Le jaloux. Chloé's boyfriend is extremely jealous. Listen as he asks her all kinds of questions about what she did yesterday. Then answer him as you think Chloé might by writing down an answer with the appropriate verb. Be logical!

1. _____
2. _____
3. _____
4. _____
5. _____

H. Ne change pas ma routine! Agnès is trying to explain to her boyfriend why she likes her daily routine so much. Listen to her explanation, then choose the right answers.

1. Je ne _____ pas ma maison avant 10 heures.

   a. quitte   b. sors   c. pars

2. Mes copines et moi, nous _____ manger ensemble.

   a. conduisons pour   b. nous quittons pour   c. sortons

3. Mon chef _____ à 5 heures.

   a. sort   b. part   c. me quitte

4. Moi je _____ juste après.

   a. sors   b. pars   c. quitte

5. Tu _____ dans tout Paris.

   a. conduis   b. roules   c. sors

À vous de vous perfectionner! (2)

Application to longer stretches of discourse

Now is the time to apply all that you have learned so far about French pronunciation *to longer stretches of discourse.* For this particular exercise, we intend to take you more than just one step further. We are basically pushing you out of the nest and helping you take a quantum leap into "becoming your own master" in practicing your French pronunciation. To take this quantum leap, you simply need to apply the strategy that you used in **À vous de vous perfectionner! (1)** to a complete text, examining and then predicting the hurdles and difficulties, one word at a time.

Pratiquons: Critical Awareness, Perception, Production

Below you will find three different dialogues from Chapter 8 of your textbook. You have already heard these on your In-Text Audio CD, so the perception practice will be easy.

Now, let's work on motivational adrenaline! Let's pretend that you are rehearsing for a play or a show. Think in terms of audience. You want your audience to be totally engrossed, to love your French pronunciation!

1. First, analyze the text to identify and underscore potential hurdles; you will notice that we have separated the text in shorter chunks, or breath groups.

2. Listen to your *SAM Audio* as many times as necessary to become familiar with both the text and the sound.

3. Then, continue trying to match the speed and pronunciation of the model speech you hear.

Dialogue 1: Une histoire d'amour

Anou et Jean sont mariés depuis quarante ans.

Ils ont deux filles et un petit-fils, Alexandre.

Ils s'aiment beaucoup.

Ils ne se disputent jamais.

Anou et Jean s'amusent beaucoup ensemble:

ils aiment se parler, se promener et s'embrasser.

Ils se rencontrent tous les jours à midi

pour déjeuner en tête-à-tête au restaurant.

Ils se téléphonent du travail

au moins une fois par jour

pour se dire des mots tendres. C'est le grand amour!

Now, continue by choosing one of the two lively dialogues below and following the same strategy. To make it even more real, you may choose to play the roles with a classmate and even *perform* in front of the class.

Dialogue 2: À un carrefour animé

L'AGENT DE POLICE: Monsieur, est-ce que vous vous êtes blessé dans l'accident?

MONSIEUR: Juste un peu. Je me suis coupé la main en descendant de la voiture, mais ce n'est pas grave.

L'AGENT: OK. Expliquez-moi donc exactement ce qui s'est passé.

MONSIEUR: Bon. J'arrivais au carrefour. J'avais la priorité, donc j'ai continué à rouler. Je n'ai pas regardé la route pendant une seconde, et boum! Je me suis heurté contre la voiture de cette dame. Elle ne s'est pas arrêtée pour me laisser la priorité. Et c'est clairement indiqué—elle a un stop en plus! Elle n'a même pas freiné.

L'AGENT: Je vois, calmez-vous Monsieur. Vous avez dit que vous n'avez pas fait attention à la route pendant une seconde. Pourquoi? Est-ce qu'il y avait quelque chose d'intéressant ailleurs?

MONSIEUR: Eh oui, euh non—pas exactement.

L'AGENT: Expliquez-vous, s'il vous plaît.

MONSIEUR: D'accord. J'ai dû quitter la maison ce matin sans me raser, mais je ne voulais pas arriver au travail comme ça. Ça ne fait pas très professionnel, vous savez. Alors, je me suis rasé dans la voiture—mais seulement quand il n'y avait pas d'autres voitures, ou quand j'avais la priorité. Je suis très prudent, vous comprenez! C'est cette dame qui a causé cet accident!

UN AUTRE AGENT DE POLICE: Madame, est-ce que vous vous êtes blessée?

MADAME: Non, pas du tout. Heureusement que j'avais mis ma ceinture de sécurité!

L'AGENT: Oui, heureusement. Expliquez-moi exactement ce qui s'est passé.

MADAME: Je ne sais pas exactement. Ça s'est passé très vite. Je roulais à la vitesse indiquée, j'ai regardé dans le rétroviseur un instant, et boum! je me suis cognée contre la voiture de ce monsieur. Il ne s'est pas arrêté. Il devait s'arrêter! Il y a un stop!

L'AGENT: Et pourquoi est-ce que vous avez regardé dans le rétroviseur? Il y avait quelqu'un derrière vous?

MADAME: Euh... non, il n'y avait personne.

L'AGENT: Et alors?

MADAME: OK, je confesse. J'étais un peu pressée ce matin. J'ai quitté la maison sans me maquiller, et donc je me suis maquillée dans la voiture. J'étais en train de me mettre le rouge à lèvres quand ce monsieur a causé l'accident!

Dialogue 3: Abdou et Clémentine se parlent

ABDOU: Allez, ma chérie. Il faut partir maintenant si on veut arriver à l'opéra à l'heure.

CLÉMENTINE: D'accord. Je suis presque prête. Je vais me dépêcher un peu. Mais est-ce qu'on ne pourrait pas prendre la voiture au lieu de prendre le métro?

ABDOU: Oh Clémentine, tu sais que je n'aime pas conduire à Paris! On y roule comme des fous! J'ai peur d'avoir un accident.

CLÉMENTINE: Mais tu conduis bieh, toi.

ABDOU: Oui, mais le problème ce n'est pas moi, ce sont les autres. En plus, si on prend la voiture, on doit se garer. Avec le métro, c'est facile—on sort du métro, et on entre directement à l'opéra.

CLÉMENTINE: D'accord chéri, tu m'as convaincue. Je suis finalement prête. Allons-y!

ABDOU: Oh mon amour, que tu es belle ce soir! Restons plutôt à la maison!

À vous de lire!

Les relations de couple au Canada

Read the following article on relationships from the **Université de Montréal**'s bulletin *Vies-à-vies*. First, skim the article to get the gist of it, looking up new words in the dictionary. Try to understand at least the introduction and the conclusion. Then read a second time in more depth.

Du temps pour le couple

par Nathalie Drouin, Ph.D., psychologue

Est-ce que votre couple occupe la place que vous souhaitez dans votre vie? Conjuguer études et couple n'est pas une mince tâche[7]. Et s'il faut aussi concilier travail et enfants, le défi prend une envergure paraissant, par moment, insurmontable. Plusieurs personnes sont insatisfaites du résultat... La qualité de leur relation en souffre.

Cet article s'interroge sur la viabilité des relations amoureuses à notre ère de «surperformance» [...] Si les couples pensent se marier pour la vie, Statistique Canada

prévoit plutôt qu'environ 40% en viendront[8] éventuellement à un divorce. La période la plus critique [est] la troisième et la quatrième année de mariage. [...]

La littérature relève principalement quatre variables influençant la qualité de la relation de couple: la disponibilité, l'indépendance, la communication (incluant l'expression de l'affection vs de l'hostilité) et la résolution de conflits. L'une d'entre elles, serait davantage prédictive du succès de la relation: laquelle selon vous[9]?

[7]*easy task* [8]*will arrive* [9]*which one according to you*

Disponibilité physique et émotive

Le problème consiste d'abord dans la quantité du temps partagé ensemble. Nous nous voyons peu, trop peu pour nourrir convenablement la relation. C'est le cas de plusieurs personnes qui, souvent par nécessité (conjuguant travail-études-enfants) en arrivent à perdre de vue[10] leur conjoint et à avoir l'impression de mener des vies[11] parallèles. [...] Si la disponibilité physique est importante à la santé[12] du couple, la disponibilité émotive n'en demeure[13] pas moins indispensable. La qualité du temps accordé au couple se retrouve dans le choix d'activités communes, dans les projets de couple et dans l'investissement de chacun[14]. En d'autres mots, la disponibilité émotive c'est offrir une qualité de présence. [...]

Indépendance

Ce concept renvoie à l'équilibre entre donner et recevoir tant sur le plan individuel que sur le plan relationnel. [...] Anticiper les différences et accepter les individualités impliquent que l'on arrive à se laisser influencer tout en se respectant. [...]

Communication (dans les bons et moins bons moments!)

Bien communiquer dans les bons moments, de même qu'en situation de conflits, c'est être capable d'empathie, d'une saine[15] affirmation, d'expression de son amour et de son affection, aussi bien que[16] de sa colère[17] dans le respect de chacun. [...] Bien communiquer ne veut pas dire tout communiquer... il semble qu'un jardin secret soit[18] favorable au respect de soi[19] et de l'autre. [...]

Résolution de conflits

Les conflits sont inévitables dans toute relation de couple et certaines variables telles[20] la personnalité, le stress, les habiletés de communication, la similarité des partenaires peuvent les influencer. Ce n'est pas le nombre de conflits, ni leur nature qui distinguent les couples insatisfaits (ou séparés) des couples heureux, mais c'est plutôt leur attitude devant les conflits. [...]

Conclusion

[...] Le respect et la considération de l'autre [sont] des éléments essentiels à la viabilité du couple, particulièrement dans la résolution de conflits.

Compréhension. Now, answer the following questions in French according to the article.

1. Combien de couples vont divorcer? Quel est le pourcentage?

_____

2. Citez les quatre points les plus importants pour le succès d'un couple.

_____

3. Qu'est-ce qui se passe[21] quand les personnes se voient peu dans un couple?

_____

4. Comment est l'indépendance dont[22] parle le texte?

_____

5. Est-ce qu'il est important de révéler tous les secrets dans un couple? Pourquoi?

_____

6. Qu'est-ce qui différencie les couples heureux des couples insatisfaits?

_____

[10]*to lose sight*   [11]**mener...** *lead lives*   [12]*health*   [13]*does not reside*   [14]*each one*   [15]*healthy*   [16]*as well as*   [17]*anger*   [18]*is*   [19]*oneself*   [20]*such as*   [21]*what happens*
[22]*about which*

CHAPITRE

9 Quand j'étais adolescent(e)...

Commençons!

Vocabulaire essentiel: À l'école, Pour s'amuser

A. Où êtes-vous? Vous avez décidé de visiter les écoles de votre ville. Indiquez où vous êtes, selon le dessin.

MODÈLE:

Je suis au lycée.

1.

_____

2.

_____

3.

_____

4.

_____

5.

_____

6.

_____

7.

_____

8.

_____

B. Aidez-les! Une nouvelle famille américaine vient d'arriver en France. Ils ont trois enfants, et ils ne connaissent pas du tout le système scolaire français. Terminez les phrases suivantes pour les aider.

1. Robert a treize ans. Il va aller à _____.

2. Patricia a six ans. Elle va être à _____.

3. Daniel est le plus âgé. Il a dix-sept ans. Il va étudier dans _____.

4. Mme Julliard va être l'_____ de Patricia. Elle est très bonne—elle enseigne depuis vingt-trois ans, et elle comprend bien les enfants.

5. Daniel veut être médecin; donc, il va suivre des _____ de chimie, de biologie et de maths, pour faire un bac science.

6. Robert va s'asseoir à un _____, comme tous les élèves. De temps en temps, son prof va lui demander d'écrire une phrase au _____.

7. S'ils sont sportifs, les enfants peuvent s'amuser avec les autres (à) _____, et Daniel va être invité à des _____ de temps en temps.

C. Le code secret! Maintenant, la famille américaine est en France depuis dix mois, et Daniel et Robert parlent bien le français. Devant leurs parents, ils parlent quelquefois en français comme code secret! Écoutez leur conversation, et puis répondez aux questions qui suivent.

1. Quel sujet est-ce que Daniel et Robert veulent dissimuler à[1] leurs parents? _____

   a. les examens   b. les mauvaises notes de Daniel   c. une boum

2. Daniel a de très mauvaises notes dans quel cours? _____

   a. la chimie   b. la biologie   c. le français

3. Qui est invité à la boum? _____

   a. seulement Daniel   b. seulement Robert   c. tout le monde

4. Pour sortir sans la permission de leurs parents, Daniel et Robert vont d'abord dire qu'ils vont _____.

   a. à la bibliothèque.   b. au stade.   c. chez un ami pour étudier.

5. Si leurs parents disent non, ils vont dire qu'ils vont _____.

   a. à la bibliothèque.   b. au stade.   c. chez un ami pour étudier.

D. Le nouveau directeur. Vous venez d'être nommé directeur/directrice d'une école en France. Quand vous arrivez le premier jour, vous trouvez que le système est en désordre total—les étudiants de tous les âges sont ensemble dans les salles de classe, les professeurs sont dans les mauvais bâtiments, les meubles sont mélangés, etc. Votre secrétaire lit une liste de tout ce qu'il y a dans l'école. Mettez les choses qu'elle lit dans les bonnes catégories ci-dessous.

l'école primaire	
le collège	
le lycée	*1. des professeurs*
pour tous les étudiants	
pour les profs	

[1]hide from

Structure 1: L'imparfait

E. Une boum incroyable! Après la boum du samedi soir, Daniel et Robert donnent une description de la boum à des amis qui n'étaient pas présents. Regardez le dessin suivant, et dites qui faisait quoi pendant la soirée. Utilisez l'imparfait dans votre description.

C'était une boum incroyable! Au moment de la photo, Anne-Marie (1) _____, et Caroline, Asha et André (2) _____. Christophe (3) _____ avec sa petite amie au Canada (ce sont les parents de Jean-Luc qui payaient, bien sûr!), et Lucas et Murielle (4) _____ dans le coin. Arnaud avait bu trop de bière avant de venir; il (5) _____ au milieu de tout cela! Jean-Luc (6) _____ des cigarettes et (7) _____ du café. Cyrille et David (8) _____ les bandes dessinées. Et nous? Nous (9) _____ un film. Mais quand les parents de Jean-Luc sont rentrés, nous sommes vite partis!

F. L'année passée. Décrivez votre année passée, en utilisant l'imparfait.

1. Quel était le cours le plus difficile? Et le plus facile?

   _____

2. Qui était le professeur pour ce cours?

   _____

3. Comment était-il/elle?

   _____

4. Est-ce que vous alliez en classe tous les jours?

   _____

5. Quel était le cours le plus intéressant? Pourquoi?

   _____

   _____

6. Est-ce que vous faisiez toujours tous vos devoirs? Pourquoi ou pourquoi pas?

_____

7. Est-ce que vous lisiez peu ou beaucoup? Pourquoi?

_____

8. Où est-ce que vous habitiez? Avec qui?

_____

9. Passiez-vous le week-end à la bibliothèque, en général? Si non, que faisiez-vous le week-end?

_____

10. Est-ce que vous aviez beaucoup d'amis? Comment s'appelait votre meilleur(e) ami(e)?

_____

G. N'exagérons pas! Les vieilles personnes ont quelquefois tendance à exagérer quand elles nous parlent de leur enfance. Écoutez la grand-mère d'Olivier une première fois, et complétez le texte ci-dessous pour décrire son enfance.

Selon la grand-mère d'Olivier, quand elle était petite, l'école (1) _____ à 6 heures du matin

et (2) _____ à 5 heures. Elle devait marcher (3) _____ kilomètres pour

aller à l'école. L'après-midi, elle avait beaucoup de (4) _____ à faire. Elle a actuellement

(5) _____ ans. Maintenant, elle peut se doucher tous les jours, mais quand elle était petite,

elle (6) _____ le week-end seulement.

Écoutez une seconde fois la description de la grand-mère d'Olivier, et puis dites si les phrases ci-dessous sont probablement vraies, ou si la grand-mère exagère certainement.

	C'est probablement vrai.	Elle exagère certainement.
1. Quand Grand-mère était petite, elle allait à l'école six jours par semaine.	☐	☐
2. Il n'y avait pas d'électricité quand Grand-mère était petite.	☐	☐
3. Grand-mère devait faire ses devoirs à la lumière d'une lampe à gaz.	☐	☐
4. Elle devait marcher trois kilomètres pour aller à l'école.	☐	☐
5. Ils lavaient les vêtements dans la rivière quand elle était petite.	☐	☐
6. Elle se baignait dans la rivière.	☐	☐

H. Dictée! Les Français adorent les dictées—surtout celles qui présentent beaucoup de difficultés. Écoutez les mini-dialogues qui suivent une première fois, et puis, la deuxième fois, écrivez les phrases que vous entendez. Faites bien attention à la forme des verbes dans chaque phrase. (**ATTENTION!** Les verbes ne sont pas nécessairement à l'imparfait—à vous de distinguer les temps différents!)

1. _____

_____

2. _____

_____

3. _____

_____

_____

Continuons!

Partie I: Vocabulaire essentiel: Les ados

A. Qu'est-ce qu'il/elle fait? Utilisez le vocabulaire donné pour écrire une phrase complète qui décrit chaque dessin.

faire le mur   **fumer**   **faire une fugue**   **faire l'école buissonnière**   **se soûler**

1.

_____

2.

_____

3.

_____

4.

_____

5.

_____

B. Soyons honnêtes! Répondez aux questions suivantes, selon votre vie d'adolescente.

1. Quand vous étiez au lycée, que faisiez-vous pour affirmer votre identité? Et maintenant?

   _____

2. Est-ce que vous faisiez quelquefois l'école buissonnière? Dans quel(s) cours?

   _____

3. Et à l'université, est-ce que vous faites l'école buissonnière? Pourquoi ou pourquoi pas?

   _____

4. Comme adolescent(e), est-ce que vous étiez à la recherche de votre identité? L'avez-vous trouvée?

   _____

5. Selon vous, quel est le plus grand problème pour les adolescents aujourd'hui: le tabagisme, l'alcoolisme ou la toxicomanie? Pourquoi?

   _____

6. Est-ce que vous avez des amis avec ces problèmes? Qu'est-ce qu'on peut faire pour aider ces personnes?

   _____

C. Un autre point de vue. Mohammed et Karine, deux adolescents français, parlent des soucis de leurs parents concernant les problèmes de l'adolescence aujourd'hui. Écoutez leur conversation, et puis répondez aux questions.

Vocabulaire utile:

en avoir marre de (*to be sick of*)

sentir (*to smell*)

entendre dire (*to hear that . . .*)

faire oublier (*to make [someone] forget*)

1. Mohammed fume, mais ne le dit pas à sa mère.	vrai	faux
2. La mère de Mohammed en a marre de ses problèmes.	vrai	faux
3. Karine est végétarienne.	vrai	faux
4. Le père de Karine respecte son choix.	vrai	faux
5. Selon Mohammed et Karine, leurs parents avaient autant de problèmes quand ils étaient adolescents.	vrai	faux
6. Mohammed et Karine pensent que leurs parents se font trop de soucis.	vrai	faux

7. Quels problèmes est-ce que Mohammed mentionne comme spécifiques à la génération de ses parents?

   _____

8. Êtes-vous d'accord avec la conclusion de Mohammed et Karine? Expliquez votre réponse.

   _____

Structure 2: Les pronoms *y* et *en* avec l'imparfait

D. Mais non, ce n'était pas comme ça! Quand vous étiez plus jeune, vous alliez toujours à la plage pour les vacances. Malheureusement, votre petit frère ne se souvient pas très bien de ces vacances. Corrigez ses phrases en utilisant le pronom **y** ou **en,** selon le cas.

MODÈLE: En été, nous n'allions jamais *à la plage.*

Mais si, nous *y allions* tous les ans.

1. Nous ne mangions pas *de fruits de mer.*

   Mais si, nous _____ beaucoup!

2. Papa prenait toujours *des coups de soleil.*

   Mais non, c'était Maman qui _____ .

3. Toi et moi, nous allions souvent *au cinéma.*

   Mais non, nous n(e) _____ jamais! Nous restions à la plage.

4. Tu n'aimais pas nager *dans l'océan.*

   Mais si, j(e) _____ .

5. Quand Papa et Maman n'étaient pas là, tu fumais des cigarettes.

   Chut! Ils ne savent toujours pas[2] que j(e) _____ !

E. Le cours de français. Répondez aux questions suivantes avec **y** ou **en,** selon le cas.

1. Dans votre cours de français le semestre/l'an passé, est-ce que vous écoutiez souvent de la musique française?

   _____

2. Est-ce que vous aviez cours quelquefois dans un parc?

   _____

3. Écriviez-vous beaucoup de compositions?

   _____

4. Est-ce que le prof parlait souvent au téléphone?

   _____

5. Vous répondiez aux questions difficiles?

   _____

6. Est-ce que vous mangiez tous ensemble dans un restaurant français?

   _____

7. Est-ce que vous envoyiez des lettres/des méls en France?

   _____

F. De quoi parlent-ils? Vous êtes seul(e) dans un restaurant, et pour vous amuser, vous écoutez les conversations autour de vous. Malheureusement, il y a beaucoup de bruit[3] dans le restaurant et vous entendez seulement une phrase de chaque conversation. Selon les phrases que vous entendez, indiquez le thème de chaque conversation.

_____ 1. a. au parc   b. de la mousse au chocolat   c. le rock

_____ 2. a. au cinéma   b. de la musique classique   c. de la pizza

_____ 3. a. des jeux vidéos b. en vacances   c. le nouveau CD de Sting

_____ 4. a. en voiture   b. au supermarché   c. à pied

_____ 5. a. la voiture   b. du vin   c. en vacances

---

[2]*still don't know*   [3]*noise*

⌒G. **Résumé.** Mylène va vous raconter quelques souvenirs de sa jeunesse. Écoutez ses souvenirs, et puis faites un résumé de chacune des phrases suivantes à l'aide des expressions données. Utilisez **y** ou **en** dans chaque phrase.

MODÈLE: Le centre commercial / nous:

Nous y faisions des courses. OU *Nous y allions le samedi.*

1. Les vêtements et les chaussures / nous: _____

2. Les meubles / nous: _____

3. Les boutiques / ma sœur: _____

4. Les grands magasins / moi: _____

À vous de vous perfectionner! (1)

Révision, expansion et application des règles de prononciation des chapitres 1–4

Revoyons ensemble différents aspects essentiels de la prononciation française déjà étudiés dans les chapitres précédents:

> 1. **Les organes essentiels de la parole**
> 2. **La consonne qui ronronne:** *r*
> 3. **Les voyelles orales:** *i, u, ou, é, è/ê*
> 4. **Note spéciale sur** *l'alcoolisme*

1. Les organes essentiels de la parole

Pour vous permettre d'aller plus loin et de visualiser plus en détail les phénomènes articulatoires de la prononciation française, nous allons insérer quelques figures et schémas explicatifs.

Qu'est-ce qui se passe quand nous parlons? L'air voyage et passe par nos poumons[4], à travers le larynx, puis le pharynx et les cordes vocales. Il arrive ensuite dans notre bouche (c'est-à-dire la **cavité buccale**) et, dans certains cas, traverse la cavité nasale. Il est aussi manipulé par les formes de la bouche (le palais, les dents) et différents muscles articulatoires: la langue, les lèvres (qui peuvent être arrondies[5] ou écartées[6]). Regardons la figure ci-dessous:

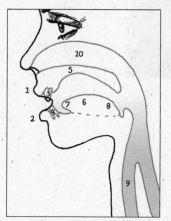

1. la lèvre supérieure (*upper lip*)
2. la lèvre inférieure (*lower lip*)
3. les dents supérieures (*upper teeth*)
4. les dents inférieures (*lower teeth*)
5. le palais (*palate or roof of the mouth*)
6. la langue (*tongue*)
7. la pointe de la langue (*tip of the tongue*)
8. la partie postérieure de la langue (*back of the tongue*)
9. les cordes vocales
10. la cavité nasale

Nous allons maintenant utiliser les éléments de cette figure pour observer les différences entre les prononciations française et anglaise et ensuite appliquer la prononciation au vocabulaire de ce nouveau chapitre.

[4]*lungs* [5]*rounded* [6]*opened wide*

2. La consonne qui ronronne: *r*

Le *r* français ronronne[7] comme un petit chat! Nous pouvons observer la différence entre le *r* anglais et le **r** français dans les deux figures ci-dessous.

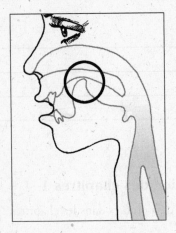

le *r* anglais: *the English roaring lion*

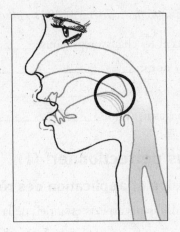

le **r** français: le chat français ronronne

3. Les voyelles orales: *i, u, ou, é, è/ê*

- **Le *i* français sou<u>rit</u> de toutes ses dents!**

  RAPPEL: Comme vous voyez sur le schéma, la langue presse sur votre palais, la pointe de la langue est derrière les dents inférieures. Vos lèvres sont écartées comme dans un beau sourire.

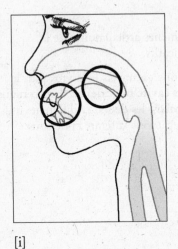

[i]

[i]

Le **i** français... il sourit... pour la photo!

- **La différence entre *i, é* et *è/ê***

  Pour marquer la différence entre **i, é** et **è/ê,**

  (1) tout d'abord, vous souriez comme pour le **i** de **il sourit;**

  (2) puis, petit à petit, vous ouvrez la bouche un tout petit peu pour **é,** comme dans **l'été** ou **un bébé;**

  (3) et enfin, vous ouvrez un peu plus pour le **è/ê,** comme pour **être au collège.**

---

[7]*purrs*

Pour s'entraîner, voyons par exemple: **le petit élève**

RAPPEL: Les voyelles françaises sont toujours courtes. Donc, attention!!! Évitez le *gliding* typique des voyelles anglaises. (*Keep your French vowels short and sweet!*)

le **é** de **été**

le **è, ê** de **être au collège**

- **Pour le *u* français, vous devez faire la bise!**

  RAPPEL: Commencez avec un **i.** Comme pour le **i,** la langue presse sur votre palais, la pointe de la langue est derrière les dents inférieures. Mais, à la différence du **i,** vos lèvres sont arrondies, comme pour un baiser.

- **Pour le *ou* français, vous devez roucouler comme les amoureux ou les pigeons!**

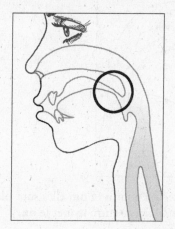

RAPPEL: Vos lèvres sont arrondies, comme pour le **u,** et la pointe de votre langue est derrière les dents inférieures. Mais le reste de votre langue est retiré vers la partie arrière de votre bouche. Votre bouche ressemble à une caverne! Regardez les illustrations ci-dessous au point suivant.

- **Histoire de langue et de lèvres:** *i* de *lit* vs. *u* de *lu* vs. *ou* de *loup*[8]

Observons dans les trois figures du **i, u, ou:**

(1) **la similarité et différence entre *i* et *u:*** même position de la langue mais vos lèvres sont écartées pour **i** et arrondies pour **u.**

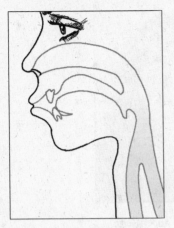

la langue pour le **u** de **lu**

Les lèvres pour le **i** de **lit** sont *différentes* des lèvres pour le **u** de **lu.** Comme c'est clair, n'est-ce pas?

(2) **la similarité et différence entre *u* et *ou:*** même position des lèvres mais la position de la langue est tout à fait différente!

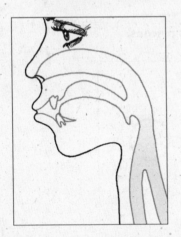
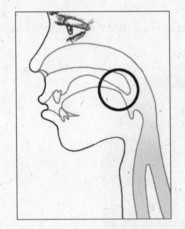

Les lèvres sont les mêmes pour **u** et **ou;** elles sont bien arrondies. Mais vous voyez à présent la *grande différence* dans *la position de la langue* entre le **u** et le **ou.**

ATTENTION! Les voyelles françaises sont courtes... donc, évitez[9] le *gliding* soit[10] l'allongement[11], de vos voyelles.

4. Note spéciale sur *l'alcoolisme*

Ce mot peut causer des problèmes de prononciation, précisément parce que c'est un mot apparenté, un *cognate*, un faux-ami de la prononciation. Donc, attention! Le **cool** dans **alcoolisme** n'est pas *cool* du tout! Il est tout simplement comme **col.** Prononcez les deux **o** comme un seul **o.**

Pour vous aider dans la perception et ensuite la production, utilisez votre *SAM Audio.* Voici la stratégie que nous recommandons:

(1) Tout d'abord, observez l'orthographe des mots et expressions—de manière critique—pour identifier les problèmes.

(2) Appliquez les règles et rappels exposés ci-dessus.

---

[8]*wolf*   [9]*avoid*   [10]*or*   [11]*lengthening*

(3) Écoutez votre *SAM Audio* (et *In-Text Audio*) aussi souvent que nécessaire pour vous familiariser avec l'orthographe et la prononciation.

(4) Puis, répétez après le modèle et tâchez[12] de respecter le rythme et la prononciation.

Perception et production. Faisons ensemble l'identification des problèmes pour quelques exemples du vocabulaire de ce Chapitre 9:

les lycéens

a. **y** se prononce comme **i;** b. **-en** est nasal (si nous avions **lycéennes,** la syllabe **-ennes** ne serait pas nasale); c. le **s** final ne se prononce pas parce qu'il n'est pas suivi de **e**

la résidence

a. **r** ronronne; b. pour le **é,** les lèvres sont **entre** *i* **et** *è,* donc plus écartées que pour **i** mais moins que pour **è;** c. **é** est court (*don't glide it!*); d. **-en** est nasal, donc le **n** disparaît; e. l'accentuation tombe sur **-dence** (vs. *res-* en anglais)

être en pension

a. pour le **ê,** les lèvres sont très écartées; b. **r** ronronne; c. **en** est nasal, donc le **n** disparaît; d. **s** est comme un serpent[13], pas **sh** comme en anglais; e. **-ion** est nasal, donc le **n** disparaît

pour s'amuser

a. **r** ronronne; b. **our** est très court (*don't glide it*); c. l'accentuation tombe sur **-ser**

Et maintenant... **À vous** d'appliquer cette stratégie au **Lexique** complet du Chapitre 9.

À vous d'écrire!

Mon/Ma meilleur(e) ami(e) d'enfance. Écrivez une description de votre meilleur(e) ami(e) d'enfance. Comment était-il/elle? Qu'est-ce que vous faisiez ensemble? Pourquoi est-ce qu'il/elle était votre meilleur(e) ami(e)? Écrivez au moins 12 phrases pour bien décrire votre ami(e) et votre amitié[14]. N'oubliez pas qu'il faut l'imparfait pour les descriptions dans le passé!

_____

_____

_____

_____

_____

_____

_____

_____

_____

_____

_____

_____

[12]*try* [13]*snake* [14]*friendship*

Partie II: Vocabulaire essentiel: L'enfance

A. L'ordre naturel. Numérotez les phrases suivantes pour montrer l'ordre naturel des choses dans la vie d'un enfant.

a. _____ Les parents élèvent leur enfant.

b. _____ L'enfant fait des bêtises.

c. _____ Les parents attendent un enfant.

d. _____ L'enfant pleure.

e. _____ La femme accouche.

f. _____ Les parents punissent l'enfant.

B. L'expression juste. Donnez l'expression qui décrit l'enfant dans chaque dessin.

1.
_____

2.
_____

3.
_____

4.
_____

5.
_____

6.
_____

7. Maintenant, décrivez votre enfance. Comment étiez-vous comme enfant?

_____

C. La famille Olivier. Il y avait cinq enfants dans la famille Olivier. Écoutez la description que les parents donnent de chaque enfant, et décidez s'il/elle a été un petit ange ou un démon.

1. Nicolas   ange   démon

2. Karine   ange   démon

3. Martine   ange   démon

4. Sylvie   ange   démon

5. Marc   ange   démon

Structure 3: Les pronoms interrogatifs et les questions à l'imparfait

D. «Jeopardy!» Vous jouez à «Jeopardy» avec vos amis. Donnez la question qui correspond à la partie en italique dans les réponses ci-dessous.

1. George Washington était président des États-Unis *de 1789 à 1797.*

   _____

2. La capitale des États-Unis était *à Philadelphie* en ce temps-là.

   _____

3. *Louis XVI* était roi de France en 1789.

   _____

4. Sa femme s'appelait *Marie-Antoinette.*

   _____

5. La famille royale habitait *à Versailles.*

   _____

6. Le palais du roi était *très grand et luxueux.*

   _____

7. Les révolutionnaires en France pensaient *que le roi ne s'occupait pas d'eux.*

   _____

8. Louis XVI a été exécuté en 1793 *parce que les gens pauvres n'aimaient pas la corruption de la royauté.*

   _____

E. De retour chez vos parents. Imaginez que vous retournez chez vos parents après un semestre à l'université. Ils veulent savoir tout concernant votre vie à l'université. Utilisez les verbes suggérés à **l'imparfait** pour créer six questions que vos parents poseraient, et puis donnez vos réponses.

dormir	ne ... pas aller en classe	sortir	manger
s'appeler	faire les devoirs	regarder à la télé	s'entendre avec ton colocataire

1. Quand _____?

   _____

2. Où _____?

   _____

3. Pourquoi _____?

   _____

4. Comment _____?

   _____

5. Qui _____?

   _____

6. Qu(e) _____?

   _____

F. Une bonne histoire. Marianne explique comment elle a rencontré son mari. Écoutez son explication, puis répondez aux questions qui suivent.

1. Comment est-ce que Marianne se sentait le matin où elle a rencontré son mari? _____

    a. Elle était très malade.
    b. Elle était nerveuse à cause d'un examen de chimie.
    c. Elle allait bien.

2. Pourquoi est-ce que sa sœur a refusé sa demande? _____

    a. Elle voulait rester au lit.
    b. Elle n'avait pas de voiture.
    c. Elle devait étudier.

3. Qu'est-ce que son amie a dit? _____

    a. Elle devait travailler—elle est mécanicienne.
    b. Sa voiture était chez le mécanicien.
    c. Le mécanicien lui a dit de ne pas conduire sa voiture.

4. Quel temps faisait-il ce jour-là? _____

    a. Il pleuvait.
    b. Il faisait du soleil.
    c. Le ciel était couvert.

5. Comment allait Marianne dans le bus? _____

    a. Elle était encore plus malade.
    b. Elle allait mieux—elle parlait avec la personne à côté d'elle.
    c. Elle était un peu malade, et elle dormait.

6. Qu'est-ce que l'homme a offert? _____

    a. De l'accompagner chez le médecin.
    b. De lui donner son numéro de téléphone.
    c. De se marier avec elle.

7. Pourquoi est-ce qu'il voulait son numéro de téléphone? _____

    a. Pour vérifier qu'elle allait mieux.
    b. Pour le donner à son ami.
    c. Pour lui demander de sortir.

8. Où dit-elle que leur mariage a été fait? _____

    a. Au paradis.
    b. Dans le bus.
    c. Au bureau du médecin.

À vous de vous perfectionner! (2)

L'intonation pour les phrases interrogatives

L'intonation, qu'est-ce que c'est? C'est la *musique* de la langue. Quand vous mettez un accent sur un mot ou dans une phrase, vous mettez une «note de musique» sur le mot ou dans la phrase.

Vous savez déjà que, en général, pour **les mots,** l'accent tombe sur la *dernière syllabe.* Pour cette syllabe accentuée, vous augmentez un peu la longueur, le timbre[15] et le volume.

Pour les **questions** *oui/non,* vous savez déjà que le ton monte à la fin de la phrase pour marquer la question.

Vous partez?

[15]*pitch*

Mais quand la phrase commence par un **pronom interrogatif—quand, comment, où, pourquoi, combien, qui, que**—le ton de la note musicale est élevé[16] au début et ensuite, la musique descend puis remonte[17] un peu.

Où est-ce que vous sortiez?   **Qu'est-ce que tu faisais?**

Perception et production. Nous avons choisi deux exercices de votre livre de cours. Votre professeur vous a sans doute demandé de les faire en classe. Donc, à vous de pratiquer la prononciation pour l'un ou l'autre... ou les deux... c'est encore mieux!

Stratégie:

   (1) **Perception:** Écoutez la «*musique*» des questions et ensuite...
   (2) **Production:** Pratiquez ces questions plusieurs fois. Terminé?

Quand tu étais plus jeune (*p. 309 dans votre livre de cours*)

Posez les questions suivantes à votre camarade de classe sur son adolescence.

   1. Quand tu étais adolescente, est-ce que tu allais au lycée tous les jours de la semaine?
   2. Est-ce que tu restais à la maison le samedi soir? Qu'est-ce que tu faisais?
   3. Est-ce que tu aimais regarder des comédies à la télé? Qu'est-ce que tu regardais?
   4. Est-ce que tu avais beaucoup d'amis?
   5. Est-ce que vous faisiez des folies, tes amis et toi? Quoi, par exemple?
   6. Est-ce que vous alliez souvent au bowling? Où est-ce que vous sortiez d'habitude?
   7. Quand tu rentrais du lycée, est-ce que tes parents étaient à la maison? Qu'est-ce que vous faisiez ensemble?
   8. Est-ce que tu pratiquais un sport? Lequel?

Votre journée typique (*p. 313 dans votre livre de cours*)

Interviewez un/une camarade de classe pour savoir comment était une journée typique quand il/elle avait quatre ou cinq ans.

   1. Qui t'élevait? Ta mère, ton père ou les deux? Qui était le plus strict et te disciplinait le plus? Ta mère ou ton père?
   2. Comment est-ce qu'on te disciplinait?
   3. Est-ce que tu pleurais beaucoup? Pourquoi?
   4. Quand tu faisais des caprices, qu'est-ce que tu faisais? Tu donnais des coups de pied à tout le monde?
   5. Où est-ce que tu faisais des caprices? Dans des lieux publics comme le supermarché devant tout le monde?
   6. Quel genre de bêtises est-ce que tu faisais?
   7. Étais-tu pourri(e) gâté(e)? Qui te gâtait le plus dans ta famille? Comment est-ce qu'on te gâtait?
   8. En général, étais-tu sage ou étais-tu un petit démon? Pourquoi?

Continuons avec la perception et la production

Pour cet exercice, vous devez utiliser votre *SAM Audio.* Comme d'habitude:

• Tout d'abord, vous examinez de façon critique les problèmes possibles.
• Ensuite, vous écoutez l'audio CD, aussi souvent que nécessaire.
• Et enfin, vous imitez le modèle: vitesse de production et prononciation.

Imaginez que vous faites du *théâtre,* que vous êtes sur scène! Votre public vous adore... et adore votre superbe prononciation française.

[16]*raised*   [17]*goes back up*

 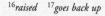

Alexandre, un petit garçon de quatre ans, pose des questions à sa mère.

ALEXANDRE: Maman, quand j'avais deux ans, est-ce que tu jouais avec moi?

MAMAN: Mais oui! Bien sûr! Nous jouions à la balle et aussi avec ton train.

ALEXANDRE: Pourquoi à la balle, Maman?

MAMAN: Parce que tu adorais donner des coups de pied dans un ballon. Comme tous les petits garçons!

ALEXANDRE: Est-ce que je faisais des bêtises?

MAMAN: Mmm... Oui, de temps en temps!

ALEXANDRE: Pourquoi est-ce que je faisais des bêtises?

MAMAN: Tu faisais des bêtises quand tu t'ennuyais à la maison. À la crèche jamais. Tu étais toujours sage à la crèche! Un petit ange!

ALEXANDRE: Est-ce que tu me donnais la fessée quand j'étais vilain?

MAMAN: Jamais! Je te punissais, mais la fessée jamais!

ALEXANDRE: Comment est-ce que tu me punissais?

MAMAN: Je te mettais au coin pendant quelques minutes.

ALEXANDRE: Et qu'est-ce que je faisais au coin?

MAMAN: Tu pleurais!

ALEXANDRE: Beaucoup?

MAMAN: Oh, là, là oui! Beaucoup! Mais après quelques minutes, je ne pouvais plus résister et je te faisais un gros bisou pour te consoler. Comme ça!

À vous de lire!
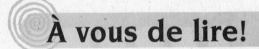

Le passage qui suit décrit l'enfance de Daniel Eyssette, le personnage principal dans le roman *Le Petit Chose* d'Alphonse Daudet. Dans ce passage, Daniel, le fils d'une famille pauvre, arrive au collège dans une nouvelle ville, où il ne connaît personne. Il raconte ses premières journées. Avant de lire, imaginez quelle a été probablement son expérience pendant le premier jour et la première semaine. Ensuite, lisez sa description, et répondez aux questions qui suivent.

Le Petit Chose (extrait)

Ce qui m'a frappé d'abord, à mon arrivée au collège, c'est que j'étais le seul avec une blouse. À Lyon, les fils de riches ne portent pas de blouses; il n'y a que les enfants de la rue, les *gones* comme on dit. Moi, j'en avais une, une petite blouse à carreaux qui datait de la fabrique; j'avais une blouse, j'avais l'air d'un gone... Quand je suis entré dans la classe, les élèves ont ricané.[18] On disait:

—Tiens! Il a une blouse!

Le professeur a fait la grimace et tout de suite m'a pris en aversion. Depuis lors, quand il m'a parlé, [ceci] a été toujours au bout des lèvres, d'un air méprisant. Jamais il ne m'a appelé par mon nom; il disait toujours:

—Hé! vous là-bas, le petit Chose!

Je lui avais dit pourtant plus de vingt fois que je m'appelais Daniel Ey-sset-te... À la fin, mes camarades m'ont surnommé «le petit Chose», et le surnom m'est resté...

Quant à moi, j'avais compris que lorsqu'on est boursier, qu'on porte une blouse, qu'on s'appelle «le petit Chose», il faut travailler deux fois plus que les autres pour être leur égal, et ma foi! Le petit Chose s'est mis à travailler de tout son courage...

De temps en temps, la porte de la chambre s'ouvrait doucement: c'était Mme Eyssette qui entrait. Elle s'approchait du petit Chose sur la pointe des pieds. Chut!...

—Tu travailles? lui disait-elle tout bas..

—Oui, mère.

---

[18] *laughed.*

—Tu n'as pas froid?

—Oh! non!

Le petit Chose mentait, il avait bien froid, au contraire.

Alors Mme Eyssette s'asseyait auprès de lui, avec son tricot[19], et restait là de longues heures, comptant ses mailles[20] à voix basse, avec un gros soupir[21] de temps en temps.

Pauvre Mme Eyssette! Elle y pensait toujours à ce cher pays qu'elle n'espérait plus revoir... Hélas! pour son malheur, pour notre malheur à tous, elle allait le revoir bientôt...

Compréhension. Maintenant, répondez aux questions suivantes.

1. Les autres étudiants et le professeur ont vite compris que Daniel venait d'une famille pauvre. Comment?

_____

2. Quel surnom est-ce que le professeur lui a donné? Est-ce que cela montre que le professeur respectait ou ne respectait pas Daniel?

_____

3. Quel effet est-ce que le surnom a eu sur Daniel? Comment est-ce qu'il a travaillé?

_____

4. Comment est-ce que Daniel appelle sa mère? Qu'est-ce que cela suggère de leurs relations familiales?

_____

5. Pourquoi est-ce que Daniel ne disait pas la vérité à sa mère quand elle lui demandait s'il avait froid?

_____

6. Qu'est-ce que le narrateur veut dire quand il dit que Mme Eyssette allait bientôt revoir son cher pays? Qu'est-ce qui va se passer dans cette histoire, selon vous? Est-ce que l'enfance de Daniel va être plus gaie ou plus triste?

_____

Réaction personnelle

1. Connaissiez-vous[22] des enfants pauvres quand vous étiez au collège? Avaient-ils les mêmes expériences que Daniel?

_____

2. Si vous savez que quelqu'un n'a pas de respect pour votre travail, est-ce que vous travaillez plus dur, ou moins dur?

_____

3. Quelles émotions avez-vous éprouvées[23] en lisant cette histoire? Voudriez-vous continuer? Pourquoi ou pourquoi pas?

_____

[19]*knitting*   [20]*stitches*   [21]*sigh*   [22]*did you know*   [23]*felt*

CHAPITRE

10 Mon boulot

Commençons!

Vocabulaire essentiel: Le travail (1)

A. Descriptions familiales. Chantal décrit les membres de sa famille. Remplissez les tirets avec un mot ou une expression convenable.

MODÈLE: Mon frère et ses collègues ne sont pas satisfaits de leurs conditions de travail. Ils *font la grève.*

1. Mon père vient de fêter son 70e anniversaire. Il ne travaille plus—il est _____.

2. Ma sœur va recevoir son diplôme universitaire. Elle _____. Demain, elle va passer _____ pour un poste dans une compagnie _____—Toyota.

3. Mon oncle avait un bon travail, mais l'économie a changé. La compagnie où il travaillait a fermé, et il est maintenant _____.

4. Ma mère aime travailler mais elle ne veut pas travailler à plein temps. Elle a un travail _____.

5. Mon meilleur ami travail pour une grande compagnie publique. Il n'a pas de bureau individuel—il a simplement _____.

6. Mon cousin n'est pas très sérieux. Il ne travaille pas dur et il est souvent _____, mais il trouve vite un nouvel emploi!

7. Et moi? Je suis en deuxième année de commerce. L'été prochain, j'espère avoir un _____ dans une banque pour apprendre les finances.

B. Le travail idéal. Décrivez le travail idéal, selon vous.

1. Est-ce que c'est un travail à mi-temps ou à plein temps?

   _____

2. Vous avez un bon salaire, bien sûr. C'est combien d'euros?

   _____

3. C'est dans quel type d'entreprise?

   _____

4. Vous avez combien de semaines de vacances par an?

   _____

5. Vous pouvez prendre votre retraite à quel âge?

   _____

6. Vous avez un bureau individuel ou collectif? Avec combien de fenêtres?

   _____

7. Comment est votre patron(ne)?

   _____

C. L'Apprenti(e). Avez-vous regardé «L'Apprenti(e)» avec Donald Trump ou Martha Stewart à la télévision? Voici une version française. Écoutez les conversations suivantes, puis répondez aux questions.

1. Philippe a _____.

   a. une formation scientifique   b. une formation littéraire

2. Il cherche _____.

   a. un travail à mi-temps   b. un travail à plein temps

3. Pour lui, le plus important c'est _____.

   a. d'avoir un bon salaire   b. d'être satisfait au travail   c. d'apprendre une profession

4. **Le patron** va probablement lui dire _____.

   a. Vous êtes embauché!   b. Vous êtes licencié!

5. Raïsa va probablement bientôt _____.

   a. toucher sa retraite   b. faire la grève   c. postuler pour un autre poste

6. Elle cherche _____.

   a. un travail à temps partiel   b. un travail à temps complet

7. Pour elle, le plus important c'est de travailler _____.

   a. dans une société multinationale   b. dans une compagnie privée   c. dans une compagnie publique

8. **La patron** va probablement lui dire _____.

   a. Vous êtes embauchée!   b. Vous êtes licenciée!

9. Jean-Luc est actuellement _____.

   a. à la retraite   b. au chômage

10. Il cherche _____.

    a. un travail à mi-temps   b. un travail à plein temps

11. Pour lui, le plus important c'est _____.

    a. d'apprendre une profession   b. d'avoir un bon salaire   c. d'avoir un bureau privé

12. **La patronne** va probablement lui dire _____.

    a. Vous êtes embauché!   b. Vous êtes licencié!

Structure 1: Le passé composé et l'imparfait

D. L'entretien. Complétez le paragraphe ci-dessous en mettant le bon verbe au **passé composé** ou à l'**imparfait**, selon le cas.

voyager   neiger   avoir   se réunir   faire   commencer

Récemment, mon amie Christine (1) _____ un entretien très important.

Elle (2) _____ à Philadelphie où elle et le patron d'une société internationale

(3) _____. La journée (4) (*ne ... pas*) _____ très bien.

Il (5) _____ froid et gris à Philadelphie et il (6) _____

un peu.

décider   arriver   être (2 fois)   apporter   penser   changer   avoir   pouvoir

Christine (7) _____ très nerveuse et elle (8) _____

qu'elle perdait son temps. Elle (9) _____ même envie de retourner à son hôtel

sans passer l'entrevue. Mais quand le patron (10) _____ dans la salle de conférences,

elle (11) _____ d'avis[1]. Le patron (12) _____

grand et souriant[2] et il (13) _____ deux tasses de café. Christine

(14) _____ très vite qu'elle (15) _____ travailler

dans une société où le patron apporte le café aux employés!

E. À ce moment-là. Que faisiez-vous lors d'événements mondiaux importants dans le monde? Répondez aux questions suivantes en utilisant un verbe au **passé composé** ou à l'**imparfait,** selon le cas.

1. Où étiez-vous le jour du 11 septembre 2001? _____

   Qu'est-ce que vous faisiez? _____

   Comment avez-vous appris les nouvelles? (de la télé / d'un ami?) _____

2. Quel âge est-ce que vous aviez quand «Columbia» a explosé? _____

   Est-ce que vous avez compris ce qui se passait? _____

   Où étiez-vous? _____

   Est-ce que vous pouviez croire les nouvelles? _____

3. Est-ce vous avez un frère ou une sœur moins âgé(e)? Où étiez-vous quand il/elle est né(e)? _____

   Qu'est-ce que vous en pensiez? _____

   Est-ce que vous étiez content(e)? _____

   Qu'est-ce que vous avez dit à vos parents? _____

4. Est-ce que vous avez perdu quelqu'un ou quelque chose de précieux? _____

   Qui c'était / qu'est-ce que c'était? _____

   Comment est-ce que vous avez réagi? _____

[1]*her mind*   [2]*smiling*

∩ F. L'enfance de Marielle. Dans le passage que vous allez entendre, Marielle parle de son enfance. Pour chaque phrase, dites si elle parle d'une activité terminée dans le passé, d'une suite d'activités, d'une activité habituelle, ou si elle donne une description. À coté de votre réponse, notez le temps verbal qu'elle utilise.

1. _____ activité terminée dans le passé

   _____ suite d'activités

   _____ activité habituelle

   _____ description   **temps verbal:** _____

2. _____ activité terminée dans le passé

   _____ suite d'activités

   _____ activité habituelle

   _____ description   **temps verbal:** _____

3. _____ activité terminée dans le passé

   _____ suite d'activités

   _____ activité habituelle

   _____ description   **temps verbal:** _____

4. _____ activité terminée dans le passé

   _____ suite d'activités

   _____ activité habituelle

   _____ description   **temps verbal:** _____

5. _____ activité terminée dans le passé

   _____ suite d'activités

   _____ activité habituelle

   _____ description   **temps verbal:** _____

6. _____ activité terminée dans le passé

   _____ suite d'activités

   _____ activité habituelle

   _____ description   **temps verbal:** _____

7. _____ activité terminée dans le passé

   _____ suite d'activités

   _____ activité habituelle

   _____ description   **temps verbal:** _____

8. _____ activité terminée dans le passé

   _____ suite d'activités

   _____ activité habituelle

   _____ description   **temps verbal:** _____

9. _____ activité terminée dans le passé

   _____ suite d'activités

   _____ activité habituelle

   _____ description   **temps verbal:** _____

G. Le semestre de Louis. Dans le passage que vous allez entendre, Louis décrit son semestre passé. Écoutez la description et remplissez le tableau ci-dessous.

Cours et jours de réunion:	
1. maths	
2.	lundi, mercredi
3.	
Cours préféré et pourquoi:	
Description du/de la prof dans ce cours:	
Ce qu'il a appris:	
Cours le moins apprécié:	
Description du/de la prof dans ce cours:	
Ce qu'il a appris:	

À vous de vous perfectionner! (1)

Révision, expansion et application des règles de prononciation des chapitres 5–8

Revoyons ensemble différents aspects de la prononciation française déjà étudiés et appliquons-les à ce nouveau chapitre. Afin de vous aider à vous familiariser avec les nouveaux mots et les pratiquer—perception et production—nous avons sélectionné pour vous les «mots à problèmes» des **Lexiques** des Chapitres 9 et 10. Les mots de vocabulaire suivants sont enregistrés sur votre *SAM Audio*. Écoutez attentivement la prononciation de ces mots et ensuite, répétez en même temps que le modèle.

1. voyelle + *n/m:* **nasale ou pas nasale?: américain** (nasale) vs. **américaine** (pas nasale)

> RAPPEL: Comme noté dans le Chapitre 5, si la voyelle + **n** ou **m** est suivie d'une autre consonne ou s'il n'y a pas d'autre lettre *prononcée,* alors la voyelle + **n/m** est nasale. PAR CONTRE, si le **n/nn** ou **m/mm** est suivi d'une autre voyelle, il n'y a pas de nasalisation.

Nasale	Pas nasale (Orale)
américain	américaine
un	une
tu prends	vous prenez
ils sont	nous sommes

Application aux Chapitres 9 et 10: Comme d'habitude, examinez de façon critique les deux séries de mots; prêtez plus particulièrement attention aux voyelles nasales vs. voyelles orales + **n/m,** et enfin, répétez avec le modèle. Écoutez les mots suivants sur votre *SAM Audio CD.*

Nasale: le **n** ou **m** disparaît

la récréation, l'instituteur, l'identité, la délinquance, être enceinte, au coin, ange et démon, des câlins, à plein temps, complet, la compagnie, la comptabilité, le patron embauche, une formation scientifique, un candidat, un postulant, un entretien

Pas nasale (orale): la voyelle est purement orale + **n** ou **m**

les pensionnaires, l'école buissonnière, une multinationale, le commerce, le chômage, la patronne, le personnel, les bénéfices

2. *qu* **comme dans** *quiche*

> RAPPEL: Comme présenté dans le Chapitre 6, **qu** est toujours prononcé comme le **k** de **kilomètre. Attention, qu** n'est *jamais* prononcé comme l'anglais *kw.*

Application aux Chapitres 9 et 10: la discothèque, la bibliothèque, fréquent, la délinquance, scientifique, une compagnie publique

3. *gn* **comme dans** *une lasagne...* **et donc** *compagnie*

4. *ti-* = *si-* **comme dans** *information*

Application aux Chapitres 9 et 10: partiel, fabrication

5. *s* = *z* **entre deux voyelles, comme dans** *télévision*

Application aux Chapitres 9 et 10: gymnase, désobéir, entreprise, supervision, chômeuse

6. *ch* **est prononcé comme le «sh» anglais comme dans «Chicago»**

Application aux Chapitres 9 et 10: la recherche, l'échec, l'accouchement, embaucher, être au chômage, les achats, le chef

7. *j* **comme dans** *déjeuner; g + e/i* **comme** *genre; gu* **comme** *baguette*

RAPPEL:

- **j** comme dans **déjeuner** est prononcé comme en anglais: le *g* de *genre* ou le *si* dans *fusion*. **EXCEPTION:** le mot **job** vient de l'anglais. Donc, le **j** se prononce **dg** comme en anglais *job* ou *George*.

- En français, le **g + i** ou **e** doux n'est jamais prononcé comme l'anglais *dg*. Donc pour le nom **Georges,** en français nous avons deux fois **g** mais pas **dg**.

- En français, le **gu** de **baguette** se prononce comme le *g* dur anglais, par exemple *go get Gertrude*.

Application aux Chapitres 9 et 10: le collège, le gymnase, se droguer, le tabagisme, un ange, jouer, les congés, le gérant, la gestion

8. Les mots apparentés ou «faux amis de la prononciation»: les mots se ressemblent, mais pas en prononciation... alors attention!

RAPPEL: Comme expliqué dans le Chapitre 8, quand vous voyez un mot qui ressemble à l'anglais... **ATTENTION!** Pensez aux règles de la prononciation française et appliquez-les à ces «faux-amis».

Vous allez entendre une liste de «faux-amis de la prononciation» extraits des **Lexiques** des Chapitres 9 et 10: faites bien attention de les prononcer avec une bonne prononciation française standard.

Voici la stratégie:

(1) Tout d'abord, analysez l'orthographe des mots et appliquez les règles de prononciation étudiées. Par exemple, pour le mot **collège,** comment un Américain prononcerait-il ce mot? Le **è** serait plutôt comme un **i** français et le **g** serait comme **dg**. Et puis, il mettrait l'accent sur la première syllabe, **co–**. Mais vous... vous savez bien que ce n'est pas correct, n'est-ce pas? Maintenant vous savez bien comment corriger toutes ces erreurs. Bravo!

(2) Voilà! Appliquez cette technique à chaque mot.

(3) Écoutez les deux modèles sur votre *SAM Audio CD*.

(4) Répétez la prononciation en français standard en même temps que le modèle.

Application aux Chapitres 9 et 10: le collège, la résidence, le gymnase, la librairie, le professeur, la personnalité, l'individualité, l'identité, la formation scientifique, le candidat, le salaire, la compagnie multinationale, une entreprise privée, une assurance médicale, la clientèle, la fabrication, la gestion

Perception et production. Maintenant que vous êtes prêts, pratiquons la prononciation du dialogue suivant, pris du Chapitre 10 de votre texte. Pour cela, vous allez utiliser votre *SAM Audio* et le texte, reproduit ci-dessous. Écoutez l'audio aussi souvent que nécessaire et tâchez de répéter *en même temps* que le modèle.

«Bonjour! Vous êtes bien chez le cabinet d'architectes Oncins au 05-96-04-32-55. Nous ne pouvons pas répondre à votre appel en ce moment. Veuillez laisser[3] un message après le bip sonore. Merci!»

Après avoir écouté le répondeur, Abdourahma a laissé le message suivant:

«Bonjour! Je m'appelle Abdourahma Stans. Je vous appelle de San Diego aux États-Unis. Je me permets de vous contacter à la suite de votre annonce parue sur le site Web Outremer.com le 3 février 2007. Je suis très intéressé par votre poste. Vous pouvez me contacter au 1-6-1-9-6-5-6-3-1-3-2. Je vous ai aussi envoyé par courriel mon CV et mes qualifications. Merci!»

---

[3] *please leave*

À vous d'écrire!

Une foire aux emplois (*job fair*). Imaginez que vous allez bientôt assister à une foire aux emplois. Vous voulez certainement y trouver un poste intéressant. Avant d'y aller, vous voulez donc vous préparer autant que possible. Écrivez deux paragraphes que vous pouvez mémoriser, pour être certain(e) de communiquer clairement. Notez:

(1) Votre formation et le type de travail que vous voulez (partiel / complet / type de société / etc.).

(2) Votre expérience. Décrivez le(s) poste(s) que vous avez eu(s) dans le passé, vos responsabilités à ce poste, pourquoi vous voulez changer de poste, etc.

Dans le premier paragraphe, vous allez surtout utiliser le **présent,** dans le deuxième les temps du **passé.**

MODÈLE: *Je suis spécialiste en sciences politiques, avec une sous-spécialisation en français. J'espère trouver une position comme analyste politique dans une société multinationale. J'ai aussi suivi des cours de marketing, donc je peux aider avec le marketing international de la société...*

Dans mon dernier poste, j'ai travaillé comme manager chez McDonald's. J'étais responsable des commandes et aussi de l'emploi du temps de tous les employés. C'était un poste difficile, avec beaucoup de responsabilités, mais ce n'est pas mon domaine et je ne veux pas faire carrière dans cette branche.

Continuons!

Partie I: Vocabulaire essentiel: Le travail (2)

A. Le typique/l'idéal. Décrivez la personne ou la chose mentionnée, selon l'adjectif. Incorporez le vocabulaire du chapitre autant que possible.

MODÈLE: le smicard typique

> *Pour moi, le smicard typique est un étudiant. Il travaille à mi-temps. Il n'a pas d'assurances médicales, ni d'autres avantages.*

1. le PDG idéal

   _____

2. un gérant terrible

   _____

3. les avantages idéaux

   _____

4. les achats typiques pour un fast-food

   _____

5. les responsabilités typiques d'un chef d'entreprise

   _____

6. les clients idéales

   _____

7. l'horaire typique pour un étudiant qui travaille

   _____

8. l'horaire idéal pour un étudiant qui travaille

   _____

B. Mots croisés. Faites les mots croisés selon les définitions données.

Horizontalement (*Across*):

2. le département qui s'occupe des comptes en banque d'une compagnie

4. la personne qui dirige un département

7. ce qu'on reçoit autre que le salaire

8. l'emploi de temps d'un travailleur

9. le département qui assure le fonctionnement d'une compagnie

Verticalement (*Down*):

1. la production d'une compagnie

2. les vacances (*2 mots*)

3. la personne responsable d'une compagnie

5. les personnes qui achètent un produit

6. ce qu'on est payé

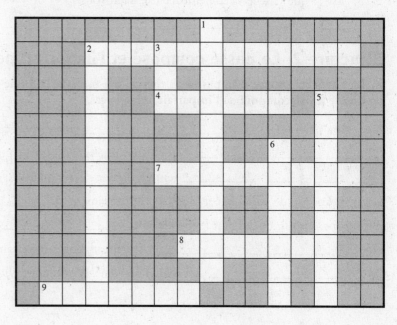

C. Qui c'est? Les membres de la famille de Geneviève ont tous des boulots très différents dans la compagnie commencée par leur grand-père. Ils se décrivent; identifiez-les par leur numéro.

_____ Marie-Claude, PDG

_____ Michel, gérant

_____ Jean-Pierre, ouvrier

_____ Shimène, comptable

_____ Raoul, vendeur

D. Entretien téléphonique. Giselle est confiseuse et elle cherche du travail en Amérique du Nord. Écoutez sa conversation téléphonique avec Émanuelle Binoche, propriétaire d'une chocolaterie, et puis répondez aux questions qui suivent.

1. Quelle est la formation de Giselle?

_____

2. Est-ce qu'elle a de l'expérience? Combien?

_____

3. Quel est le salaire proposé pour ce poste?

_____

4. Est-ce un travail à mi-temps ou à plein temps?

_____

5. Quels jours de la semaine est-ce qu'on y travaille?

_____

6. Quels avantages sont inclus?

_____

7. Quand est-ce que Giselle ne peut pas partir en vacances? Pourquoi?

_____

8. Est-ce que Giselle va être embauchée, selon vous?

_____

Structure 2: Le passé composé et l'imparfait pour exprimer la subjectivité

E. La surprise-partie. Remplissez les tirets ci-dessous avec la forme correcte du verbe entre parenthèses. Utilisez **le passé composé** ou **l'imparfait,** selon le cas.

Hier, mon neveu (1) _____ (avoir) treize ans. Ma belle-sœur

(2) _____ (préparer) une surprise-partie pour fêter l'occasion. Quand mon neveu

(3) _____ (entrer) dans la salle et qu'il a vu qu'il y (4) _____

(avoir) beaucoup de personnes et beaucoup de cadeaux, il (5) _____ (être)

très surpris, surtout quand tout le monde (6) _____ (crier) «surprise»!

Nous (7) _____ (chanter) «Bon anniversaire», mon neveu

(8) _____ (faire) un vœu[4], et puis nous (9) _____ (manger)

_____

[4]_wish_

un gâteau au chocolat délicieux. Plus tard, tous les invités (10) _____ (se parler)

et on (11) _____ (s'amuser) quand, soudain, quelqu'un

(12) _____ (frapper) à la porte. C' (13) _____ (être)

un fleuriste. Il (14) _____ (apporter) des ballons pour mon neveu de la part

de ses grands-parents qui habitent le Canada. Ils les (15) _____ (envoyer)

parce qu'ils (16) _____ (ne ... pas pouvoir) venir pour la fête. Mon neveu

(17) _____ (dire) que (18) c'_____ (être) le meilleur

anniversaire de sa vie!

F. Obligations/préférences/capacités. Répondez aux questions suivantes en faisant très attention au temps verbal du verbe dans la question.

1. Qu'est-ce que vous deviez faire hier soir? Qu'est-ce que vous vouliez faire? Qu'est-ce que vous avez fait, finalement?

   _____

2. La dernière fois que vous avez voulu sortir avec des amis, où êtes-vous allé/e?

   _____

3. Avez-vous pu répondre à toutes les questions au dernier examen? Est-ce que vous avez dû étudier beaucoup avant de passer l'examen?

   _____

4. Quand vous étiez enfant, pouviez-vous passer la nuit chez un(e) ami(e) quelquefois?

   _____

5. Quel temps a-t-il fait le week-end passé chez vous? Avez-vous fait quelque chose à l'intérieur ou à l'extérieur?

   _____

6. La dernière fois qu'il a plu, qu'est-ce que vous avez fait pour passer le temps?

   _____

7. Quand vous étiez petit(e), que faisiez-vous quand il pleuvait?

   _____

8. Est-ce que vous avez eu mal à la tête récemment? Qu'est-ce que vous avez pris?

   _____

9. Quand vous étiez enfant, est-ce que vous aviez souvent mal à la tête? aux dents? Et maintenant?

   _____

10. Où avez-vous connu votre meilleur(e) ami(e)? Comment?

    _____

11. Quand vous étiez petit(e) enfant, est-ce que vous saviez qu'il n'y avait pas de Père Noël? À quel âge avez-vous su?

    _____

G. Action ou description? Dans les passages suivants, les locuteurs parlent de la même période de temps, mais souvent avec des temps verbaux différents. Écoutez leurs passages, et puis répondez aux questions **par vrai ou faux.**

1. Le locuteur a fêté son anniversaire.	vrai	faux
Il s'est amusé.	vrai	faux
2. Le locuteur a fêté son anniversaire.	vrai	faux
Il s'est amusé.	vrai	faux
3. Le temps a changé pendant le week-end.	vrai	faux
La locutrice a essayé de sortir.	vrai	faux
4. Le temps a changé pendant le week-end.	vrai	faux
La locutrice a essayé de sortir.	vrai	faux
5. La locutrice a vu le docteur le matin.	vrai	faux
Elle n'a pas pu aller au travail pendant toute la journée.	vrai	faux
6. Le locuteur a vu le docteur le matin.	vrai	faux
Il n'a pas pu aller au travail pendant toute la journée.	vrai	faux

À vous de vous perfectionner! (2)

Prononciation et intonation pour des phrases plus longues

Perception et production. Pour cet exercice, vous devez utiliser votre *SAM Audio*. Comme d'habitude:

(1) Tout d'abord, vous examinez de façon critique les problèmes possibles.

(2) Faites plus particulièrement attention à l'intonation ... *la musique de la langue!*

(3) Ensuite, vous écoutez l'audio aussi souvent que nécessaire.

(4) Et enfin, vous imitez le modèle: vitesse de production et prononciation.

Imaginez que vous êtes interviewée par un journal pour faire de la publicité pour votre entreprise. Le journaliste va vous écouter avec grande attention!

«Je suis chef d'entreprise. C'est une petite entreprise, mais le travail est quand même énorme. En général, je travaille 45 heures par semaine à la chocolaterie, et encore 10 heures par semaine chez moi, devant l'ordinateur. Au début, j'avais une associée, mais elle a dû déménager—son mari a eu des problèmes de santé, et ils voulaient être plus près d'un grand centre médical. Donc, maintenant je suis la seule à m'occuper de la chocolaterie: l'achat des produits, la préparation des chocolats, le service aux clients, la vente, la supervision des employés et la comptabilité. Je vais à la banque chaque soir, et je gère[5] les comptes bancaires à la fin de chaque semaine.

«J'emploie six à dix employés selon la saison. (À Noël, à la Saint-Valentin et à Pâques nous avons besoin de plus d'effectifs[6]. Trois de mes employés sont des chocolatiers confiseurs[7]: ils assurent la fabrication des chocolats faits à la main. Ce sont de vrais artistes! Évidemment, ils travaillent à plein temps, et ils reçoivent de très bons salaires. L'année dernière, je voulais embaucher un quatrième chocolatier confiseur, mais je n'ai pas pu—c'est un travail très spécifique, et il n'y a pas beaucoup de personnes dans cette région qui ont ce talent.

«Mes employés travaillent 35 heures par semaine, et ils ont cinq semaines de congés payés par an—c'est la loi en France! Je travaille beaucoup mais je prends au moins deux semaines de vacances par an. Je ferme la boutique, et je pars me reposer! Même la patronne a besoin de congé de temps en temps! Vous ne croyez pas?»

---

[5]*manage*   [6]*employés*   [7]*des artisans spécialisés dans la fabrication des chocolats*

À vous de lire!

Vous souvenez-vous de Carla Bruni? Vous avez lu et écouté une de ses chansons, «Le toi du moi» dans le Chapitre 8. Dans cet extrait, tiré du journal canadien *Le Soleil de Québec*, elle parle de son travail comme chanteuse/compositrice. Lisez l'entretien qui suit, et répondez aux questions.

Mannequin[8] et égérie de Mick Jagger, CARLA BRUNI a pendant longtemps gratté sa guitare entre deux shootings, histoire de tuer le temps[9]. Maintenant qu'elle a posé ses baskets et quitté le monde de la mode, ce passe-temps est devenu profession. Contre toute attente[10], le premier résultat de cette reconversion est un disque intimiste, dense, étonnamment dépouillé, dont les chansons d'artisane ont immédiatement fait amours en France, puis ici.

PAR **RALPH BONCY**

Elle est vraiment charmante. Mais là je ne vous apprends rien. D'ailleurs, la première particularité avec mademoiselle Bruni, cette belle Turinoise francophone, c'est que la plupart de ceux et celles qui écoutent ses chansons ou achètent aujourd'hui son disque l'ont déjà vue sous toutes les coutures—littéralement—qu'il s'agisse de Guess ou Gucci; et même plutôt dévêtue[11], dans ses plus beaux atours[12]. ...

QUI A DIT QUOI?

En tout cas, la fille polie qui me parle depuis son portable et qui s'excuse sans arrêt des bruits et de la cohue à Paris, cette fille est toute simple, pleine d'humour; pas diva ni top model pour deux sous. Elle dit exactement ce qu'elle pense et ne se fera pas marcher sur les pieds. ...

«Faites-moi plaisir, lui dis-je, et dites-moi que *Quelqu'un m'a dit* est une vraie chanson autobiographique dictée par un événement vécu.»

«Eh bien oui! rétorque-t-elle avec joie. L'histoire est très simple. J'étais à La Baule avec mes amies Karine et Thérèse, qui était enceinte, sur le point d'accoucher. Elles m'avaient dit: 'Viens nous retrouver. L'air de l'océan Atlantique va te faire du bien.' Je suis donc allée, très déprimée; je vivais[13] une rupture amoureuse. J'arrive dans le hall de l'hôtel et là, un monsieur vient me voir et me dit: 'Ah! Carla, j'ai rencontré ton ami (parlant de mon ex) au Québec (justement, il venait d'arriver chez vous pour un grand festival de cinéma). Et il m'a dit qu'il t'aimait encore...' J'avais un énorme rhume, c'était vraiment épouvantable, j'étais face à l'océan Atlantique, j'avais un chagrin d'amour, mais la chanson est venue. En quelques minutes!»

CARLA CÂLINE[14]

Et la même femme qui chante ses amants de manière plutôt coquine[15] dans *J'en connais* nous déballe[16] une chanson flatteuse sur Raphaël, son vrai chum depuis des lustres[17], proclamant son prénom. Petit cadeau d'anniversaire? «C'était plutôt une chanson pour le séduire, explique l'intéressée. Je l'ai écrite au moment de notre rencontre. C'est aussi un bon investissement pour notre vie de couple, qui pourrait me durer encore un bon 10 ou 15 ans. Par exemple, quand il me dit: 'Elles ne sont pas très bien cuites, ces pâtes', je réponds: 'C'est ça. Va donc te trouver une fille qui écrive[18] une chanson avec ton prénom, va!' La vérité, c'est qu'il y a beaucoup d'hommes qui ont fait des chansons sur des femmes—*Carole, Angie,* etc.—mais on avait peu parlé des mecs[19] dans les chansons. Je trouvais ça dommage. Surtout quand on connaît Raphaël!»

---

[8]*fashion model*   [9]*in order to kill time*   [10]*contrary to all expectations*   [11]*nude*   [12]*fineries*   [13]*was in the middle of*   [14]*tender, loving*   [15]*mischievous*   [16]*unwraps*   [17]*for ages*   [18]*can write*   [19]*guys*

Compréhension. Répondez **vrai** ou **faux** selon l'article.

1. Carla Bruni avait une autre profession avant de devenir chanteuse/compositrice.   vrai   faux

2. Son premier CD a eu un succès énorme.   vrai   faux

3. Elle est française.   vrai   faux

4. Dans le passé, elle a paru dans les publicités de Guess.   vrai   faux

5. L'idée pour *Quelqu'un m'a dit* est venue d'un film que Carla Bruni a vu.   vrai   faux

6. Elle a eu beaucoup de difficultés à écrire cette chanson.   vrai   faux

7. «Raphaël» est une vraie personne.   vrai   faux

8. Carla a écrit cette chanson comme cadeau d'anniversaire pour son ami.   vrai   faux

Réaction personnelle. Maintenant, répondez aux questions personelles suivantes.

1. Le journaliste déclare sur Carla Bruni: «Cette fille est toute simple, pleine d'humour; pas diva ni top model pour deux sous.» Êtes-vous d'accord avec cette évaluation après avoir lu l'entretien avec elle? Pourquoi ou pourquoi pas?

   _____

2. Carla Bruni considère sa chanson «Raphaël» «un bon investissement pour notre vie de couple.» Pourquoi est-ce qu'elle dit cela?

   _____

3. Avez-vous eu une expérience intéressante sur laquelle vous pourriez écrire une chanson? Quel en est le sujet? Est-ce que vous allez écrire la chanson?

   _____

4. Est-ce que vous avez envie d'écouter les chansons qui sont mentionnées dans le passage? Pourquoi ou pourquoi pas? (Si oui, allez les trouver sur Internet!)

   _____

CHAPITRE

11 Mes achats

Commençons!

Vocabulaire essentiel: Chez les petits commerçants

A. Publicité de supermarché. En France, les supermarchés sont divisés en «rayons» qui ont souvent le même nom que les petits commerces. Par exemple, il y a un rayon charcuterie, un rayon pharmacie, etc. Vous êtes chargé(e) de faire la publicité pour le supermarché Lionel. À côté de chaque dessin, écrivez le nom du produit et le rayon dans lequel on peut le trouver. Utilisez l'article défini avec le produit.

1. Produit _____

   Rayon _____

2. Produit _____

   Rayon _____

3. Produit _____

   Rayon _____

4. Produit _____

   Rayon _____

5. Produit _____

   Rayon _____

6. Produit _____

   Rayon _____

7. Produit _____

   Rayon _____

8. Produit _____

Rayon _____

9. Produit _____

Rayon _____

10. Produit _____

Rayon _____

11. Produit _____

Rayon _____

12. Produit _____

Rayon _____

13. Produit _____

Rayon _____

B. Présentations pendant la soirée. Vous donnez une grande soirée, et vous avez invité vos amis, vos voisins et les petits commerçants de votre quartier. Maintenant, faites les présentations des petits commerçants. Utilisez une variété d'expressions pour présenter ces personnes: **voici, c'est, je te présente, je vous présente,** etc.

MODÈLE: M. Éliot / l'épicerie

Voici M. Éliot, mon épicier.

1. Mme Blume / la boulangerie _____

2. M. Marin / le bureau de tabac _____

3. M. Dé / la parfumerie _____

4. Mme Robert / la pharmacie _____

5. Mlle Lénard / le kiosque à journaux _____

6. M. Tisselle / la pâtisserie _____

7. M. et Mme Matthieu / le fleuriste _____

8. M. Rémy / la boucherie _____

C. Les achats. La femme de Rémy l'appelle au bureau pour demander s'il peut faire des achats en rentrant. Malheureusement, Rémy n'est pas dans son bureau quand elle téléphone, donc elle laisse un message sur le répondeur. Écoutez son message, et regroupez les choses que Rémy doit acheter dans les catégories ci-dessous.

Boulangerie-pâtisserie	Charcuterie	Épicerie	Boucherie
_____	_____	_____	_____
_____	_____	_____	_____
_____	_____	_____	_____

∩ D. Pubs à la radio. Vous venez de déménager dans une nouvelle ville. Vous écoutez les pubs à la radio, mais vous ne connaissez pas le nom des petits commerces. Selon les produits donnés, devinez pour quel commerce on fait la pub. Mettez le numéro de la publicité à côté du magasin correct.

_____ a. l'épicerie

_____ b. la pharmacie

_____ c. la boulangerie

_____ d. la parfumerie

_____ e. la charcuterie

_____ f. le marchand de vin

_____ g. la boucherie

_____ h. le bureau de tabac

Structure 1: Les compléments d'objet direct

E. Habitudes. Tout le monde a ses habitudes, et ceci est surtout vrai pour les achats. Indiquez où vous achetez normalement les produits typiques en utilisant un complément d'object direct.

MODÈLE: D'habitude, où est-ce que vous achetez votre viande?

Je l'achète au supermarché / à la boucherie.

1. Où est-ce que vous achetez vos céréales?

   _____

2. Où est-ce qu'on vend le meilleur chocolat?

   _____

3. Où est-ce que vous achetez le pain?

   _____

4. Où est-ce que vous achetez les fruits et légumes frais?

   _____

5. Où est-ce que vous achetez le dentifrice?

   _____

6. Où est-ce qu'on vend la meilleure tarte aux fruits?

   _____

7. Où est-ce que vous achetez les tickets de bus?

   _____

8. Où est-ce qu'on vend le journal près de chez vous?

   _____

F. Soyons honnêtes! Votre meilleur(e) ami(e) vous pose des questions importantes, et il/elle veut des réponses honnêtes. Donnez votre réponse, en utilisant un complément d'objet direct.

1. Tu aimes mes cheveux comme ça?

   _____

2. Est-ce que tu fumes mes cigarettes quand je ne suis pas là?

   _____

3. Tu comprends ton petit ami/ta petite amie?

_____

4. Est-ce que il/elle nous comprend?

_____

5. Est-ce que tu m'aimes plus que lui/qu'elle?

_____

6. Tu empruntes ma voiture de temps en temps sans ma permission?

_____

7. Est-ce que tu invites mon petit ami/ma petite amie à sortir avec toi quelquefois?

_____

8. Est-ce que tu peux payer mon ticket de cinéma ce soir?

_____

9. Veux-tu voir mon nouveau tatouage?

_____

10. Je te dérange avec toutes mes questions?

_____

G. Une amie désorganisée. Votre amie Thérèse est assez désorganisée et change très vite de sujet pendant que vous parlez. Le problème, c'est qu'elle utilise des compléments d'objet direct dans ses phrases, et vous êtes obligé(e) de deviner de quoi elle parle. Choisissez le nom auquel elle se réfère dans chacune des phrases, selon l'objet direct que vous entendez.

De qui/De quoi est-ce que Thérèse parle?

1. M. Alexandre	Mme Christian	les Richard
2. les boucles d'oreilles	le portefeuille	les billets d'opéra
3. le métro	le chocolat	mes amis
4. sa mère	vous	vous et Thérèse
5. le dîner	la soupe	les repas
6. sa chambre	ses cheveux	son chien
7. ses clés	son cahier	sa cassette
8. Thérèse	sa mère	votre mère

H. Logique ou pas logique? Vous parlez avec un ami au téléphone, mais il fait autre chose en même temps et donc ses réponses ne sont pas toujours logiques. Pour chaque question, dites si la réponse est logique ou non. Faites attention à l'objet direct que vous entendez.

1. logique   pas logique
2. logique   pas logique
3. logique   pas logique
4. logique   pas logique
5. logique   pas logique
6. logique   pas logique

Structure 2: Les compléments d'objet direct avec l'impératif

I. Une recette. Vous regardez un programme de cuisine à la télévision, mais vous avez des difficultés à suivre les directions—le chef montre la préparation d'une omelette, un plat assez simple, mais il donne la recette en version réduite et un peu désorganisée. À vous de décider ce que les pronoms remplacent dans chaque phrase!

Vos ingrédients:

_____ quatre œufs   _____ du sel et du poivre

_____ une tomate   _____ du beurre

_____ un oignon   _____ du fromage

_____ un poivron

Vocabulaire utile: fouetter (*to mix*); râper (*to grate*); peler (*to peel*); plier (*to fold*); graines (*seeds*)

MODÈLE: Fouettez-les bien.

les œufs

1. Râpez-le. _____

2. Pelez-le, et puis râpez-le. _____

3. Chauffez-le dans une poêle. _____

4. Cassez-les et mettez-les dans la poêle. _____

5. Ajoutez-les aux œufs. _____

6. Pelez-la et coupez-la en petits morceaux. _____

7. Ne le pelez pas. Enlevez les graines, et coupez-le en morceaux. _____

J. Les conseils du petit frère. Votre petit frère, Jérôme, est toujours en train de répéter les ordres de vos parents. Pour chaque situation ci-dessous, donnez un conseil logique en vous servant de l'impératif et d'un pronom complément d'objet direct. Utilisez l'impératif avec **tu, nous** ou **vous,** selon le cas.

MODÈLE: PAPA: Paul, écoute ta mère.

                JÉRÔME: Oui Paul, *écoute-la!*

1.   PAPA: Maman, repose-toi; nous allons faire le travail ce soir!

    JÉRÔME: Oui maman, _____!

2.   PAPA: Virginie et Nicolas, faites la vaisselle s'il vous plaît.

    JÉRÔME: Oui Virginie et Nicolas, _____!

3.   PAPA: Daniel, ne frappe pas le chien.

    JÉRÔME: Oui Daniel, _____!

4. MAMAN: Daniel, aide ton père, s'il te plaît.

    JÉRÔME: Oui Daniel, _____!

5. MAMAN: Papa, n'oublie pas de mettre la poubelle sur le trottoir.

    JÉRÔME: Oui Papa, _____!

6.   PAPA: Virginie, répète ta leçon de piano.

    JÉRÔME: Oui Virginie, _____!

7. MAMAN: Nicolas, ne change pas la chaîne de télé si souvent!

    JÉRÔME: Oui Nicolas, _____!

8. PAPA: Allons mes enfants, couchons-nous!

    JÉRÔME: Mais non Papa, _____!

K. Un père insistant. Vous êtes en France pendant un semestre, et votre «père» français veut que vous essayiez les plats français. Pour chaque aliment ou plat que vous entendez, indiquez ce que votre père vous dirait[1].

MODÈLE: *Vous entendez:* un hamburger

        Vous voyez: a. Goûte-le.   c. Ne le goûte pas.

                       b. Goûte-la.   d. Ne la goûte pas.

        Vous choisissez: c

_____ 1. a. Goûte-la.   c. Ne la goûte pas.

             b. Goûte-les.   d. Ne les goûte pas.

_____ 2. a. Goûte-le.   c. Ne le goûte pas.

             b. Goûte-la.   d. Ne la goûte pas.

_____ 3. a. Goûte-le.   c. Ne le goûte pas.

             b. Goûte-les.   d. Ne les goûte pas.

_____ 4. a. Goûte-le.   c. Ne le goûte pas.

             b. Goûte-la.   d. Ne la goûte pas.

_____ 5. a. Goûte-le.   c. Ne le goûte pas.

             b. Goûte-la.   d. Ne la goûte pas.

_____ 6. a. Goûte-les.   c. Ne les goûte pas.

             b. Goûte-le.   d. Ne le goûte pas.

L. Des fragments de conversations. Vous êtes dans un restaurant, et vous entendez les conversations autour de vous. Pour chaque phrase que vous entendez, donnez la phrase ou la question *précédente* logique.

MODÈLE: *Vous entendez:* Suivez-moi, Madame.

        Vous lisez: a. Je cherche une table pour deux personnes.

                    b. Je suis prête à commander.

        Vous choisissez: a

_____ 1. a. Monsieur, s'il vous plaît, je suis prêt à commander.

             b. J'aime bien ce restaurant; ils ont de très bons desserts!

_____ 2. a. Maman, est-ce que nous pouvons avoir du coca?

             b. Maman, Philippe m'a pincé[2]!

_____ 3. a. Je suis désolée, je n'ai pas encore décidé.

             b. Est-ce que je peux avoir l'addition[3], s'il vous plaît?

_____ 4. a. Alors Messieurs-Dames, qui veut l'addition ce soir?

             b. Vous désirez un café?

_____ 5. a. Est-ce que tu vas prendre un dessert ou un fromage, chérie?

             b. Chérie, je ne comprends pas le problème.

---

[1]*would say* [2]*pinched* [3]*bill*

Structure 3: L'accord du participe passé

M. Thérèse revient. Est-ce que vous vous souvenez de Thérèse, votre amie désorganisée? Maintenant, elle cherche ses effets personnels—c'est à vous de lui rappeler[4] ce qu'elle a fait de ses affaires[5]. Répondez à ses questions avec le verbe indiqué au **passé composé** et avec un pronom complément d'objet direct. Attention à l'accord du participe passé!

MODÈLE: THÉRÈSE: Où sont mes lunettes? (laisser dans la salle de bains)
          VOUS: *Tu les as laissées dans la salle de bains.*

1. THÉRÈSE: Qu'est-ce que j'ai fait de mon dictionnaire? (prêter à Lucie)
   VOUS: _____

2. THÉRÈSE: As-tu vu mes bonbons au chocolat? (manger)
   VOUS: _____

3. THÉRÈSE: Où sont mes stylos? (oublier à la fac)
   VOUS: _____

4. THÉRÈSE: Je ne trouve pas mes clés! (laisser sur la porte)
   VOUS: _____

5. THÉRÈSE: Où est ma voiture? (prêter à Alain)
   VOUS: _____

6. THÉRÈSE: Est-ce que tu as pris les boissons? (mais non; mettre sur la table)
   VOUS: _____

N. Vous avez beaucoup voyagé? Dites si vous avez vu les endroits ou les choses indiqués en utilisant un pronom complément d'objet direct.

Avez-vous vu...

1. ... la tour Eiffel? _____
2. ... le monument à F. Roosevelt à Washington? _____
3. ... les pyramides (*f.*) en Égypte? _____
4. ... la Maison-Blanche? _____
5. ... l'arc (*m.*) de St. Louis? _____
6. ... la grande muraille de Chine? _____
7. ... les châteaux (*m.*) de la Loire? _____
8. ... les palais (*m.*) «Buckingham» et «Windsor» à Londres? _____

[4]*remind her* [5]*things*

O. Dictée—Le marché en plein air. Écoutez le passage suivant, puis écrivez les phrases que vous entendez. Faites surtout attention aux temps des verbes (**présent, passé composé, imparfait**) et aussi à l'accord du participe passé.

_____

_____

_____

_____

_____

_____

_____

_____

_____

À vous de vous perfectionner! (1)

> **1. Les consonnes finales: révision et application**
>
> **2. La voyelle *a***

1. Les consonnes finales: révision et application

dans	dan<u>se</u>
un cours	les cour<u>ses</u>

> RAPPEL: Vous devez prononcer la consonne finale si elle est suivie de **e**.

Perception et production. Dans le **Lexique** de ce Chapitre 11, nous avons sélectionné pour vous plusieurs mots à problèmes potentiels à cause de leurs consonnes finales.

(1) Observez chaque mot et indiquez **O** (oui) si vous devez prononcer la consonne finale ou **N** (non) si vous ne devez pas la prononcer.

(2) Ensuite, utilisez votre *SAM Audio* pour vérifier si vos réponses sont correctes.

(3) Et enfin, répétez la prononciation correcte.

MODÈLE: une bour<u>se</u>

O (parce que le **s** est suivi de **e**)

_____	1. les produi<u>ts</u>	_____ _____	8. le siro<u>p</u> pour la tou<u>x</u>
_____	2. le poule<u>t</u>	_____	9. le taba<u>c</u>
_____	3. les boîtes de conser<u>ve</u>	_____	10. les cigare<u>ttes</u>
_____	4. le ri<u>z</u>	_____	11. les tick<u>ets</u>
_____	5. les bouqu<u>ets</u>	_____	12. le guich<u>et</u>
_____	6. les magaz<u>ines</u>	_____	13. le crédi<u>t</u>
_____	7. le parf<u>um</u>		

2. La voyelle *a*

Tout d'abord, examinons les différences de prononciation de la lettre **a** entre l'anglais et le français.

En anglais, le *a* peut se prononcer de différentes façons: *father, baby, ball* ou *man*. De plus, dans des mots comme par exemple *cigarette* ou *Bernadette*, le *a* peut aussi perdre son identité parce qu'il se trouve dans une syllabe non accentuée. Dans ces deux cas, le *a* ressemble plutôt au son de *duh*. On dit que le *a* est *neutralisé* parce que la voyelle perd son identité propre.

En français, le **a** ressemble au *a* dans *father* prononcé par une personne de Boston (pas de New York, par exemple!), comme dans *my father parks the car*. Le **a** est toujours **a:** il *ne perd jamais son identité* même dans une syllabe non accentuée.

Perception et production. Dans le **Lexique** de ce Chapitre 11, nous avons sélectionné pour vous une vingtaine de mots avec la lettre **a**. Chaque lettre **a en caractères gras** se trouve dans une syllabe non accentuée en français. **ATTENTION:** En français on ne *neutralise pas*, comme vous le feriez[6] en anglais! Donc tous ces **a** vont garder leur identité propre.

Alors! Que devez-vous faire? Ouvrir une grande bouche et produire un beau **a** bien ouvert.

Tout d'abord, écoutez la prononciation de ces mots et expressions sur votre *SAM Audio*. Ensuite, imitez le modèle.

les magazines	les dragées	la chocolaterie	le guichet automatique
le maquillage	les cigarettes	la fromagerie	avoir des dettes
le parfum	le tabac	le marchand	épargner de l'argent
la pharmacie	les carnets	la papeterie	gaspiller
l'aspirine	le repassage	un carnet de chèques	placer de l'argent

À vous d'écrire!

Mes courses à moi. Comparez vos habitudes concernant les courses avec celles d'Aurélie Marquis (voir le Chapitre 11 de votre texte de cours, p. 350). Où et quand est-ce que vous faites vos achats? Préférez-vous aller dans les petits commerces ou au supermarché? Pourquoi? Qu'est-ce que vous y achetez? Décrivez vos achats typiques.

MODÈLE: Mes habitudes sont très différentes de celles d'Aurélie Marquis. Je ne vais pas aux petits commerces pour faire mes achats, je vais au supermarché...

_____

_____

_____

_____

_____

_____

_____

_____

_____

_____

_____

_____

[6]*would do*

Continuons!

Vocabulaire essentiel: Les finances

A. Savez-vous parler comme un banquier? Terminez les phrases suivantes. Si vous pouvez le faire sans difficulté, vous savez parler comme un banquier!

1. Pour économiser de l'argent, il vaut mieux ouvrir _____.

2. Pour avoir de l'argent en espèces quand vous êtes payé(e) par chèque, il faut

   _____.

3. Pour retirer de l'argent avec une carte de crédit, il faut savoir _____.

4. Quand on veut acheter une maison, on demande très souvent _____.

5. Les étudiants demandent souvent _____ pour aller à l'université.

6. Quand on dépense son argent sans faire attention, on le _____.

7. On met ses chèques dans un _____.

B. Les prévisions des grands-parents! Vous et vos frères et sœurs êtes indépendants, mais vos grand-parents veulent toujours vous donner des conseils financiers. Écoutez ce qu'ils disent et terminez chaque phrase selon leurs conseils.

1. D'abord, faites attention: si vous n'avez pas suffisament d'argent dans votre compte, votre chèque va être

   _____.

2. Si vous ne voulez pas remplir un chèque au magasin, vous pouvez payer avec

   _____.

3. Si vous devez de l'argent à quelqu'un, vous avez _____.

4. Si vous n'êtes pas économe du tout, on dit que vous êtes _____.

5. Si vous avez peu d'argent et votre ami en a beaucoup, vous pouvez _____ à

   votre ami.

6. Plus tard, si c'est vous qui avez de l'argent, vous pouvez _____ à votre ami.

7. Si vous avez placé de l'argent, vous avez des _____.

Structure 4: Les compléments d'objet indirect

C. Votre dernier testament. Pour préparer l'avenir, vous écrivez votre testament[7]. Dites ce que vous allez donner aux personnes suivantes. Utilisez un pronom complément d'objet indirect dans votre réponse.

MODÈLE: à votre sœur

   Je lui donne ma voiture.

1. à vos parents _____

2. à votre meilleur(e) ami(e) _____

3. à votre frère ou sœur _____

4. à vos cousins _____

5. à votre professeur de français _____

6. à vos colocataires[8] _____

7. à nous, les auteurs du texte?! _____

[7]*will*   [8]*housemates*

D. Problèmes et résolutions. Votre colocataire Joël a beaucoup de problèmes. Il veut devenir plus responsable, mais souvent il ne sait pas quoi faire pour résoudre ses problèmes. Réagissez[9] à ses idées avec un verbe à l'impératif et un complément d'objet indirect.

MODÈLE: JOËL: Je vais échouer à mon cours de maths. Je vais téléphoner à mes parents.

VOUS: Mais non, *ne leur téléphone pas!*

1. JOËL: Je vais demander de l'aide à mes amis dans le cours.

    VOUS: Oui, _____.

2. JOËL: Je n'ai pas assez d'argent. Je vais emprunter de l'argent à ma mère.

    VOUS: Mais non, _____.

3. JOËL: Je ne peux pas sortir avec toi demain soir, mais je ne vais pas te dire pourquoi!

    VOUS: Mais si, Joël, _____.

4. JOËL: Si je ne peux pas couvrir mes dettes, je vais envoyer un chèque sans provisions à la compagnie de téléphone.

    VOUS: C'est une idée terrible! _____!

5. JOËL: Je ne peux plus trouver le livre que j'ai emprunté, alors je vais rendre un autre livre à mon professeur.

    VOUS: Non Joël, _____.

6. JOËL: Je sais que je n'ai pas d'argent, mais je vais m'acheter un ordinateur portable quand même.

    VOUS: Non, _____.

7. JOËL: La prochaine fois que j'ai un problème, je vais téléphoner à toi et tes amis.

    VOUS: Oui, bonne idée! _____.

E. Logique ou pas logique? Écoutez les phrases suivantes, et dites si la conversation est logique ou pas.

MODÈLE: *Vous entendez:* —Tu me téléphones ce soir?

                    —Oui, je lui téléphone ce soir.

         Vous encerclez: *pas logique*

1. logique   pas logique
2. logique   pas logique
3. logique   pas logique
4. logique   pas logique
5. logique   pas logique
6. logique   pas logique

[9]*react*

 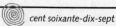

F. Une mère trop curieuse. Vous êtes à l'université, mais votre mère s'occupe toujours de ce que vous faites. Écoutez ses questions, et écrivez une réponse logique, avec un pronom d'objet indirect.

MODÈLE: Vous entendez: Peux-tu téléphoner à ta sœur ce soir? Elle est malade.

Vous écrivez: *Oui, bien sûr. Je peux lui téléphoner.*

1. _____

2. _____

3. _____

4. _____

5. _____

Structure 5: La place des pronoms dans la phrase

G. Ton enfance. Répondez aux questions suivantes en utilisant deux pronoms d'objet (un direct, un indirect) dans chaque phrase.

1. Quand tu étais enfant, est-ce que tes parents te faisaient la bise le soir?

_____

2. Tu remboursais toujours l'argent que tu empruntais à tes amis?

_____

3. Est-ce que ton père te racontait les histoires de son enfance?

_____

4. Est-ce que tu disais toujours la vérité à tes parents et à tes profs?

_____

5. Est-ce que tu aimais faire la bise à ta grand-mère?

_____

6. Tu prêtais volontiers tes jouets à tes amis?

_____

H. Au dîner. Vous dînez, et quelqu'un vous propose les différents plats qui sont sur la table. Utilisez un impératif et des pronoms d'objet direct et indirect pour indiquer ce que vous voulez manger.

MODÈLE: —Marc, est-ce que tu veux les pommes de terre?

—Oui, *passe-les-moi, s'il te plaît.*

1. —Sophie, est-ce que tu veux le poisson?

—Non, merci. _____.

2. —Marc et Sophie, vous voulez les haricots verts?

—Oui, _____.

3. —Marc, tu veux la salade?

—Oui, _____.

4. —Marc et Sophie, vous voulez le coca?

—Non merci. _____.

5. —Sophie, tu veux le gâteau au chocolat?

—Certainement! _____

6. —Tu veux du lait avec ça, Sophie?

—Non merci, _____.

I. Donne-le-moi! Patrick va bientôt déménager dans une autre ville. Avant de partir, il offre quelques-unes de ses possessions à ses amis. Écoutez ce qu'il offre, et puis choisissez la réponse logique.

MODÈLE: *Vous entendez:*   Giselle, veux-tu ce calendrier?

      Vous lisez: a. Non merci, ne me la donne pas.

                b. Non merci, ne me le donne pas.

      Vous choisissez: *b*

1. a. Oui, j'adore Céline Dion. Donne-les-moi.

   b. Oui, j'adore Céline Dion. Donne-le-moi.

2. a. Non, je n'ai pas de lecteur de cassette. Ne me le donne pas.

   b. Non, je n'ai pas de lecteur de cassette. Ne me la donne pas.

3. a. Oui, il aime lire. Tu peux certainement les lui donner.

   b. Oui, il aime lire. Tu peux certainement me les donner.

4. a. Oui, merci. Donne-les-nous.

   b. Oui, merci. Donne-les-vous.

5. a. Oui, tu peux me le donner.

   b. Oui, tu peux te le donner.

6. a. Non, je ne mange pas de céréales, mais Thierry et Gigi en mangent. Donne-la-leur.

   b. Non, je ne mange pas de céréales, mais Thierry et Gigi en mangent. Donne-le-leur.

7. a. Ahmed est très responsable. Donne-le-lui.

   b. Ahmed est très responsable. Donne-la-lui.

8. a. Non, il déteste les serpents. Ne le lui donne pas.

   b. Non, il déteste les serpents. Ne les lui donne pas.

9. a. Non, mais Patricia en a besoin d'une. Vends-le-lui.

   b. Non, mais Patricia en a besoin d'une. Vends-la-lui.

10. a. Je ne sais pas—tu me les donnes ou tu me les vends?

    b. Je ne sais pas—tu me la donnes ou tu me la vends?

 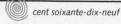

À vous de vous perfectionner! (2)

1. La consonne *h*: réalité ou fantôme?
2. Le *h* dans le couple *th*
3. L'intonation dans un texte plus long

1. La consonne *h*: réalité ou fantôme?

Au cours des chapitres précédents et dans les **Lexiques** respectifs, vous avez certainement noté que certains mots avec **h** ont parfois l'article **le** ou **la** mais parfois **l'**.

Observons ensemble! Pour vous aider, nous avons organisé les mots du **Lexique** avec **h** de tous les Chapitres 1 à 16. Nous avons aussi ajouté quelques mots apparentés, mots semblables en français et en anglais:

Le *h* fantôme	le *h* réel
s'habiller	le hall
l'habit	la halte
des haltères[10]	le hamburger
l'harmonie	le hamster
l'hélicoptère	le handicap
l'hérédité	le hardware
l'héroïne	le haricot
l'heure	la harpe
l'histoire	le hasard
l'hiver	haut/haute[11]
l'holocauste	le haut-parleur[12]
l'hommage	le héron
l'homme	le héros
l'honneur	hideux
l'hôpital	le hit-parade
l'horaire	le hockey
l'horizon	le hold-up
l'hormone	la Hollande
l'horreur	le home cinéma
l'hôtel	la honte
l'hôtesse de l'air[13]	le hors-d'œuvre
l'huile	le huit
l'huître	
l'humidité	
l'hypothèque	

Qu'avez-vous remarqué? Dans la colonne de gauche, l'article défini **le** ou **la** devient **l'** parce que le **h** en fait n'existe pas vraiment. C'est comme si le mot commençait par une voyelle. C'est le **h** fantôme, ou bien le **h** muet.

Par contre, dans la colonne de droite, les articles **le** et **la** ne changent pas. Pour ces mots, le **h** est comme une consonne. Il n'est toujours pas prononcé, mais il bloque la possibilité de l'élision, du **l'**. On appelle ça un «h aspiré»; dans les dictionnaires, il est signalé par un astérisque: *hamster.

Comment savoir? Il n'y a malheureusement pas de règle pour faire la différence. Vous devez donc étudier les mots avec l'article défini. Cela vous aidera à *entendre* et mémoriser les mots avec **h** muet et les autres.

NOTE: Avez-vous remarqué que nous avons **l'héroïne** avec un **h** muet, mais **le héros** avec un **h** réel?!

[10]*weights*   [11]*high*   [12]*loudspeaker*   [13]*flight attendant*

2. Le *h* dans le couple *th*

Un autre exemple du **h** fantôme est le **th,** comme dans **théâtre, thérapie** et **prêts hypothécaires.** La règle est très simple: en français le **th** est tout simplement **t.**

Dans un autre chapitre sur **les liaisons,** vous allez apprendre plus sur l'importance de cette différence entre le **h** muet et le **h** réel, concret, consonne.

3. L'intonation dans un texte plus long

Dans d'autres chapitres, nous avons brièvement parlé de l'intonation comme la musique de la langue au-dessus des mots. Vous savez déjà que, pour les mots, l'accent tombe en général sur la dernière syllabe.

Alors observons la phrase suivante et comparons les accentuations avec l'équivalent en anglais:

Mes <u>par</u>ents ont dix télé<u>phones</u> dans leur apparte<u>ment</u>.

Syllabes: 1   2 **3**   4   5   6 7 **8**   9   10   11 1213 **14**

My <u>par</u>ents have ten <u>tel</u>ephones in their a<u>part</u>ment.

Syllabes: 1   **2** 3   4   5   **6** 7 8   9   10   11 **12** 13

Et voilà toute la différence entre l'intonation française et l'intonation anglaise, donc la différence dans le contour musical sur deux phrases quasi identiques!

Pour illustrer avec plus de précision comment tombe l'accent dans des phrases plus longues et pour des textes plus longs, nous avons choisi un texte de votre livre. Prenons la deuxième phrase du texte choisi et voyons ensemble comment créer l'intonation:

- Tout d'abord, nous allons diviser la phrase en plus petits groupes. Ces morceaux s'appellent des **groupes rythmiques:**

  On a le choix / entre les supermarchés / et les petits commerçants / dans les deux pays, // et les produits / ne diffèrent pas trop.

- **À la fin de chaque groupe,** pour marquer que la phrase n'est pas finie, en règle générale, nous allons mettre une note plus élevée[14]. Après une *virgule,* on marque une petite *pause.*

- **À la fin de la phrase,** pour marquer que l'idée est terminée, le ton et la musique descendent. Voici comment visualiser cette opération:

On a le choix   entre les supermarchés

et les petits commerçants   dans les deux pays, [pause]

et les produits   ne diffèrent pas trop.

Perception et production. À vous maintenant de pratiquer!

Comme d'habitude:

(1) Tout d'abord, vous examinez de façon critique les problèmes possibles.

(2) Écoutez avec attention le modèle, plusieurs fois si nécessaire.

(3) Faites plus particulièrement attention à l'intonation... *la musique de la langue!*

(4) Et enfin, imitez le modèle: prononciation, vitesse de production et intonation.

[14]*higher pitch*

Imaginez que vous rentrez d'un voyage du Burkina Faso et êtes interviewé(e) par une chaîne de télévision. Votre public va vous écouter avec la plus grande attention!

ON FAIT LES COURSES COMME ÇA AU BURKINA FASO

Vous n'avez peut-être pas trouvé trop de différences entre faire les courses en France et faire les courses aux États-Unis. On a le choix entre les supermarchés et les petits commerçants dans les deux pays, et les produits ne diffèrent pas trop. Mais si vous alliez en Afrique, qu'est-ce que vous y trouveriez? Nous avons posé cette question à Abdou, notre ami du Burkina Faso. Voici sa réponse:

«Au Burkina Faso, on a le même choix entre les supermarchés et les petits commerçants, mais seulement dans les grandes villes. Dans les villages, il n'y a pas de supermarchés parce que très souvent il n'y a pas d'électricité. Les supermarchés ont besoin de réfrigération, et ceci n'est pas possible s'il n'y a pas d'électricité! Donc, les personnes qui habitent dans les villages achètent leur nourriture chez des petits commerçants et, surtout, au marché en plein air. Pour le lait et la viande, il faut tout acheter frais parce qu'on n'a pas de réfrigérateur à la maison, non plus. Donc, on n'achète que ce qu'on va manger ou boire cette journée. La cuisine au Burkina Faso incorpore beaucoup de fruits et de légumes pour cette raison aussi.

Dans les grandes villes il y a des supermarchés, mais beaucoup de personnes n'y vont pas. Les supermarchés sont surtout fréquentés par les intellectuels et les riches; la plupart de la population achète sa nourriture au marché, comme dans les villages. Mais les maisons en ville sont plus modernes, donc on peut acheter pour plusieurs jours à la fois—ce qu'on ne mange pas, on peut le mettre dans le réfrigérateur!

Les marchés sont très animés—c'est un lieu de rencontre pour tout le village ou la ville. On peut tout y acheter—des vêtements, de la nourriture, même des animaux! On y va pour faire les courses, bien sûr, mais on y va aussi pour se parler, s'amuser, se voir. C'est probablement pour cette raison que même les habitants des villes préfèrent le marché au supermarché.»

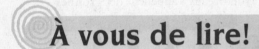

À vous de lire!

Vous allez passer un semestre à Avignon, dans le sud de la France. Heureusement pour vous, le magazine *L'Express* a publié récemment un article avec ses choix des meilleurs petits commerces dans la ville. D'abord, lisez l'article et le tableau qui le suit. Ensuite, lisez une deuxième fois et remplissez le tableau selon l'article.

Commerçants

Les chèvres de Monsieur Bourgues

L'histoire de ses produits n'a plus de secrets pour ce fromager intarissable[15]

Michel Bourgues connaît son sujet sur la pointe du couteau. Trente-cinq ans de métier ont affiné son savoir-faire sans entamer sa passion ni sa curiosité. Ce personnage haut en couleur des halles[16] avignonnaises a une prédilection pour le chèvre, qu'il cultive depuis ses débuts au sein de[17] l'affaire familiale, fondée en 1962. À l'époque, adolescent, il forge ses premières armes auprès d'éleveurs[18] de la Drôme. Quatre décennies plus tard, il est resté fidèle aux producteurs de la région et travaille avec une dizaine d'entre eux, des «vrais chevriers,» souligne-t-il, c'est-à-dire ceux qui respectent la saison caprine[19], de mars à décembre.

   Michel Bourgues ... sélectionne comme personne. En coupant un chèvre, il pourra vous dire d'emblée s'il est bon ou non. Chez ce défricheur[20] hors pair, les autres fromages font l'objet de la même exigeante attention... Il n'y a qu'à l'écouter parler de son beaufort de 34 mois, de son comté de 28 mois, de la tomme d'Ariège... pour être transporté au royaume des pâtes cuites et fleuries. Un savoureux poème qui conte le terroir à déguster sans modération. La Maison du fromage, Halles centrales.

---

[15]*inexhaustible*   [16]*markets*   [17]*in the bosom of*   [18]*breeders*   [19]*relatif à la chèvre*   [20]*pioneer*

Primeurs[21]

Le Panier des halles   Frédéric Baudet aime la qualité et n'hésite pas à garnir son étalage[22] avec le véritable mesclun niçois. Le reste est à l'avenant, des tomates, asperges et poivrades du pays jusqu'aux [fraises] de Carpentras, en passant par les pousses[23] de Beaucaire pour la salade. À noter enfin la très belle présentation des produits. Halles centrales.

La Ronde des pommes de terre   La bintje du Nord, la vitelote du centre de la France, la grenaille de Noirmoutier, la spunta d'Italie, la ratte du Touquet, la roseval, la samba, ou encore l'amandine: depuis sept ans, Lionel est le roi de la patate à Avignon, avec une douzaine de références sur la saison. Conseils et recettes [en plus]. Halles centrales.

Boucheries

Saint-Didier   Pour les Avignonnais, le meilleur boucher de la ville s'appelle M. Dino. Et cela fait quarante-deux ans que ça dure! Ici, pas un palais qui n'ait succombé aux spécialités du personnage: le gigot aux pignons, la longe de veau aux rognons, sans oublier les caillettes provençales, célébrées par Jean-Pierre Coffe en personne. 2, rue des Trois-Faucons.

Raymond Fillière   Dans leurs ateliers, qui emploient 130 personnes, les Fillière fabriquent de la charcuterie traditionnelle depuis 1895! L'été, les saucissettes aux olives de Nyons, aux herbes de Provence, au basilic ou à la sauge sont à l'honneur. Très prisé aussi, le steak de porc haché à l'ail, au persil et au gruyère râpé inventé par les deux petites dernières de la famille. Halles centrales.

Charcuteries et marchands de volailles

À la belle volaille   Depuis 1954, la famille Hugon fournit Avignon en gibier, foie gras des Landes, canards et magret de Vendée, poulets bio et œufs frais du pays. Un demi-siècle de sérieux au service du meilleur de la volaille. Halles centrales.

Triperie provençale   Ici, les pieds et paquets sont fabriqués devant le client, qui vient de loin pour assister au spectacle avant d'acheter cette spécialité provençale. Sont plébiscités, également, les saucisses de lapin faites maison, le poulet de campagne d'Eyragues et les ris d'agneau de Guillon. Une adresse rare. Halles centrales.

Traiteur

Serge Olives   Sur l'étal d'Emmanuelle et Florian Borba Da Costa, deux Rolls-Royce françaises, la Cassée des Baux et la Picholine du Gard, côtoient des olives importées du Maroc. Natures, elles sont ensuite dessalées puis préparées par le couple qui propose aussi de délicieuses tapenades maison, de la morue de Lorient et une sélection de grandes huiles AOC. Halles centrales.

Pâtes

Lazaretti   Fondée en 1936, la Sapa (société avignonnaise de pâtes artisanales) doit sa longévité à la fabrication de ses célèbres nouilles au petit épeautre (la *pichoto espètuo*, en provençal) cultivé sur le plateau de Sault, depuis l'Antiquité, et reconnu pour ses nombreuses vertus nutritionnelles. 17, avenue de l'Orme-Fourchu.

Da Enzo, boutique de la pâte   Ce natif des Abruzzes met sacrément bien la main à la pâte. Tagliatelles, spaghetti, cannelloni, lasagnes, capeletti et autres agnolotti (gros raviolis) fleurent bon le parmesan, le basilic, les épinards ou le bœuf. Succès oblige, Enzo vient d'ouvrir une deuxième enseigne, à Villeneuve, avec une restauration de pâtes fraîches et de spécialités italiennes proposées à midi. 30, rue Carreterie.

Pâtisserie

Jouvaud   Allier tradition et modernité en favorisant les produits du terroir, à l'image de la tarte au sel, aux fruits confits et aux pignons, l'une des spécialités de la maison: c'est la devise de Nicole Jouvaud. Fondée à Carpentras, en 1948, cette affaire familiale est autant reconnue pour ses pâtisseries que ses chocolats et ses objets de décoration. Pour preuve, deux boutiques ont récemment ouvert à Tokyo. Centre commercial Cap Sud.

[21]*épicerie (où se vendent les fruits et les légumes)*   [22]*display*   [23]*shoots*

Confiserie

La Cure gourmande Jean Fullana tient les rênes de cette enseigne très présente en Provence. À découvrir, entre autres douceurs, 24 sortes de biscuits maison, dont le Muscadin (muscat de Frontignan et raisin) et un important rayon de confiseries également fabriquées sur place, avec, notamment, les fameuses Choupettes (sucettes artisanales), dont se régalent petits et grands. 24, rue des Marchands.

Chocolat

Mallard Ouverte il y a vingt ans par Claude Mallard, un fou de chocolat, la boutique est aujourd'hui tenue par Patrick, son fils, qui perpétue la qualité et l'exigence paternelles. Harmonie des textures et des saveurs: tel est le credo de la maison, qui propose 35 références à l'année, dont une à deux nouveautés chaque saison. Exemple d'un must récent: le Blue Mountain, qui associe le célèbre café de la Jamaïque à un assemblage chocolaté de la Caraïbe. 32, rue des Marchands.

Compréhension. Remplissez le tableau ci-dessous selon l'article. Si vous voulez acheter les choses mentionnées dans la colonne à gauche, quelles sont les recommandations du magazine?

Nourriture voulue	Type(s) de commerce	Nom(s) du magasin	Adresse(s) du magasin	Nom(s) du commerçant
asperges				
foie gras				
pâtes fraîches		1. 2.	1. 2.	1. 2.
bonbons	1. 2.	1. 2.	1. 2.	1 2.
tarte aux fruits				
pommes de terre				
fromage de chèvre				

CHAPITRE

12 Mes rêves

Commençons!

Vocabulaire essentiel: Les sens et les parties externes du corps

A. Mon meilleur ami. Voici une photo du meilleur ami d'une des auteures de *À vous!* Il s'appelle Shiloh. Identifiez les parties du corps indiquées (avec les articles), et ensuite répondez aux questions qui suivent.

1. _____

2. _____

3. _____

4. _____

5. _____

6. _____

7. _____

8. _____

9. _____

10. _____

Maintenant, répondez aux questions suivantes.

11. Quel sens est-ce que Shiloh utilise pour sentir les fleurs dans le jardin? _____ Et pour

　　décider si elles sont bonnes à manger? _____

12. Quel sens est-ce qu'il utilise pour regarder (et chasser!) les écureuils[1]? _____

13. Quel sens utilise-t-il pour écouter sa maîtresse[2]? _____

14. Quel sens est-ce que l'auteure utilise pour le caresser? _____

[1]*squirrels*　[2]*owner*

B. "The neckbone's connected to the backbone..." *Avez-vous chanté cette chanson, enfant? Dites ce qui est connecté à quoi en français.*

1. Les orteils sont connectés aux _____.

2. Les mains sont reliées aux _____.

3. La tête est attachée au _____.

4. Les dents sont à l'intérieur de _____.

5. Le genou est au milieu de _____.

6. La bouche est en-dessous du _____.

7. Les doigts sont reliés à _____.

8. La hanche est connectée au(x) _____.

9. La peau couvre tout _____.

10. Les épaules sont reliées au _____.

C. Quel type de monstre est-ce?! *Votre ami croit aux extraterrestres. Il vous décrit l'être qu'il a vu vendredi dernier. Identifiez aussi vite que vous le pouvez l'être dont il parle. Avez-vous deviné dès[3] la première phrase? La deuxième? Bravo, vous avez bien appris le vocabulaire! Avec trois phrases? Pas mal, mais il faut encore étudier un peu plus! Avec quatre phrases? Vous avez du travail à faire avant l'examen!*

a.

b.

c.

d.

1. _____   2. _____   3. _____   4. _____

[3] *as soon as*

D. C'est comment? Vous allez entendre une suite d'exclamations. Mettez le numéro de chaque phrase à côté du dessin logique.

_____ a.

_____ b.

_____ c.

_____ d.

_____ e.

_____ f.

_____ g.

_____ h.

Structure 1: Les parties du corps et les articles définis et indéfinis

E. Un week-end plein d'accidents! Vous et vos amis avez eu beaucoup d'accidents ce week-end. Décrivez ce que chaque personne s'est fait (utilisez le **passé composé**), selon les dessins suivants.

Vocabulaire utile: se tordre (*to sprain, to twist*); se casser (*to break*); se faire mal à (*to hurt*); se couper (*to cut oneself*)

Pascale    Rémy

Cathy    Nadine    Stéphane

Kim    Samnang

MODÈLE: Pascale s'est tordu la cheville.

1. Kim _____

2. Rémy _____

3. Stéphane _____

4. Cathy _____

5. Samnang _____

6. Nadine _____

F. Des parties du corps indispensables. Certaines parties du corps sont indispensables pour faire les activités suivantes. Identifiez la (les) partie(s) que vous utilisez pour chaque activité.

MODÈLE: écouter

Pour écouter, j'utilise les oreilles.

1. parler _____

2. jouer au foot _____

3. sentir une fleur _____

4. se sécher les cheveux _____

5. marcher _____

6. regarder à droite et à gauche _____

7. jouer du piano _____

G. Associations libres. Écrivez les parties du corps les plus logiques d'après les sens nommés et les verbes que vous entendez.

MODÈLE: *Vous entendez:*   l'ouïe

Vous écrivez: *les oreilles*

1. _____

2. _____, _____, _____

3. _____

4. _____, _____

5. _____, _____, _____

6. _____, _____

7. _____, _____, _____

H. Bonne continuation! Dans l'exercice ci-dessous, vous allez entendre le début d'une phrase. Continuez chaque phrase avec un verbe et une partie du corps logique.

MODÈLE: *Vous entendez:*   Avant de me coucher le soir, je...

Vous ajoutez: *me lave le visage*

1. _____

2. _____

3. _____

4. _____

5. _____

6. _____

À vous de vous perfectionner! (1)

> 1. révision du couple de voyelles *eu*: la différence entre *je peux* et *j'ai peur*
>
> 2. le triangle *eui + l* et *œi + l*

1. *eu*: la différence entre *je peux* et *j'ai peur*

RAPPEL: Prononciation: distinction entre les deux *eu*

Dans les Chapitres 5 et 6 et ensuite dans la révision du Chapitre 9, nous avons examiné...

- les différences et similarités entre **i** et **u**,
- les nuances dans l'ouverture des lèvres entre le **u** de **j'ai pu**,
- et ensuite les deux **eu**: celui de **je peux**, qui est un peu plus bas que le **u** (**j'ai pu**) et celui de **j'ai peur**, qui est encore plus bas, et qui ressemble à l'anglais *duh*.

Examinons les figures ci-dessous pour visualiser la différence dans les mouvements articulatoires nécessaires.

lit

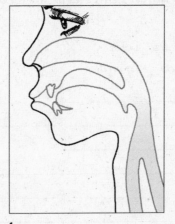

lu

Observez que la position de la langue est la même pour **i** de **lit** et pour **u** de **lu.** Maintenant que le **u** est bien placé, passons à la différence entre **u** et les deux **eu.**

j'ai pu

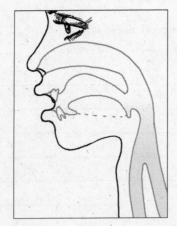

je peux

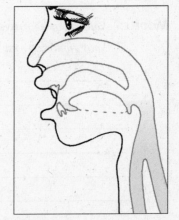

j'ai peur

La position de la langue n'a pas changé entre **u** et les deux **eu!** Mais les lèvres se sont ouvertes: un peu pour **je peux** et un peu plus pour **j'ai peur.**

Quel environnement pour chacun? Quelle prononciation devez-vous utiliser? Vous savez déjà que:

- En règle générale, quand le couple **eu** est suivi directement, dans le mot, par une consonne, ce **eu** ressemble alors à l'anglais *duh:* **le cœur, elles veulent des fleurs.**

- Dans les autres cas, le **eu** est plus fermé, c'est-à-dire que les lèvres et les dents se referment plus et se rapprochent de la position du **u: hideux, heureux, deux yeux bleus.**

Maintenant, allons plus loin. Observons: **les yeux bleus.** Comme on ne prononce ni le **x** de **yeux** ni le **s** de **bleu,** les deux **eu** seront mi-fermés.

Maintenant, observons: **Elles veulent des fleurs bleues.**

                          1   2   3

Nous prononçons toujours le **r** de **fleur** et bien sûr le **l** dans **veulent,** mais nous ne prononçons pas le **s** dans **bleues.** Donc le premier et le deuxième **eu** seront ouverts comme l'anglais *duh,* mais le troisième sera mi-fermé.

    Comparez avec cette phrase: **Elle veut des fleurs bleues.** La seule différence est dans le verbe: **veulent** vs. **veut.**

    Comme le **t** de **veut** ne se prononce pas, le **eu** sera mi-fermé et non *duh* comme dans **veulent.**

Application aux Chapitres 9–12.
Nous avons extrait des **Lexiques** des Chapitres 9–12 une liste des mots avec **eu.** Pratiquez ces mots individuellement:

eu mi-fermé	*eu* comme l'anglais "duh"
bleue (une carte)	l'instituteur
les yeux	le professeur
c'est délicieux	il pleure
c'est hideux	les fleurs
c'est savoureux	
être heureux/malheureux	
être euphorique	
être soucieux	
les euros	
l'Europe	

NOTES:

- Attention avec **euro** et **Europe.** Évitez de transférer la prononciation anglaise. Au contraire, faites un **eu** mi-fermé, mais sans le son *you!*

- EXCEPTIONS: le féminin des adjectifs **eu** (**eux** → **euse**) se prononce aussi avec un **eu** mi-fermé.

2. le triangle *eui + l* et *œi + l*

Dans **Les parties du corps** de ce chapitre, vous avez rencontré une curieuse combinaison de voyelles et de lettres: **œi + l** et **eui + l.** Œi et eui se prononcent tout simplement comme *duh.* Le **l** se prononce comme le double **ll** de **famille: un œil, un fauteuil.**

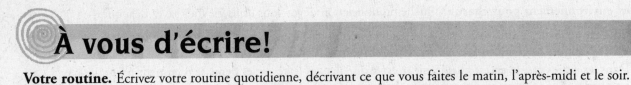

À vous d'écrire!

Votre routine. Écrivez votre routine quotidienne, décrivant ce que vous faites le matin, l'après-midi et le soir. Utilisez des verbes commes **se lever, se laver, se brosser, se raser,** etc., et une partie du corps si nécessaire.

MODÈLE: Je me lève le matin vers 7h. Je me douche tout de suite. Pendant la douche, je me rase le visage et après je me sèche les cheveux. Après le petit-déjeuner, je me brosse les dents…

Continuons!

Vocabulaire essentiel: Les émotions

A. Situations hypothétiques. Imaginez que vous êtes dans les situations suivantes. Exprimez vos réactions avec les sentiments que vous avez appris dans ce chapitre.

MODÈLE: Vous avez un nouveau bébé.

Je suis aux anges! OU *Je suis stressé(e)!*

1. Vous avez été licencié(e) du travail. _____

2. C'est le dernier jour de classe et vous partez en vacances. _____

3. Vous avez rompu avec votre ami(e). _____

4. Votre chien a mangé vos devoirs. _____

5. Vous passez la soirée avec vos meilleurs amis. _____

6. Vous pensez que vous avez perdu les clés de la maison. _____

7. Vous venez de retrouver les clés de la maison—vous ne les avez pas perdues! ____

B. Mots croisés synonymes. Faites les mots croisés ci-dessous en donnant un synonyme pour chaque mot donné.

Horizontalement

2. navré
4. triste (*m.*)
5. euphorique (2 mots)
7. furieux

Verticalement

1. déçu
3. remerciant
6. horrifié

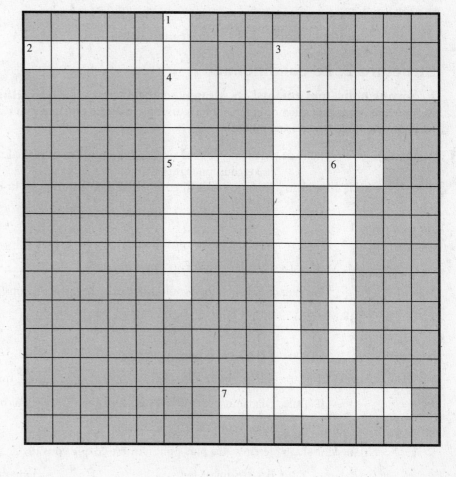

C. Sentiments positifs, sentiments négatifs. Vous apprenez le français en France dans une famille. Votre «mère» d'accueil[4] vous donne des nouvelles de la famille. Écoutez les phrases suivantes, et dites si la personne dont elle parle a réagi avec un sentiment positif (☺) ou un sentiment négatif (☹).

MODÈLE: *Vous entendez:* Quand Charlotte a appris les nouvelles, elle a été outragée.

            Vous choisissez: ☹

1. ☺   ☹
2. ☺   ☹
3. ☺   ☹
4. ☺   ☹

5. ☺   ☹
6. ☺   ☹
7. ☺   ☹
8. ☺   ☹

D. Mes réactions personnelles. Écoutez les phrases suivantes, et dites quelle serait[5] votre réaction.

MODÈLE: *Vous entendez:* Jim Carrey est élu président des États-Unis.

         Vous voyez: a. Je suis surpris(e).   b. Je suis soulagé(e).   c. Je suis aux anges.

         Vous choisissez: a. (Ou votre réaction, si elle est différente!)

1. a. Je suis horrifié(e).   b. Je suis euphorique.   c. Je suis reconnaissant(e).
2. a. Je suis malheureux(euse).   b. Je suis aux anges.   c. Je suis démoralisé(e).
3. a. Je suis outragé(e).   b. Je suis soucieux(euse).   c. Je suis désolé(e).
4. a. Je suis reconnaissant(e).   b. Je suis fier/fière.   c. Je suis dévasté(e).
5. a. Je suis stressé(e).   b. Je suis calme.   c. Je suis impatient(e).

Structure 2: Le conditionnel

E. Soyons polis, mes enfants! Les Maureau sont en vacances. Dans les relations avec d'autres personnes, M. et Mme Maureau essaient d'apprendre à leurs enfants à être plus polis. Substituez le **conditionnel** pour le **présent** dans chacune de leurs phrases.

MODÈLE: JÉRÉMY: Madame, je veux un hamburger, s'il vous plaît. Et est-ce que vous pouvez me passer le ketchup pour mes frites?

       MME MAUREAU: Jérémy, il faut dire: je *voudrais* un hamburger. Et est-ce que vous *pourriez* me passer le ketchup?

Au restaurant:

        JÉRÉMY: Madame, avez-vous des serviettes en papier, s'il vous plaît?

     M. MAUREAU: Non Jérémy, il faut dire: (1) _____-vous des serviettes en papier?

        CLAIRE: Madame, nous voulons regarder la carte, s'il vous plaît.

   MME MAUREAU: Non Claire, dis: nous (2) _____ regarder la carte.

À la tour Eiffel:

        CLAIRE: Monsieur, je veux quatre billets, s'il vous plaît.

     M. MAUREAU: Claire, il faut dire je (3) _____ quatre billets, s'il vous plaît.

        JÉRÉMY: Madame, est-ce que vous avez des centimes? J'ai besoin de faire de la monnaie. Ma sœur veut utiliser le téléscope.

   MME MAUREAU: Jérémy, sois plus poli! Dis: est-ce que vous (4) _____

   des centimes? Je (5) _____ faire de la monnaie. Ma sœur

   (6) _____ utiliser le téléscope.

[4]*host* [5]*would be*

À l'hôtel:

CLAIRE: Monsieur, est-ce que nous pouvons utiliser la piscine?

M. MAUREAU: Claire, dis: est-ce que nous (7) _____ utiliser la piscine?

MME MAUREAU: Allons, mes enfants, votre père veut retourner à sa chambre.

JÉRÉMY ET CLAIRE: Non, Maman, dis: votre père (8) _____ retourner à sa chambre!

F. Décisions importantes. Que feriez-vous dans chacune des situations suivantes?

MODÈLE: Que feriez-vous si vous étiez président(e) des États-Unis?
        Je travaillerais pour la paix dans le monde.

1. Que feriez-vous si vous étiez ambassadeur/ambassadrice au Canada?

   _____

2. Où est-ce que vous iriez si vous pouviez faire le voyage de vos rêves?

   _____

3. Qu'est-ce que vous étudieriez si vous deviez changer de spécialisation?

   _____

4. Que changeriez-vous si vous étiez président(e) de votre université?

   _____

5. Qu'est-ce que vous achèteriez si vous aviez un million de dollars?

   _____

6. Qu'est-ce que vous feriez si les cours étaient annulés la semaine prochaine?

   _____

7. Où habiteriez-vous si vous n'habitiez pas dans votre ville actuelle?

   _____

8. Qu'est-ce que vous feriez si vous étiez l'acteur le plus beau/l'actrice la plus belle d'Hollywood?

   _____

G. Je le fais—je le faisais—je le ferais. Indiquez si les phrases que vous entendez contiennent un verbe au présent, à l'imparfait ou au conditionnel.

MODÈLE: *Vous entendez:*   Est-ce que vous auriez un moment?
        Vous voyez: présent   imparfait   conditionnel
        Vous choisissez: *conditionnel*

1. présent   imparfait   conditionnel
2. présent   imparfait   conditionnel
3. présent   imparfait   conditionnel
4. présent   imparfait   conditionnel
5. présent   imparfait   conditionnel
6. présent   imparfait   conditionnel
7. présent   imparfait   conditionnel
8. présent   imparfait   conditionnel

H. Vite—plus vite! Vous avez été choisi(e) pour participer à un nouveau jeu télévisé qui va s'appeler «Vite—plus vite!». Dans ce jeu, vous devez changer le temps d'un verbe conjugué. La personne qui le fait le plus vite, et avec le moins d'erreurs, gagne. Ici, il s'agit de changer le verbe du présent au conditionnel en gardant[6] le même sujet. Vous n'avez que huit secondes pour donner la bonne réponse. Bonne chance! (Faites tout le jeu, puis calculez votre score.)

MODÈLE: *Vous entendez:* elle fait

               Vous écrivez: *elle ferait*

1. _____
2. _____
3. _____
4. _____
5. _____
6. _____
7. _____
8. _____

9. _____
10. _____
11. _____
12. _____
13. _____
14. _____
15. _____

Comment calculer votre score: Pour chaque verbe que vous avez conjugué correctement au conditionnel pendant la limite de temps, donnez-vous deux points. Pour chaque verbe que vous avez conjugué après la sonnerie[7], ou qui était à moitié correct (bon radical, mauvaise terminaison ou mauvais radical, bonne terminaison), donnez-vous 1 point.

Si vous avez entre 26 et 30 points: Bravo! Vous êtes un(e) champion(ne)!

     ... entre 20 et 25 points: Assez bien! Mais étudiez un peu plus avant le quiz!

     ... entre 14 et 19 points: Pas mal—mais vous avez toujours du travail à faire!

     ... moins de 14 points: Étudiez toujours ces verbes, et puis refaites le jeu!

À vous de vous perfectionner! (2)

Les liaisons obligatoires

Comme le mot en anglais, **une liaison,**[8] c'est une communication. Faire une liaison, c'est établir un lien très solide entre plusieurs mots. Une liaison c'est comme un pont[9] entre deux ou parfois trois mots.

Ce lien, ce pont, est obligatoire dans plusieurs cas:

(1) entre l'article et le nom: **un‿enfant, les‿enfants**

(2) entre l'adjectif indéfini et le nom: **aucun‿enfant**

(3) entre les adjectifs possessifs et le nom: **mes‿enfants**

(4) entre les nombres et le nom: **deux‿enfants, trois‿enfants, dix‿enfants**

(5) entre l'adjectif et le nom: **un petit‿enfant**

(6) entre le pronom et le verbe: **nous‿aimons, vous‿allez**

(7) entre l'auxiliaire et le verbe: **nous‿avons‿été au cinéma**

(8) conjonctions, prépositions, adverbes + ...: **dans‿un jardin, en‿hiver, sans‿oublier, très‿heureux, sous‿un arbre,**

(9) dans des expressions fixes: **de temps‿en temps, tout‿à l'heure, États-Unis**

---

[6]*keeping* [7]*bell* [8]*The* liaison *or link in English occurs when a word that ends in a silent consonant is linked orally to the initial vowel sound in the next word.*
[9]*a bridge*

EXCEPTIONS ET PARTICULARITÉS:

- **Quand:** avec la liaison, le **d** devient **t.** Donc **quand il était petit** se prononce comme **quant il...**
- Avec **et** on ne fait *jamais, jamais, jamais la liaison.* Donc **Abdou et # Anne** = pas de liaison.
- Applications au *h* **muet** du Chapitre 11: **un‿hôtel** mais **un # haricot.** Pour tous les mots avec le **h** fantôme, on peut faire la liaison comme dans les cas de (1) à (8). Donc, nous devons dire: **mon‿hôtel, trois‿heures, sans‿hypothèque, nous nous‿habillons.**

Dans un autre chapitre, nous étudierons les liaisons interdites.

⌒Perception et production. À vous maintenant de pratiquer **eu** et les liaisons obligatoires:

(1) Analyse critique: déterminez vous-mêmes les **eu** mi-fermés (**je peux**) ou mi-ouverts (**j'ai peur**) et les liaisons obligatoires dans le texte suivant. Pour vous aider, nous avons souligné les **eu** et mis en **caractères gras** les liaisons possibles.

(2) Écoutez votre audio et vérifiez vos sélections.

(3) Répétez après le modèle.

LES PUBLICITÉS SONT COMME ÇA EN FRANCE

En France, les publicités (ou spots, ou pubs) à la télé durent de 15 à 30 secondes maximum. Les films ne sont pratiquement pas interrompus (une fois ou d<u>eu</u>x fois tout au plus, selon les chaînes) et il n'y a pas de publicité pendant la diffusion des journaux télévisés. De plus, il **est interdit** de passer de la pub pendant les programmes pour enfants. D'ail<u>leu</u>rs, au vue de l'augmentation de l'obésité infantile, les publicités pour la j<u>eu</u>nesse ne p<u>eu</u>vent plus montrer d'enfants sédentaires qui mangent des sucreries ou qui grignotent constamment. **On a** même suggéré que les spots alimentaires **soient éliminés** pendant **les émissions** pour **les enfants,** mais cette proposition a été refusée.

À la télé, **on annonce** l'arrivée de la pub avant sa diffusion. Ainsi on p<u>eu</u>t voir sur **les écrans** «Publicité» avant la transmission du premier spot publicitaire. Comme ça, on sait toujours que ce qu'on regarde est bien de la pub et non la continuation du film!

Dans les magazines féminins, à la télévision et sur les panneaux publicitaires, les publicités alimentaires ou gastronomiques sont nomb<u>reu</u>ses et savou<u>reu</u>ses. Elles reflètent l'art culinaire français ainsi que l'importance dans la présentation **des aliments** sur la table et dans les plats. Elles **font appel** à tous les sens: la vue, l'odorat et le goût.

En France, quand **vous ouvrez** un magazine, vous regardez la télé ou vous vous promenez dans les rues des villes, **vous allez p<u>eu</u>t-être** être surpris par la nudité souvent présente dans les publicités. **En effet,** dans les publicités françaises, le corps (féminin et masculin) **est exposé** sans tabous. En général, il est plus fréquent de voir une femme nue, **qu'un homme** nu. Ceci, bien sûr, est cause de mécontentement et de protestations de la part des groupes féminins politiques ou sociaux pour la défense de la femme qui sont contre **les images** sexistes parce qu'elles ne «respectent pas la dignité des femmes». Ces mêmes groupes affirment que «ce n'est pas la nudité qui pose un problème, mais la vulgarité et la violence» que l'on voit dans les spots publicitaires.

En résumé, la publicité en France s'inspire de la culture française: elle <u>se veu</u>t intelligente et perspicace, sensuelle et sexuelle, humoristique et provocante, attrayante et parfois choquante. **En effet,** en général, les Français apprécient énormément l'intelligence, la finesse et la subtilité. **Sans oublier** leur passion pour <u>les jeu</u>x de mots (un moyen d'expression qui suggère au <u>lieu</u> de dévoiler et qui fait sourire), la gastronomie, le corps et l'esprit.

Pour aller plus loin....

Dans l'exercice ci-dessous, vous allez lire un superbe poème de Jacques Prévert. Un poème, c'est la musique des mots. Alors, écoutez ce poème sur votre *SAM Audio,* imitez la musique du modèle et récitez ce poème de tout votre cœur!

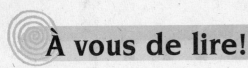

À vous de lire!

Voici un poème très bien connu en France, par un poète très populaire: Jacques Prévert. Prévert (1900–1977) a écrit une poésie accessible à tous les lecteurs. Dans ses poèmes, il parle souvent des émotions qui touchent tout être humain. Lisez ce texte une première fois en ajoutant la ponctuation là où vous le croyez nécessaire. Puis, relisez-le à haute voix pour entendre le rythme et l'émotion qui le remplissent[10].

Je suis comme je suis

par Jacques Prévert

Je suis comme je suis
Je suis faite comme ça
Quand j'ai envie de rire
Oui je ris aux éclats
J'aime celui qui m'aime
Est-ce ma faute à moi
Si ce n'est pas le même
Que j'aime chaque fois
Je suis comme je suis
Je suis faite comme ça
Que voulez-vous de plus
Que voulez-vous de moi

Je suis faite pour plaire
Et n'y puis rien changer
Mes talons[11] sont trop hauts
Ma taille[12] trop cambrée[13]

Mes seins[14] beaucoup trop durs
Et mes yeux trop cernés[15]
Et puis après
Qu'est-ce que ça peut vous faire
Je suis comme je suis
Je plais à qui je plais
Qu'est-ce que ça peut vous faire

Ce qui m'est arrivé
Oui j'ai aimé quelqu'un
Oui quelqu'un m'a aimée
Comme les enfants qui s'aiment
Simplement savent aimer
Aimer aimer...
Pourquoi me questionner
Je suis là pour vous plaire
Et n'y puis rien changer.

Compréhension. Répondez aux questions suivantes selon le poème.

1. À votre avis, qui est le narrateur/la narratrice de ce poème? Est-ce un homme ou une femme? Comment le savez-vous?

   _____

2. À qui est-ce que cette personne parle?

   _____

3. Quel est le message de ce poème?

   _____

4. Est-ce que cette personne est contente de son corps? De sa personnalité? Quel refrain est-ce que cette personne offre pour répondre à cette question?

   _____

5. Où avez-vous mis la ponctuation dans ce poème? Pourquoi?

   _____

Réaction personnelle. Écrivez un poème (en français, bien sûr!) où vous exprimez vos propres émotions concernant votre corps/votre personnalité/le monde autour de vous. Qui êtes-vous? Quelles émotions est-ce que vous éprouvez[16] régulièrement? Qu'est-ce que vous pensez du monde? (N'oubliez pas que la poésie peut être écrite en vers libre—sans rime ni rythme spécifique.)

---

[10]*that fill it*   [11]*heels*   [12]*waist*   [13]*curved*   [14]*breasts*   [15]*I have dark rings under my eyes*   [16]*feel*

CHAPITRE

13 Ma vie branchée!

Commençons!

Vocabulaire essentiel: La technologie d'aujourd'hui

A. Les Bonnes Affaires! La FLEC annonce des soldes sur tous les appareils électroniques. Regardez l'annonce publicitaire et ajoutez le vocabulaire correspondant aux objets. N'oubliez pas les articles indéfinis!

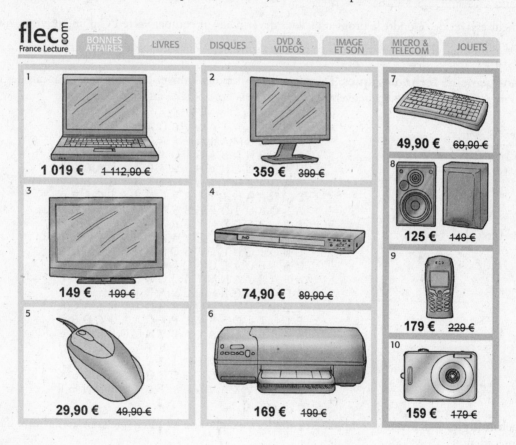

1. laptop _____
2. monitor _____
3. TV screen _____
4. DVD player _____
5. mouse _____

6. color printer _____
7. keyboard _____
8. speakers _____
9. cell phone _____
10. digital camera _____

B. La peste des spywares se développe. Lisez le texte ci-dessous et complétez-le en insérant les mots appropriés ci-dessous.

ordinateur	connexion haut débit	clavier	souris
naviguez	mots de passe	écran	la Toile

Plus aucun[1] (1) _____ n'est protégé des ces «espions»[2]. Aucun logiciel[3] anti-*spyware* n'est infaillible. Donc, aucune sécurité n'est parfaite! La plupart ne sont pas dangereux et présentent simplement de la publicité sous forme de petites fenêtres[4] sur votre (2) _____ ou modifient la page d'accueil quand vous (3) _____ sur (4) _____. D'autres sont plus dangereux parce qu'ils volent nos (5) _____ et les envoient à l'extérieur.

Comment détecter un *spyware*? Si vous ne faites rien avec votre (6) _____ ou votre (7) _____ mais que les fenêtres pop-up apparaissent, c'est un indice sérieux. Autre problème: certains *spywares* sont incompatibles entre eux et ralentissent votre PC même si vous avez une (8) _____.

Comment essayer de résoudre le problème? Vous devez bien sûr équiper votre PC d'un antivirus, d'un pare-feu[5] et d'un logiciel anti-*spyware*. Mais ce n'est pas suffisant! Vous devez aussi les mettre à jour[6].

C. Développements technologiques. Dans la grille ci-dessous, trouvez les équivalents français des mots anglais donnés. Attention, les mots peuvent être dans le sens horizontal, vertical ou diagonal.

cell phones (*2 mots*)

Walkman (*pluriel*)

screen

Web

clicked (*passé composé: ils ont* _____)

digital

```
T M W S L A I A W V B U A O P A H J R A
A E I O S M A W A E F A C L J N H C Q N
T C L P H A B A G T O I L E F Y A W P A
U A F E O C H V H J U J P I W X A F B A
F A G A P J Y T W E I B T A I G F E C V
D M N A A H I T E R V C N B I T C E V A
A S Q A D J O P A B R N A M J R A W D U
E A W B S D A N Y G A E D Y A S F A N H
D V D B D F A Q E Y W A J N D E V W E I
G B O T G U L C A S O H M U R F G H U I
M A I E O A L Q A Q P C R P F Q C I Q L
N F A X Y A N M Y A D O W L O H J N I E
A D G A N G R H U C V A R T R O I B L A
C E M I L K M U Q W A P O T V D S A C K
E C D T I O S R Y L P K O A A J C D B O
W A S R U E D A L A B V N M O B B Y P L
A T Q E U F O P D A C V T Y J A L P I U
E N W E I N U M E R I Q U E D Y I E V I
R G T C W A D C F G Q Z Q S W S A A S K
E A E J V X A V A G L I E S I M N N F T
```

D. La technologie. Maintenant, complétez les articles suivants avec les mots que vous avez trouvé dans l'activité précedente.

La télévision devient mobile

Après la musique, les vidéos et la télévision deviennent mobiles; les (1) _____ filment de mieux en mieux! Grâce aux avances technologiques de la part des companies qui fabriquent des téléphones portables et des (2) _____ numériques comme iPod, on peut maintenant regarder des films dans le métro, dans un café... n'importe où. La qualité de l'image sur (3) l'_____ est exceptionnelle!

[1]*no* [2]*spies* [3]*software* [4]*pop-up windows* [5]*firewall* [6]*update*

Internet et photos: la nouvelle drogue des internautes

Vos photos sur l'Internet? Bien sûr!

Vous pouvez utiliser la (4) _____ pour partager[7] vos photos, vos souvenirs de vacances et vos moments mémorables avec vos amis et amies «virtuel(le)s». Il y a aujourd'hui des milliers de groupes qui correspondent ainsi à travers des millions de photos en ligne.

Comme dans un album traditionnel, il faut organiser vos photos par thèmes ou par mots clefs, par exemple: New York, Paris, sports extrêmes, anniversaires, fêtes, etc. C'est très simple, avec un service comme *flickr.com,* *webshots.com,* ou *smugmug.com,* vous (5) _____ sur votre thème favori et voilà!

À vous maintenant... Sortez votre appareil-photo (6) _____ et souriez!

E. Marc et Jean-Paul: quels appareils électroniques ont-ils? Écoutez la description des chambres de Marc et Jean-Paul. Ensuite, regardez les dessins ci-dessous et indiquez les différents objets mentionnés pour Marc et Jean-Paul.

La chambre de Marc

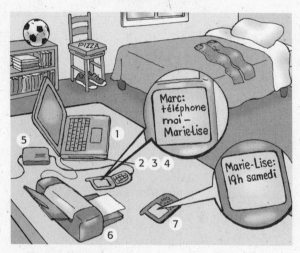

La chambre de Jean-Paul

Marc

1. _____
2. _____
3. _____
4. _____
5. _____
6. _____
7. _____

Jean-Paul

1. _____
2. _____
3. _____
4. _____
5. _____
6. _____
7. _____

[7]*share*

F. La presse et les médias en ligne. Écoutez les données[8] suivantes sur le quotidien japonais *Asahi Shimbun* et les deux quotidiens français, *Le Monde* et *Le Figaro*. Lisez tout d'abord le vocabulaire utile pour vous familiariser avec le sujet. Ensuite, écoutez ces phrases et répondez aux questions.

Vocabulaire utile: quotidien (*daily*); SMS (*short message service*); rédacteurs (*editors*); en moyenne (*on average*); pourtant (*in spite of that*); en temps réel (*in real time*); la concurrence (*competition*)

1. *L'Asahi Shimbun* a connu la réussite dans quels médias?

   _____

2. Combien de millions de Japonais possèdent un mobile?

   _____

3. Est-ce que le quotidien japonais a abandonné son édition imprimée?

   _____

4. Est-ce que les jeunes lisent plus ou moins que leurs parents en France?

   _____

5. Que font les journaux français pour s'adapter?

   _____

Structure 1: *connaître* vs. *savoir*

G. Le savez-vous? Le connaissez-vous? Pour chacune des phrases ci-dessous, choisissez la réponse avec le verbe approprié: **savoir** ou **connaître**.

1. Graver un CD?

   _____ a. Oui, je sais le faire, bien sûr.   _____ b. Oui, je le connais, bien sûr.

2. Un très bon magasin d'électronique près de chez toi?

   _____ a. Non, je ne le sais pas.   _____ b. Non, je n'en connais pas.

3. Comment changer mon mot de passe?

   _____ a. Oui, je sais le faire.   _____ b. Oui, je le connais.

4. Le mot de passe de votre professeur de français?

   _____ a. Non, je ne sais pas le faire.   _____ b. Non, je ne le connais pas.

5. Un copain qui[9] aurait un scanner?

   _____ a. Oui, je sais le faire.   _____ b. Oui, j'en connais un.

6. Utiliser un moteur de recherche?

   _____ a. Oui, je sais le faire.   _____ b. Oui, je le connais.

7. L'adresse e-mail du prof?

   _____ a. Non, je ne sais pas le faire.   _____ b. Non, je ne la connais pas.

8. Télécharger de la musique?

   _____ a. Non, je ne sais pas le faire.   _____ b. Non, je ne connais pas le faire.

[8]*facts; information*   [9]*who*

H. La réponse logique. Vous allez lire une courte présentation de Jack Kilby. Après la lecture, finissez les phrases de la colonne de gauche avec celles de[10] la colonne de droite. Soyez logiques!

Jack Kilby est l'inventeur de la puce électronique[11]; le 20 juin 2005, il est décédé d'un cancer, à l'âge de 81 ans, à Dallas. Aujourd'hui, beaucoup de gens l'ont oublié. Jack Kilby était aussi une personne très modeste. Mais ses collègues à Texas Instruments l'appelaient le gentil géant[12] parce qu'il était l'inventeur de dizaines de brevets[13].

_____ 1. Le grand public sait

_____ 2. Texas Instruments? Je connais

_____ 3. Saviez-vous

_____ 4. Les amis de Jack connaissaient

_____ 5. Les amis de Jack savaient

a. que Jack était modeste.

b. la modestie de Jack.

c. que Jack Kilby a lancé l'ère électronique?

d. très bien cette compagnie.

e. que Jack Kilby a lancé l'ère électronique.

I. Les jeux sur Internet. Complétez le texte ci-dessous en choisissant entre **savoir** et **connaître**. N'oubliez pas de conjuguer les verbes! **ATTENTION! Si** + imparfait → le conditionnel dans la phrase principale.

Aujourd'hui, les jeux en ligne[14] sur Internet (1) _____ un succès extraordinaire. Les États-Unis sont «numéro 1» sur ce marché. La prochaine étape sera les jeux en ligne sur téléphone mobile. Si ça pouvait continuer, le marché du *poker en ligne* et du *casino en ligne* (2) _____ lui aussi une augmentation continue.

Les pays à la pointe sont la Chine et la Corée. Mais vous (3) _____ certainement que les États-Unis considèrent ces jeux comme illégaux. Alors, attendons!

En Suisse, voici la répartition des millions d'aficionados, ces joueurs[15] passionnés, en fonction de l'âge: 28% ont plus de 25 ans, 27% ont entre 10 et 15 ans, 25% ont entre 21 et 25 ans et 19% ont entre 16 et 20 ans. Les joueurs (4) _____ comment se divertir[16] et où rencontrer d'autres personnes. Ils (5) _____ que ces jeux leur permettent de s'évader[17] mentalement pour partir sur une autre planète, pour recréer leur propre univers.

J. Jack Kilby, Prix Nobel de physique 2000. Écoutez ce dialogue entre un étudiant d'informatique (vous) et un des professeurs d'informatique, Edward Breton, dont la recherche[18] est centrée sur les inventions de Jack Kilby. Ensuite, choisissez entre les différentes formes de **savoir** et **connaître** pour compléter le texte ci-dessous.

EB: Est-ce que le grand public (1) (*connaît – connais – sais – sait*) encore Jack Kilby?

VOUS: Bien sûr! Mes amis et moi (2) (*connais – connaissons – connaissent – sais – savons – savent*) que Jack Kilby est l'inventeur de la puce électronique; le 20 juin 2005, il est mort d'un cancer, à l'âge de 81 ans, à Dallas. Et vous, (3) (*connaissez – connais – savez – sais*)-vous la ville de Dallas?

EB: Oui, très bien. Je l'ai visitée une fois, et j'ai appris qu'en 1958, quand Jack travaillait chez Texas Instruments, il a conçu[19] les circuits intégrés, les fameuses puces électroniques. On les trouve aujourd'hui partout.

VOUS: Jack Kilby était une personne très modeste. Mais ses collègues à Texas Instruments l'appelaient le gentil géant. Pourquoi?

EB: Mais parce qu'ils (4) (*connaît – connaissait – connaissent – connaissaient*) bien Jack, un des géants fondateurs de la microélectronique. Ils (5) (*sait – savent – savait – savaient*) que Kilby détenait[20] plus de 60 brevets.

[10]*the ones in the* [11]*microchip* [12]*giant* [13]*patents* [14]*online games* [15]*players* [16]*to have fun* [17]*to escape* [18]*whose research* [19]*invented* [20]*owned*

K. La musique en ligne. Écoutez quelques données[21] sur la musique en ligne. Écrivez les verbes **savoir** et **connaître** que vous entendez. Attention! Écrivez leurs formes verbales comme[22] vous les entendez.

1. Les téléchargements payants[23] légaux de musique en ligne ont triplé en un an dans le monde. Est-ce que vous le (*savais – sait – saviez*)?

2. En Grande-Bretagne, en France, en Allemagne et aux États-Unis, le nombre de téléchargements légaux de musique (*connaît – connaissent – a connu – ont connu*) l'année dernière une augmentation incroyable: de 57 millions à 180 millions entre fin 2004 et début 2005.

3. Maintenant, grâce à[24] l'Internet haut débit, le marché de la musique légale (*connais – connaît – connaissent – a connu*) un succès énorme et est en pleine expansion.

4. Les abonnés (*sais – sait – savent – ont su*) maintenant qu'il existe 300 sites légaux.

5. Simultanément, le téléchargement pirate (*sait – savent – a su – connaît – connaissent – a connu*) une diminution importante.

6. Si le marché légal ne (*connaît – connaissais – connaissait – connaîtrait*) pas un tel succès, on ne (*sait – savait – saurais – saurait*) pas comment diminuer le téléchargement pirate.

À vous de vous perfectionner! (1)

Quelques mots du *Lexique* du Chapitre 13: Obstacles prévisibles

Pour cet exercice, nous avons reproduit certains mots, verbes et expressions à problèmes de la première partie du **Lexique** du Chapitre 13. Dans la colonne de droite, nous avons énoncé les problèmes potentiels et obstacles prévisibles en prononciation.

Stratégie à suivre:

(1) Examinez les obstacles et points difficiles à corriger.

(2) Écoutez la prononciation des mots sur votre *SAM Audio*.

(3) Pratiquez, pratiquez... et pratiquez encore!!!

Mots du *Lexique* du Chapitre 13	Obstacles et points difficiles à corriger
les ordinateurs	liaison, 2 r
une conne**x**ion haut débi**t**	**x** = **ks** comme **taxi** ne pas prononcer le **t** de **débit** accent sur **-bit**
un clav**ier**	**-er** = **é**
un écran	liaison après **un** **r** **-an** comme **maman**
un graveur de <u>CD</u>	**CD** = **cédé** accentuation sur **CD**
un haut-parleur	**h** aspiré, donc pas de liaison ne pas prononcer le **t** de **haut** 2 **r** accentuation sur **-leur**

---

[21]*information*   [22]*as*   [23]*downloads for a fee*   [24]*thanks to*

Mots du *Lexique* du Chapitre 13	Obstacles et points difficiles à corriger
une imprimante couleur	**ou** 2 **r** accentuation sur **-leur**
un lecteur de DVD	**DVD = dévédé**
un modem	**o** court et bref **dem = dèm** accentuation sur **-dem**
un moniteur	**r** accentuation sur **-teur**
un ordinateur portable	liaison après **un** 3 **r** accentuation sur **-table**
un appareil-photo numérique	liaison après **un** **nu** ne se prononce pas **nju** 2 **r**
un assistant personnel	liaison après **un** **a** bien ouvert accentuation sur **-tant** **per = père** **nel = nèl** accentuation sur **-nel**
un baladeur numérique	2 **a** bien ouverts **-deur = eu** comme **sœur**
l'Internet	**in** = nasale, pas de **n** **-ter = tère** accentuation sur **-net**
un téléphone portable	**-phone** = court et bref **-ta** = avec **a** bien ouvert accentuation sur **-table**
des activités technologiques	liaison après **des** **-tés** = court et bref accentuation sur **-giques**
envoyer une pièce jointe	**-ièc** = comme *yes*, pas comme *peace* **j** ne se prononce pas **dj** **oin** comme **moins** **t** doit se prononcer parce que c'est féminin: **-te**
utiliser un moteur de recherche	**u** ne se prononce pas *you* mais comme **tu** accentuation sur **-ser** accentuation sur **-teur** **re** = comme **reu** **cher** = comme **chère**
utiliser un traitement de texte	accentuation sur **-ment**

À vous d'écrire!

Les nouvelles technologies dans votre vie. Lisez le texte suivant et ensuite donnez votre opinion!

Les nouvelles technologies de l'information et de la communication sont présentes partout, dans nos maisons et appartements, dans nos voitures, dans pratiquement tous les domaines professionnels: la médecine, les voyages, les médias (reportage en direct, journaux en ligne, HDTV), les énergies renouvelables, les transports (voitures, avions, Boeing/Airbus), les télécommunications (téléphonie mobile et visuelle par satellites), le militaire, les marchés financiers et les banques, la musique en ligne, bref, dans tout. Elles transforment notre style de vie et nos relations sociales; elles influencent les interactions entre les individus et les personnes.

Maintenant, écrivez au moins 12 phrases sur ce thème. Essayez de répondre aux questions suivantes dans votre composition:

- Dans votre vie personnelle, trouvez-vous que la technologie est présente?
- Quels sont les logiciels que vous connaissez le mieux?
- Quels gadgets/appareils utilisez-vous régulièrement dans votre vie? Choisissez-en cinq différents, par exemple: votre téléphone portable, votre appareil-photo numérique, vos sites de musique en ligne ou de jeux en ligne, votre traitement de texte et vos e-mails.
- Décrivez brièvement la présence de la technologie dans votre chambre ou appartement et son importance dans votre vie quotidienne.
- Expliquez les avantages et inconvénients de vos gadgets/appareils.

Pensez à tout et soyez créatif. Imaginez que vous expliquez cela à un(e) étudiant(e) francophone dans votre université. Vous pourriez commencer comme ceci: «Sans la technologie, je ne peux pas exister, je ne peux pas vivre! J'utilise...»

Continuons!

Vocabulaire essentiel: Les sports d'hiver et d'autres sports

A. Le site Internet de Club Vacances—Spécial sports! Vous devez mettre à jour la page sport du site Club Vacances et vous voulez l'illustrer en version bilingue pour les visiteurs sur le site. Votre collègue a déjà fait la partie en anglais, à vous de faire la partie en français. N'oubliez pas les articles!

Club Vacances!

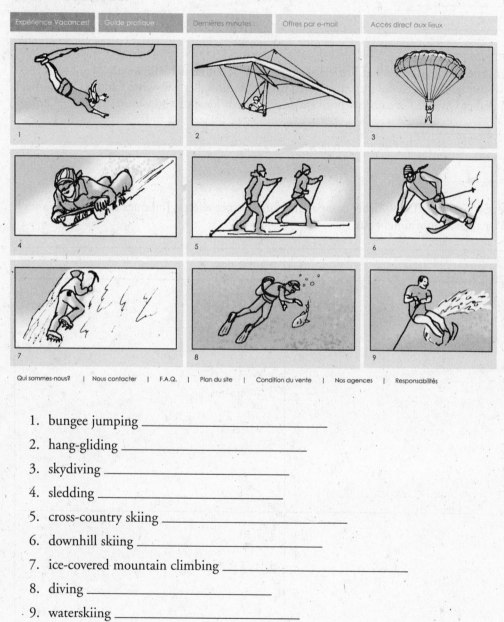

| Expérience Vacances! | Guide pratique | Dernières minutes | Offres par e-mail | Accès direct aux lieux |

Qui sommes-nous? | Nous contacter | F.A.Q. | Plan du site | Condition du vente | Nos agences | Responsabilités

1. bungee jumping _____

2. hang-gliding _____

3. skydiving _____

4. sledding _____

5. cross-country skiing _____

6. downhill skiing _____

7. ice-covered mountain climbing _____

8. diving _____

9. waterskiing _____

B. C'est mieux à deux! Lisez les descriptions ci-dessous. Vous êtes «gentil organisateur» (G.O.) dans cette formidable agence internationale de vacances, le Club Vacances, spécialiste en vacances sportives. Vous devez recommander un club en fonction des[25] sports préférés de vos clients.

- Valérie (37 ans, professeur de sciences naturelles) et Hughes (46 ans, directeur financier) habitent à Toulouse, au pied des Pyrénées. Ils recherchent un sport motivant. Ils adorent la montagne et les situations difficiles en montagne. Ils aiment aussi la montagne en hiver. Vous leur conseillez votre Club Vacances à Chamonix dans les Alpes, ouvert toute l'année, pour faire les sports suivants, par exemple:

  1. _____
  2. _____
  3. _____
  4. _____

- Karine (21 ans, étudiante en production télé) et Frédéric (25 ans, chercheur en agroalimentaire) sont tous les deux amoureux fous de tous les sports en vol ou chute libre. Vous leur conseillez soit votre Club à Chamonix, soit celui près de Montréal et Québec City, en été, pour qu'ils pratiquent les sports suivants:

  5. _____
  6. _____
  7. _____

C. Nos sports préférés. Karine et Jean-Michel comparent leurs sports préférés. Indiquez dans les colonnes ci-dessous les activités qu'ils aiment ou n'aiment pas.

	aime	n'aime pas
Jean-Michel	1. *les sports en vol libre* 2. 3. 4. 5. 6. 7.	1. 2.
Karine	1. 2. 3. 4. 5.	1. 2.

[25]*according to*

D. Club Vacances. Une jeune femme française téléphone au Club Vacances. Elle a besoin de conseils pour organiser ses vacances d'été avec son copain. Écoutez leur conversation. Pendant la conversation, l'employé du Club Vacances prend quelques notes pour compléter le formulaire «fiche client» ci-dessous:

1. **Prénoms du/des client(s):** _____ et _____

2. **Occupations:** _____ et _____

3. **Résidence actuelle:** _____

4. **Sports et activités préféré(e)s:** _____, _____,

   _____, _____

Maintenant, écoutez la réponse du Club Vacances à Élisabeth et les sports que l'employé leur conseille de pratiquer au Club Vacances en Tunisie. À vous d'insérer dans votre formulaire «fiche client» les sports que le Club Vacances conseille.

5. **Sports conseillés:** _____ _____

   _____ _____

   _____ _____

Structure 2: Le futur

E. Que feront-ils au Club Vacances? Voyons les sports que Valérie, Hughes, Karine et Frédéric vont pratiquer pendant leurs vacances. Conjuguez les verbes entre parenthèses au futur pour compléter les phrases suivantes.

1. Valérie _____ (faire) de la luge et _____ (découvrir) le ski de fond pour la première fois.

2. Hughes adore le ski alpin et _____ (descendre) les pistes à toute vitesse.

3. Ensemble, ils _____ (aller) au cinéma pour se relaxer.

4. Karine et Frédéric _____ (être) ensembles pour faire de l'alpinisme.

5. Mais Karine voudrait aussi essayer autre chose! Elle _____ (se risquer) au saut à l'élastique.

6. Tous les quatre, pendant leurs vacances, ils _____ (avoir) l'occasion d'admirer de très belles vues dans la montagne.

7. Quand ils _____ (revenir), ils _____ (vouloir) certainement montrer leurs photos de vacances à leurs amis.

8. Alors, attendons leur retour; nous _____ (voir) bien!

F. Télécommunications et satellites. Lisez le texte suivant et choisissez les formes verbales correctes.

Galileo est un projet développé par l'Agence spatiale européenne (ASE) et est financé en partie par l'Union européenne (EU). *Galileo* est l'équivalent civil européen du GPS militaire américain. Ce système détermine par triangulation les coordonnées géographiques d'un point du globe. Pour le rendre opérationnel, 30 satellites (1. *sont – serons – seront*) lancés entre 2005 et 2010. Il y (2. *a – aura – aurons – auront*) des applications multiples: guidage aérien, automobile, maritime, ou ferroviaire[26]; gestion dans l'agriculture, contrôle des frontières, etc.

Puisque le GPS américain existe, pourquoi *Galileo?* Pour des questions de stratégie et d'autonomie, l'Europe [souhaite] un système indépendant.

Galileo (3. *offrira – offriront – offrirons*) cinq types de services: un service «ouvert» et gratuit, un service «commercial», un service «sûreté de la vie» pour l'aviation, un service de «recherche et sauvetage» et un service «gouvernemental». Nous, les citoyens, (4. *pourra – pourront – pourrons*) aussi utiliser ce système.

Il est évident que le domaine militaire (5. *pourra – pourrons – pourront*) aussi utiliser certaines informations transmises. L'Inde, la Chine et Israël ont déjà manifesté leur intérêt pour *Galileo*.

[26]*railroad*

G. La téléphonie mobile et l'aviation. Choisissez la forme verbale correcte pour compléter chacune des phrases suivantes.

1. Les avions Airbus et Boeing (*aura – auront – ont – aurons*) bientôt la téléphonie mobile!

2. Pendant votre prochain voyage vers Paris, vous (*entendrai – entendrez – entendez*) peut-être votre voisin hurler à côté de vous dans son téléphone mobile: «Allô! Oui? Oui! C'est moi!... Quoi? Je t'entends mal!... Non! JE DIS QUE JE T'ENTENDS MAL!!!»

3. Dans un futur très proche, grâce à la télécommunication aéronautique, ces systèmes (*peuvent – pouvons – pourront – pourra*) être installés sur les vols Airbus en Europe.

4. Pour éviter les interférences avec l'électronique de l'avion, plusieurs petites antennes (*sont – sera – serons – seront*) placées dans le plafond de l'appareil, près des passagers.

5. Les communications (*ira – iront – irons*) vers le sol par satellite.

6. Bien sûr, les tarifs (*sont – serons – seront*) beaucoup plus chers que les communications mobiles actuelles.

7. Mais le Département américain de la justice pense que ce système (*permettrai – permettra*) peut-être les attaques terroristes, par exemple l'activation, par portable, d'une bombe située dans la soute à bagages.

H. Les vacances d'Élisabeth et Pascal. Vous vous souvenez d'eux? Écoutez une fois encore le dialogue entre Élisabeth et le Club Vacances et complétez la dictée partielle ci-dessous.

L'employé du Club Vacances:

1. Comme vous êtes passionnés de sports nautiques, notre Club en Tunisie _____ le meilleur.

2. Vous _____ y pratiquer tous vos sports favoris.

3. La mer Méditerranée vous _____ la possibilité de faire de la natation et de la plongée sous-marine.

4. Ensuite, le ski nautique, le jet ski et le parachutisme ascensionnel nautique _____ à Pascal de répondre à sa passion.

5. Il _____ en profiter pour prendre des photos de la Baie de Tunis.

6. Vous _____ aussi aller à la pêche, si cela vous intéresse.

7. Je _____ comment organiser cela avec le Club.

8. Nous _____ tout notre possible pour vous satisfaire.

9. Quand vous _____, vous me _____ vos photos.

10. De mon côté, je vous _____ nos options pour vos prochaines vacances

Bonnes vacances à vous deux. Amusez-vous bien et soyez prudents quand même!

I. «Allô? Je t'entends et je te vois!!!» Visiophonie sur téléphone mobile. Écoutez le texte suivant sur la visiophonie via les téléphones mobiles. Écrivez les verbes au futur (il y en a 6 au total) que vous allez entendre.

1. Ce petit exploit technologique _____ bientôt à tout le monde de voir en direct sur l'écran de portable l'image de l'interlocuteur. Mais, il y a plusieurs problèmes.

2. Vous _____ votre interlocuteur, mais tout d'abord, vous _____ connaître une personne avec un téléphone semblable.

3. Ensuite, vous _____ votre téléphone au bout de votre bras en face de vous... pas très discret!

4. Vous _____ aussi éviter de bouger pendant l'appel pour ne pas déranger les pixels! Moi, je crois que je n'en _____ pas! Et vous?

À vous de vous perfectionner! (2)

> 1. **Les liaisons interdites**
> 2. **L'aspiration de *p, t* et *k* en position initiale/début de mot**
> 3. **Vocabulaire du chapitre (votre *SAM Audio*)**

1. Les liaisons interdites

Avant de commencer les liaisons interdites, allez au Chapitre 12 et révisez les liaisons obligatoires afin de vous rappeler ce qu'est une liaison et son usage.

Maintenant, nous allons étudier les cas principaux de liaisons interdites. Voici les cas essentiels de liaisons interdites:

(1) après un nom ou adjectif au singulier: **l'enfant # est beau; l'enfant # américain; le ski alpin # est chouette**

(2) après la conjonction **et: Robert et # Anne; et # aussi**

(3) avant le **h** consonne: **le # haut-parleur, les # héros** (très différents de **les Zéros!!!**), **le # hachisch, la # haine, les # halls, la # halte, les # hamsters, les # handicapés, les # harengs, les # haricots, les # harpes, les # hasards de la vie, les # hiboux, la # hiérarchie, le # hockey, le # home cinéma, la # Hollande, les # homards, la # Hongrie, j'ai le # hoquet, le # huit**

(4) avec **onze** et **oui: le # onze**

(5) avec les mots composés pluriels: **salles # à manger, arcs # en-ciel, brosses # à dents, moulins # à vent**

⌒Perception. Écoutez et lisez les expressions ci-dessous. Justifiez les liaisons et/ou absences de liaisons.

1. un ordinateur
2. les internautes français
3. de temps en temps
4. ses amis
5. les # haut-parleurs
6. Jean-Paul et # André
7. l'étudiant # est français

Production. À vous maintenant de décider pour chaque liaison possible si la liaison est obligatoire (**O**) ou interdite (**I**). Dites pourquoi.

MODÈLE: l'enfant _____ américain

      I – enfant = nom singulier

1. un _____ écran _____

2. le _____ home cinéma _____

3. les _____ hivers _____

4. nous _____ adorons les sports nautiques _____

5. le ski alpin _____ est super! _____

6. ils _____ achètent un _____ ordinateur très cher _____

7. les _____ héros en sports extrêmes _____

8. Je fais du ski de fond et _____ aussi du snowboard _____

2. L'aspiration de *p, t* et *c/k* en position initiale/début de mot et de syllabe

Observons tout d'abord quelques mots **en anglais:**

"My p^h arents have only t^h wo t^h elephones in their ap^h artment. I c^h an't believe it!"

Les petits **h** ajoutés en «superscript» après **p, t, c** indiquent qu'en anglais, vous allez produire simultanément **une aspiration.** En d'autres termes, quand ces consonnes se trouvent en début de mot ou de syllabe, vous allez *souffler et pousser* de l'air en même temps que ces consonnes.

En français, ces **p, t, c/k** sont sans aspiration. Mais comment faire? Faites un peu comme si c'étaient des **b, d, g** et faites la syllabe (consonne et voyelle) toute courte. Pour vous aider à vous contrôler, prenez une feuille de papier et tenez-la entre vos doigts. Si la feuille bouge et tremble un peu avec vos **p, t, c/k...** c'est qu'il y a aspiration! Mais si la feuille ne tremble pas, c'est parfait!

Alors, essayons avec la même phrase mais en français. Écoutez la phrase suivante, prononcée une première fois avec l'accent américain et ensuite avec la prononciation française standard. Attention aussi à l'accentuation sur la dernière syllabe. Répétez après le modèle standard, le deuxième modèle.

◖) Mes parents n'ont que deux téléphones dans leur appartement.

Écoute, je ne peux pas te croire!

3. Quelques mots du *Lexique* du Chapitre 13 (les sports extrêmes): Obstacles prévisibles

Comme pour *À vous de vous perfectionner! (1),* pour cet exercice de pratique, nous avons reproduit certains mots, verbes et expressions à problèmes du **Lexique** du Chapitre 13. Dans la colonne de droite, nous avons énoncé les problèmes potentiels et obstacles prévisibles en prononciation.

Stratégie à suivre:

(1) Examinez les obstacles et points difficiles à corriger.

(2) Écoutez la prononciation sur votre *SAM Audio.*

(3) Pratiquez, pratiquez... et pratiquez encore!!!

Mots du *Lexique* du Chapitre 13	Obstacles prévisibles
les sports vol libre ou chute libre	Ne pas prononcer le **ts** de **sports** **ou** qui roucoule **u:** lèvres bien arrondies et bout de la langue derrière les dents inférieures
le deltaplane	**t:** pas d'aspiration **plane: a** bien ouvert
le parachute ascensionnel	**-chute,** pas comme *shoot* en anglais **sc = s** **-en:** nasale, donc pas de **n** **sio = syo** **-nnel = nèl**
le parapente	**pa-:** pas d'aspiration **r** **pe-:** pas d'aspiration **-te:** pas d'aspiration
le saut à l'élastique	**sau = so** **t:** ne pas prononcer – pas de liaison **-tique:** pas d'aspiration
les sports d'hiver	**ver = vèr**
l'escalade sur glace	3 **a** bien ouverts
la luge	**u:** lèvres bien arrondies et bout de la langue derrière les dents inférieures
le ski alpin	**-pin:** nasale comme **pain,** donc pas de **n**

Mots du *Lexique* du Chapitre 13	Obstacles prévisibles
le ski de fond	**-on** = nasale comme **on**, donc pas de **n** **d:** ne pas prononcer parce qu'il n'y a pas de **e** après le **d**
les sports nautiques	**-tiques:** pas d'aspiration
la pêche au gros (requin, thon)	**p-:** pas d'aspiration **th = t**
la plongée sous-marine	**-g** = comme **j'ai**
le rafting	**r** **-ting** comme en anglais
faire du VTT	2 **t** pas d'aspiration

À vous de lire!

Lisez les articles suivants et ensuite répondez aux questions de compréhension.

A. Nouvelles technologies: les énergies renouvelables et l'automobile.

Vocabulaire utile: inépuisable (*inexhaustible*); essence (*gasoline*)

Dans le futur, la pile à combustible du moteur électrique fonctionnerait à l'hydrogène, ressource inépuisable! Les voitures rouleront à l'hydrogène en 2010! General Motors le prédit.

Bien que rares encore, les hybrides sont une alternative intéressante. Ce procédé combine un moteur à essence ou diesel avec un moteur électrique. Encore cher, ce modèle devrait se démocratiser et l'augmentation du volume permettrait de diminuer le prix. Les voitures hybrides s'orienteront vers un maximum d'électricité. En été 2005, il y avait 130.000 hybrides aux États-Unis... pour 200 millions de véhicules!

Compréhension. Répondez aux questions suivantes selon l'article.

1. Quel est l'énorme avantage de la pile à hydrogène?

_____

2. Quel est le procédé utilisé pour les véhicules hybrides?

_____

B. Internet libre ou contrôlé? Problème de géopolitique.

Le nombre total d'usagers d'Internet est passé entre 1998 et 2005 de 106 millions à plus d'un milliard. L'extraordinaire croissance d'Internet résulte du fait qu'Internet est essentiellement un réseau ouvert. Depuis 1998, Internet est régulé par une société privée établie en Californie et contrôlée par les États-Unis. C'est l'ICANN: Internet Corporation for Assigned Names and Numbers. Cette société attribue l'espace sur Internet. Elle gère les noms de domaines, les codes (par exemple: *.com*, *.org*, *.ch* pour la Suisse, *.fr* pour la France) et la libre circulation des communications sur les «routes électroniques» de la Toile. Cette société dépend du Ministère américain du commerce.

Mais plusieurs pays demandent que l'ICANN soit placé sous le contrôle de la communauté internationale. Les pays industrialisés, notamment en Europe, ont peur d'une politisation d'Internet. Peut-être devrons-nous créer une conférence intergouvernementale—comme l'Organisation Mondiale du Commerce (OMC)/WTO—pour réguler les conflits techniques qui ont des répercussions économiques non négligeables.

Compréhension. Traduisez en anglais les extraits soulignés[27].

1. L'extraordinaire croissance d'Internet résulte du fait qu'Internet est essentiellement <u>un réseau ouvert</u>:

_____

2. L'ICANN gère les noms de domaines, les codes, et <u>la libre circulation des communications sur la Toile</u>:

_____

3. Peut-être devrons-nous créer une conférence intergouvernementale pour <u>réguler les conflits techniques</u>:

_____

C. Le dialogue Nord-Sud et Internet: problème d'éthique?

Vocabulaire utile: le savoir (*knowledge*); partager (*to share*); tout d'abord (*first of all*); le cerveau (*brain*)

Le vingt et unième siècle sera-t-il celui du savoir partagé entre toutes les sociétés? Plusieurs obstacles s'opposent à cet idéal.

Tout d'abord, la fracture numérique. Le nombre d'internautes augmente sans cesse: un milliard en novembre 2005. Mais les trois quarts de la population mondiale n'ont pas de connexion et n'ont pas accès aux télécommunications de base.

Ensuite, la fracture cognitive. Les investissements scientifiques et éducatifs se concentrent dans l'hémisphère Nord. Ceci entraîne l'exode des cerveaux du Sud vers le Nord. La même fracture existe entre différents groupes sociaux: riches et pauvres, femmes et hommes. N'oublions pas que 29% des filles de la planète ne sont pas scolarisées.

La solution? Investir plus dans une éducation de qualité pour tous! Lincoln n'a-t-il pas dit: «Vous trouvez que le savoir coûte cher? Essayez l'ignorance!»

Compréhension. Répondez aux questions suivantes selon l'article.

1. Combien d'internautes y avait-il en novembre 2005?

_____

2. À quoi ce nombre correspond-il en anglais?

_____

3. En quoi consiste la «fracture numérique» ?

_____

4. Qu'est-ce que ça veut dire «L'exode des cerveaux»? Pouvez-vous donner un exemple?

_____

5. Comment traduiriez-vous la citation[28] de Lincoln?

_____

[27]*underlined* [28]*quote*

CHAPITRE

14 Je suis en forme!

Commençons!

Vocabulaire essentiel: Au centre de fitness

A. Que font-ils donc pour rester en forme? Ces quatre couples pratiquent leurs sports favoris toutes les semaines. À vous de compléter les activités de chaque couple. Faites des phrases complètes pour chaque activité sportive que vous voyez dans les dessins.

Vocabulaire utile: ramer (*row*), le vélo statique (*stationary bicycle*), danser

MODÈLE: Élisabeth et Marc font des exercices d'échauffement deux à trois heures par semaine.

Élisabeth et Marc habitent Bruxelles, un peu en dehors de la ville. Ils travaillent pour l'Union Européenne. Voici les sports qu'ils pratiquent **deux à trois heures par semaine:**

1.

_____

2.

_____

3.

Valérie et Hughes habitent dans une petite ville à 30 kilomètres de Paris. Voici les sports qu'ils pratiquent:

4. **deux heures par semaine**

5. **de mai à septembre**

Karine et Didier habitent à Montréal en pleine ville; pour eux les sports de plein air sont difficiles, donc ils vont souvent au centre de fitness. Mais le soir... c'est une autre passion! Ils rencontrent des amis au club de danse. Voici les sports qu'ils pratiquent:

Au club de gym

6.

7. _____

8. _____

9.

Marie-Claire et Patrick au club de danse

_____

B. Qu'est-ce que nous pourrions faire? Lisez les situations et ensuite, faites des recommandations en utilisant le vocabulaire de ce chapitre.

«Je me trouve trop grosse. Je dois à tout prix perdre 5 kilos et de préférence en un mois! Comme c'est l'hiver et qu'il fait horriblement froid, en route pour le club de fitness! Il faut que je choisisse au moins cinq activités sportives différentes: une pour chaque kilo à perdre. Je vais faire (1) _____,

(2) _____, (3) _____, (4) _____

et (5) _____.»

«Mon mari est en pleine forme, mais quand il pleut, son arthrite le fait souffrir. De plus, ce week-end, il s'est fait très mal au dos en travaillant dans le jardin. Son médecin lui recommande quelques exercices en douceur[1]. Il va (6) _____, (7) _____ et (8) _____.»

C. Les sports de Jean-Philippe et Michèle. Jean-Philippe et Michèle voyagent beaucoup et n'ont pas d'horaire régulier. Mais ils adorent les sports d'hiver et y vont deux fois par an: avant Noël et à la fin de l'hiver. Ils sont actuellement à Crans Montana, en Suisse, pour l'anniversaire de Michèle. Écoutez leur conversation et complétez dans les trois colonnes appropriées les activités (1) de Michèle, (2) de Jean-Philippe et (3) leurs activités communes.

Michèle	Jean-Philippe	Tous les deux
1.	1.	1.
2.	2.	2.
	3.	

D. Les sports de Véronique. Michèle rencontre sa copine Véronique au club de fitness. Lisez tout d'abord les phrases suivantes. Écoutez leur conversation et ensuite indiquez si chaque phrase est vraie (**V**) ou fausse (**F**).

_____ 1. Véro aime s'entraîner tôt le matin.

_____ 2. Véro aime aussi faire des exercices d'échauffement.

_____ 3. Véro aime beaucoup utiliser le rameur et le vélo statique.

_____ 4. Elle veut surtout raffermir les muscles de ses épaules.

_____ 5. Michèle et Véro vont aller ensemble à la piscine quand Véro aura fini son entraînement.

Structure 1: Le présent du subjonctif

E. Nos sports favoris. Pour rien au monde Élisabeth et Marc, Valérie et Hughes, Karine et Didier, Jean-Philippe et Michèle ne manqueraient la pratique hebdomadaire de leurs sports favoris! Le paragraphe suivant décrit ce qu'ils en pensent. Lisez le paragraphe et ensuite, mettez les verbes entre parenthèses au subjonctif.

Bien évidemment, il faut que nous (1) _____ (organiser) notre temps et notre vie et que nous (2) _____ (trouver) le temps nécessaire. Il faut que nous (3) _____ (téléphoner) à un(e) baby-sitter pour nos enfants. Il est indispensable que nous (4) _____ (finir) notre travail aux mêmes heures, que nous (5) _____ (respecter) l'équilibre entre le travail, les obligations familiales et l'activité physique. Pour l'harmonie dans la famille, nos quatre couples ont tous décidé: «il vaut mieux que nous (6) _____ (s'entraîner) ensemble».

F. Pour être en forme, que faut-il faire? Écoutez les phrases suivantes et dites si vous entendez l'infinitif (**I**) ou le subjonctif (**S**).

1. _____   5. _____

2. _____   6. _____

3. _____   7. _____

4. _____

[1]*low impact*

Structure 2: La formation du subjonctif des verbes irréguliers

Votre guide d'auto-appréciation (*self-evaluation*). Est-ce que vous êtes vraiment en forme? Ce guide d'auto-appréciation a pour objet de faire un portrait de vous-même et de votre équilibre physique et mental. Les questions et recommandations sont réparties sur les chapitres 14 et 15. Elles se terminent par *À vous d'écrire!* Vos conseillers académiques vous font des recommandations ou vous posent des questions concernant les premiers aspects de votre vie académique: **motivation, planification, lecture**[2] et **concentration.** Complétez chaque question ou recommandation en mettant les verbes entre parenthèses au subjonctif. Ensuite, accordez-vous un nombre de points en fonction de l'échelle de valeur[3] suggérée.

3 points: Je suis **tout à fait d'accord** avec la recommandation/question

2 points: Je suis **plus ou moins d'accord** avec la recommandation/question

1 point: Je **ne** suis **pas d'accord** avec la recommandation/question

MODÈLE: Il faut que vous _____ (étudier) tous les soirs. _____
         étudiiez / 3

G. Motivation.

1. Faut-il vraiment que vous fassiez du sport pour que vous _____ (pouvoir) stimuler votre niveau de motivation? _____

2. Il faudrait que vous _____ (avoir) une idée très précise de votre futur, de votre avenir. _____

3. Il est indispensable que vous _____ (être) passionné(e) par vos cours, par vos études. _____

4. Il est essentiel que vous _____ (faire) votre travail même quand vous préférez faire autre chose. _____

5. Il faut que vous _____ (savoir) comment commencer chaque semestre très motivé(e). _____

_____ /15 Score total – Motivation

H. Planification.

1. Il faut que vous _____ (prendre) régulièrement le temps de vérifier et actualiser vos objectifs à moyen et long terme. _____

2. Il est indispensable que vous _____ (pouvoir) établir un ordre de priorités et votre emploi du temps pour chaque chose de la journée et de la semaine. _____

3. Il faudrait que vous _____ (savoir) comment planifier régulièrement des temps de pause et de détente et surtout de révision pour ne pas être débordé(e) au moment des examens. _____

4. Est-il indispensable que vous _____ (prendre) le temps nécessaire, dans une journée, pour faire tout ce que vous désirez? _____

5. Faut-il absolument que vous _____ (faire) du sport pour vous aider dans la planification de votre vie? _____

_____ /15 Score total – Planification

[2]*reading* [3]*scale*

 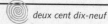

I. Lecture.

1. Il est essentiel que vous _____ (pouvoir) lire vos livres et manuels de classe sans problème. _____

2. Il vaudrait mieux que vous _____ (savoir) comment lire un manuel en une seule fois et comment en retenir l'essentiel. _____

3. Est-il indispensable que vous _____ (prendre) des notes très utiles, des questions sur le texte pour établir des liens entre le livre de cours et votre vie? _____

4. Je recommande que vous _____ (venir) me voir pour examiner une méthode de lecture appropriée à tout type de livre. _____

5. Faut-il vraiment faire du sport pour que vous _____ (croire) à vos capacités de lecture? _____

_____ /15 Score total – Lecture

J. Concentration.

1. Quand vous êtes en classe, il faut que votre attention _____ (être) centrée sur la classe. _____

2. Pour votre concentration, il est indispensable que vous _____ (boire) suffisamment d'eau et non pas de la bière. _____

3. Pour vous aider, faut-il que les professeurs _____ (pouvoir) souligner les mots clés susceptibles de servir de questions pour un test? _____

4. Vaut-il mieux aussi que les professeurs _____ (vouloir) bien écrire les points essentiels au tableau? _____

5. Est-il indispensable que vous _____ (aller) au club de gym pour vous aider à vous concentrer? _____

_____ /15 Score total – Concentration

Maintenant, il faut que vous additionniez les points de chaque section. Dans le tableau ci-dessous, marquez la case[4] qui correspond à votre score dans chaque catégorie.

Total	Motivation	Planification	Lecture	Concentration
15				
10				
5				

[4]square

K. Des recommandations. Quand, comment et où vaut-il mieux que vous étudiiez ou que vous fassiez du sport? Avant d'écouter les recommandations, regardez les verbes suivants. Ensuite, écoutez attentivement chaque phrase. Écrivez le contexte (l'expression) dans lequel vous entendez chaque verbe ci-dessous et justifez le mode utilisé.

MODÈLE: *Vous entendez:* Il faut que j'étudie deux heures pour chaque heure de classe. Pour 15 crédits, je devrais donc planifier 30 heures d'étude par semaine.

Vous écrivez: a) étudier *il faut que j'étudie:* a. nécessité + subjonctif

b) planifier *je devrais planifier:* b. devoir + infinitif

1. a. faire _____

   b. garder _____

2. finir _____

3. a. savoir _____

   b. être conscient _____

4. utiliser _____

5. a. pouvoir _____

   b. aller _____

L. Dictée partielle. Vous allez entendre quelques recommandations supplémentaires. Avant de les écouter, lisez les extraits suivants. Ensuite, écoutez attentivement chaque phrase et complétez la dictée partielle avec les verbes que vous entendez. Les verbes peuvent être **à l'infinitif, à l'indicatif** ou **au subjonctif. ATTENTION! Des pronoms** manquent aussi dans quelques phrases.

MODÈLE: *Vous entendez:* Nous pouvons entraîner notre corps et notre esprit à s'habituer à un espace réservé à l'étude.

Vous complétez: Nous *pouvons entraîner* notre corps et notre esprit à s'habituer à un espace réservé à l'étude.

1. Il faut ainsi que votre corps et votre esprit _____ l'habitude et _____ l'habitude de travailler dans ce lieu. Mais attention, pas de fauteuil ni de lit trop confortables! Vous _____ de vous y endormir!

2. Tous les jours, il faut _____ un plan de travail, _____ des questions sur la grammaire, _____ le texte, _____, et enfin _____ notre vocabulaire.

3. Je passe deux heures par jour à faire du sport. C'est trop! Alors, c'est évident: il faut _____ ma vie académique plus au sérieux.

4. Mais je _____ aussi _____ en forme; donc, il est aussi important _____ un minimum de sports quand même.

Maintenant, suivez les recommandations ci-dessus et imaginez deux suggestions supplémentaires que vous faites à votre copain ou copine de cours.

5. Il faut que tu _____.

6. Tu dois _____.

À vous de vous perfectionner! (1)

> 1. Le *e* muet qui disparaît
>
> 2. Intonation et questions: révision et application

1. Le *e* muet qui disparaît... ou «comment parler plus vite»

Vous trouvez probablement que les Français et les Françaises parlent très vite, trop vite parfois! Et pourtant, vous espérez de tout votre cœur parler aussi vite qu'eux. Alors, comment pouvez-vous accélérer votre volume de production?

Le secret vient du **e** muet! C'est le **e** qu'on prononce un peu comme le *duh* en anglais. Dans de nombreux cas, il disparaît.

ATTENTION! Le **é** dans **l'été**, le **è** de **mère**, le **ê** de **fête** ou le son **è** dans **respecter** *ne sont pas des e muets*. Donc, ils ne peuvent pas disparaître.

Observons et comparons l'anglais et le français dans deux cas de conversation courante.

En anglais: *I do not know* devient *I don't know* devient *I dunno*

           4 syllabes   3 syllabes   3 (2?) syllabes

En français: **je ne sais pas** devient **je n— sais pas**

           4 syllabes   3 syllabes

        je ne le regarde pas devient **je n— le r—gard— pas**

           7 syllabes   4 syllabes

Le principe est le même en anglais et en français. La différence entre l'anglais et le français est que *seul le **e** muet peut disparaître*. En d'autres termes, les autres voyelles simples **a, i, o, u,** et bien sûr les couples de voyelles, par exemple **au, eu, oi, ou,** gardent leur personnalité, leur identité. Ces voyelles ne peuvent pas disparaître.

Voyons les deux premiers cas:

- **Les *e* muets à la fin d'un mot:** il chant**e** – ils chant~~ent~~

  Vous savez déjà que ces **e** ne se prononcent pas quand ils sont à la fin d'un mot.

- **Les neufs monosyllabes:** *je, me, te, le, se, ce, que, de, ne*

  À l'intérieur d'une phrase, dans de nombreux cas, les **e** de ces neuf petits mots peuvent disparaître: **je ne le regarde pas** devient **je n— le r—gard— pas.**

Quel *e* choisir? En général, il vaut mieux *garder le premier,* dans l'exemple ci-dessus, **je.** Ensuite, on peut faire *disparaître un **e** sur deux.* Dans le chapitre suivant, nous verrons quels **e** peuvent disparaître à l'intérieur d'autres mots et de plus longues phrases.

Pour pratiquer, nous allons utiliser une série de questions à faire en classe avec votre partenaire. Mais nous allons aussi intégrer l'intonation.

2. Intonation et questions: révision et application

Révision

Dans un chapitre précédent, nous avons déjà étudié les règles générales de l'intonation, donc de la musique, quand on pose des questions.

1. Questions à réponses **oui/non:**

   Est-ce que tu fais souvent du sport?

2. Questions à réponses variables:

   POURQUOI fais-tu du yoga?

Ce qui est nouveau: l'accent d'insistance, l'accent expressif, l'accent émotionnel

Regardons quelques exemples:

Tu fais du karaTÉ?

Combien d'HEURES est-ce que tu restes au club de gym?

AVANT les examens, qu'est-ce qu'il faut que tu fasses?

C'est facile, n'est-ce pas? Quand vous insistez, vous mettez une accentuation plus forte sur le mot ou la syllabe, et le ton monte. C'est logique!

Perception et production. Dans deux activités interactives de votre livre de cours (*À vous de parler: A. Interview* et *B. Es-tu sportif ou sportive?*), vous devez utiliser des questions. Nous allons revoir ces activités maintenant.

(1) Tout d'abord, lisez et écoutez la prononciation de ces questions. Pour les **e** qui disparaissent, nous les avons barrés[5].

(2) Ensuite, en-dessous de chaque phrase, indiquez le contour de l'intonation[6] que vous percevez.

(3) Enfin, répétez les questions après le modèle. De cette façon, votre prononciation sera superbe quand vous devrez pratiquer avec votre partenaire en classe.

A. Interview: Que faut-il qu'il/elle fasse pour réussir à l'université?

MODÈLE: Faut-il qu¢ tu dorm¢s beaucoup ou peu pendant la semain¢?

1. Combien d'heur¢s par nuit est-c¢ qu'il faut qu¢ tu dorm¢s?

2. Est-c¢ qu'il est nécessair¢ qu¢ tu aill¢s toujours en class¢? Pourquoi ou pourquoi pas?

3. Avant les examens, qu'est-c¢ qu'il est nécessair¢ qu¢ tu fass¢s?

4. Est-il indispensabl¢ qu¢ l'on connaiss¢ bien les professeurs? Pourquoi?

5. Est-c¢ qu'il faut qu¢ tu finiss¢s toujours tes devoirs? Pourquoi ou pourquoi pas?

6. Quell¢ est la chos¢ la plus important¢ pour réussir à nos cours universitair¢s?

7. Qu'est-c¢ qu'il ne faut pas fair¢ si l'on veut réussir?

8. Pendant l'anné¢ académiqu¢, est-c¢ qu'il est nécessair¢ qu¢ tu travaill¢s?

B. Es-tu sportif ou sportive?

1. Quel est ton club de gym préféré?

2. Combien est-c¢ qu¢ tu pai¢s par mois?

3. À quell¢ heur¢ est-c¢ qu¢ tu aim¢s aller au club de gym ou fair¢ de l'exercic¢?

4. Combien d'heur¢s est-c¢ qu¢ tu rest¢s au club de gym et qu¢ tu fais du sport?

---

[5]*crossed over*   [6]*intonational contour*

 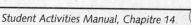

5. Quels sont tes exercices préférés?

6. Qu'est-ce que tu fais avant de faire du sport? Et après?

7. Est-ce que tu pratiques un sport à l'air libre? Lequel? Où?

8. Est-ce que tu préfères les sports individuels ou en équipe? Pourquoi?

9. Pourquoi est-ce que tu fais du sport?

10. Pourquoi est-ce que tu ne fais pas de sport?

À vous d'écrire!

Vos activités sportives. Dans ce chapitre, vous avez appris le vocabulaire relatif aux activités sportives. Et enfin, vous avez complété la première partie de votre **auto-appréciation.** À vous maintenant de décrire comment vous organisez et structurez votre équilibre physique et mental dans votre vie académique et votre vie personnelle.

- Faites une liste de vos activités sportives, le temps, les lieux.
- Intégrez-les dans l'évaluation de votre vie, dans votre philosophie de vie.
- Comment ces activités contribuent-elles à vous maintenir en forme?
- Utilisez au moins quatre verbes au subjonctif: **il faut que, il est indispensable/important/essentiel que** + subjonctif.
- Écrivez au moins 12 phrases complètes.

Continuons!

Vocabulaire essentiel: Activités et sports

A. Qu'est-ce que c'est? Devinez[7] l'objet, l'équipement ou l'endroit qui manque dans chaque description.

1. Pour commencer en douceur, préparer les muscles, chauffer les muscles, quel genre d'exercices peut-on faire? Des exercices _____.

2. On les tient fermement en mains et on les utilise pour développer les muscles des épaules et des bras. Ce sont des _____.

3. Avec cet équipement, on est assis et on tire en même temps sur les bras et les jambes. C'est un _____.

4. Pour cet exercice en salle, on est debout et on marche... et on marche... de plus en plus vite. On est sur un _____.

5. Pour cet exercice en salle, on est aussi debout, mais on monte... et puis on descend, et puis on monte à nouveau et on redescend! On fait des _____.

6. Pour le ski alpin, on a besoin de skis et pour contrôler les skis, il faut deux _____.

7. Quand on joue au tennis, qu'est-ce qu'on tient en main? _____

8. Pour faire de la natation, on peut aller à la plage ou dans une rivière bien sûr, mais aussi dans une _____ intérieure et chauffée!

9. Pour donner l'impression qu'on vit au soleil toute l'année et pour avoir une peau toute brune, on va dans _____.

10. Après le sport, pour se relaxer, se détendre et étirer les muscles, on fait des exercices _____.

[7]*guess*

B. Le dernier Tour de Lance Armstrong. Le Tour de France 2005 (du 2 au 24 juillet), a représenté plus de 3.600 kilomètres. En 2005, l'Américain Lance Armstrong y a décroché sa septième victoire! Hélas, Lance a aussi décidé que ce serait sa dernière course.

Maintenant, imaginez que vous êtes l'entraîneur de Lance Armstrong. Faites une liste des exercices et activités sportives que vous exigez pour qu'il soit en forme. Pour chaque activité donnez (1) un verbe, (2) le sport, et (3) la durée et le lieu.

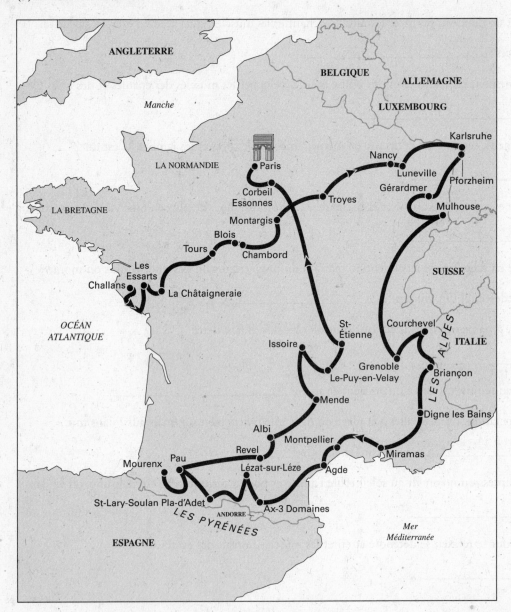

Modèle: le soir (donner 2 types d'entraînement)

ramer 30 minutes sur le vélo-rameur et jouer au tennis pendant une heure au centre de fitness

1. **le matin** (*donner 2 types d'entraînement*): _____

_____

2. **l'après-midi** (*donner 2 types d'entraînement*): _____

_____

3. **le soir** (*donner 2 types d'activités; pensez relaxation*): _____

_____

C. Leurs régimes d'exercices. Votre colocataire est fasciné par l'endurance des cyclistes qui participent au Tour de France. Il vous parle des différents entraînements que les cyclistes doivent avoir pour participer au Tour de France et avoir une chance de décrocher la victoire. Écoutez-le et complétez le tableau ci-dessous.

Quand?	Quelle activité, quel sport?	Combien de temps?
le matin	1. _____ 2. _____ 3. _____ 4. _____	1. _____ minutes 2. _____ minutes 3. _____ minutes 4. _____ minutes
avant le déjeuner	_____	_____ minutes
après le déjeuner	1. _____ 2. _____ 3. _____ 4. _____	1. _____ minutes 2. _____ minutes 3. _____ minutes 4. _____ minutes
le soir	_____	_____ minutes

Structure 3: Le subjonctif et l'infinitif

Votre guide d'auto-appréciation (Deuxième partie). Comme pour la première partie, vos conseillers vous font des recommandations ou vous posent d'autres questions concernant votre équilibre physique et mental: cette fois-ci, **mémoire, confiance en soi**[8] et **examens.** Lisez-les, complétez les verbes **au subjonctif, à l'infinitif** ou **à l'indicatif** et accordez-vous un nombre de points en fonction de l'échelle de valeur suggérée.

3 points: Je suis **tout à fait d'accord** avec la recommandation/question

2 points: Je suis **plus ou moins d'accord** avec la recommandation/question

1 point: Je **ne suis pas d'accord** avec la recommandation/question

D. Mémoire.

1. Il faut que vous _____ (se souvenir) des formules mathématiques, des mots de vocabulaire et des règles de grammaire. _____

2. À la fin d'une conférence, est-il important de _____ (pouvoir) présenter succinctement le sujet de cette conférence à un ami? _____

3. Il est essentiel que vous _____ (avoir) recours à une méthode systématique pour mémoriser beaucoup de choses. _____

4. Il faut que vous _____ (mémoriser) les choses même quand vous _____ (être) sous pression. _____

5. Faut-il que vous _____ (faire) du sport pour vous aider à mémoriser grand volume d'informations sur un sujet? _____

_____ /15 Score total – Mémoire

[8]*self-confidence*

E. Confiance en soi et assurance.

1. Il faudrait que vous _____ (être) à l'aise pour parler en public. _____

2. Quand vous _____ (avoir) une bonne idée, il est important que vous la _____ (poursuivre) jusqu'à la fin. _____

3. Si vous avez des problèmes, est-il essentiel que vous _____ (devenir) habile à trouver des solutions à ces problèmes? _____

4. Il faut que vous _____ (faire) confiance à votre intuition et à vos idées spontanées. _____

5. Pour acquérir plus d'assurance et développer nos capacités de travail en équipe, pensez-vous qu'il soit nécessaire de _____ (faire) du sport? _____

_____ /15 Score total – Confiance en soi et assurance

F. Passer des examens: le sport et l'anxiété.

1. Quand vous passez un examen, est-il important que vous _____ (se sentir) calme et plein(e) d'énergie? _____

2. Pour avoir le temps de répondre à toutes les questions d'un examen, nous pensons qu'il _____ (être) nécessaire de _____ (programmer) votre temps. _____

3. Pour vous sentir bien, il faut que vos résultats et vos notes d'examens _____ (être) le reflet de votre travail. _____

4. Est-il indispensable que vous _____ (obtenir) les notes que vous désirez aux examens? _____

5. Il est sans doute important de _____ (faire) du sport pendant les examens pour rester calme et contrôler votre anxiété pendant les examens et dans la vie en général. _____

_____ /15 Score total – Passer des examens

Maintenant, il faut que vous additionniez les points de chaque section. Dans le tableau ci-dessous, marquez la case[9] qui correspond à votre score dans chaque catégorie.

Total	Mémoire	Confiance en soi et assurance	Passer des examens: le sport et l'anxiété
15			
10			
5			

[9]square

G. Qu'en penses-tu? Vous parlez de votre guide d'auto-appréciation au téléphone avec votre meilleure amie. Elle vous donne ses recommandations et commentaires. Avant de les écouter, regardez la liste des verbes ci-dessous. Ensuite, écoutez attentivement les recommandations. Pour chaque verbe dans la liste suivante, écrivez la phrase et justifiez le mode utilisé en choisissant l'explication correcte.

   a. verbe conjugué + infinitif
   b. savoir que + indicatif
   c. nécessité + subjonctif

MODÈLE: *Vous entendez:*   Elles peuvent nous aider à stimuler les synapses et neurones de notre cerveau.
         Vous écrivez: *peuvent nous aider (a)*

1. oublier _____
2. s'organiser _____
3. lire _____
4. prendre _____
5. réduire _____
6. répéter _____
7. pouvoir _____

H. Dictée partielle. Vous continuez à parler avec votre amie. Vous avez déjà pris note de ses recommandations mais en manquant quelques mots. Vous lui demandez de répéter ses conseils pour compléter vos notes.

MODÈLE: *Vous entendez:*   Nous devons associer la mémoire à nos sens: écouter, voir, toucher et dire.
      Vous voyez: Nous _____ la mémoire à nos sens.
      Vous complétez: Nous *devons associer* la mémoire à nos sens.

1. En fait, la meilleure stratégie est de nous _____ comme si nous devions _____ le cours nous-mêmes!

2. Pour les examens, je panique toujours! C'est idiot, hein! Je dois simplement _____ et je serai prête.

3. Nos profs nous _____ que les tests et les examens _____ essentiels pour le *feedback,* mais je n'y crois pas vraiment. Et toi?

4. Pour moi, c'est simple. Il suffit que je _____ mes tests du semestre!

5. Pour étudier, il est simplement nécessaire que mes copains et moi, nous _____ nous retrouver dans un lieu calme et que nous _____ concentrés.

6. L'essentiel est que nous _____ fermement à la valeur de notre travail.

7. Après tout ce travail, je trouve que cela _____ bon de faire un peu de sport pour nous relaxer. Ça marche toujours! L'anxiété _____ comme un vilain nuage d'orage!

Maintenant, à vous! Imaginez trois recommandations supplémentaires que vous pourriez faire à votre copain ou copine de cours. Utilisez les trois possibilités: **indicatif, infinitif** et **subjonctif**.

8. Il faut que tu _____.

9. Tu devrais _____.

10. Il est nécessaire de _____.

Structure 4: Les pronoms disjoints

I. Oui, Mamie, c'est ça! Votre grand-mère n'entend plus très bien; alors quand vous lui parlez, vous répétez ce qu'elle dit, pour être certain(e) qu'elle comprend. Refaites ses phrases en substituant un pronom disjoint pour l'expression en italiques.

MODÈLE: Tu sors au restaurant avec *tes amis* ce soir?

Oui, Mamie, je sors avec eux.

1. Tu achètes un cadeau d'anniversaire pour *ta mère?*

Oui, Mamie, j'achète un cadeau d'anniversaire pour _____.

2. Tu passes chez *moi* ce week-end?

Oui, Mamie, je passe chez _____.

3. Tu pars en vacances avec *tes parents* cet été?

Oui, Mamie, je pars avec _____.

4. Tes amis et toi, vous parlez souvent avec *votre prof de français?*

Oui, Mamie, nous parlons souvent avec _____.

5. Tu te moques de[10] *ton grand-père et moi* quelquefois?

Mais non, Mamie, je ne me moque jamais de _____!

6. Tes parents vont au cinéma avec *toi et moi* ce week-end?

Oui, Mamie, ils vont au cinéma avec _____.

J. C'est qui au téléphone? C'est vous qui répondez toujours au téléphone, mais votre colocataire veut toujours savoir qui c'est. Répondez à ses questions en utilisant un pronom disjoint.

1. C'est qui au téléphone? C'est Jean-Marc?

Oui, c'est _____.

2. C'est qui au téléphone? C'est Robert?

Non, ce n'est pas _____, ce sont mes parents.

3. C'est qui au téléphone? Ce sont tes parents encore une fois?

Non, ce ne sont pas _____, c'est Robert.

4. C'est qui au téléphone? C'est Julie?

Oui, c'est _____. Elle veut parler à Robert!

---

[10]*make fun of*

5. C'est qui au téléphone? C'est Julie et Marie-Claudine?

Oui, ce sont _____ .

6. C'est qui au téléphone? C'est Jean-Marc et toi?

Oui, c'est _____ — fiche-nous la paix[11]!

K. Moi! Répondez par un seul mot aux questions que vous entendez. Utilisez un *pronom disjoint* comme réponse.

1. _____

2. _____

3. _____

4. _____

5. _____

6. _____

7. _____

À vous de vous perfectionner! (2)

Quelques mots du *Lexique* du Chapitre 14: Obstacles prévisibles

Pour cet exercice, il faut que vous utilisiez votre *SAM Audio* pour écouter la prononciation des mots et expressions sélectionnées. Ce sont soit des mots apparentés, soit quelques mots bizarres! Nous avons souligné pour vous les difficultés principales.

(1) Lisez la description des obstacles et problèmes prévisibles dans le tableau ci-dessous.

(2) Puis, écoutez ces mots pour entraîner votre perception auditive.

(3) Enfin, écoutez une deuxième fois et répétez avec le modèle.

Mots du *Lexique* du Chapitre 14	Obstacles prévisibles
faire de la m<u>u</u>sculation	**u:** placez vos lèvres comme pour un baiser
avoir des cr<u>am</u>pes	**-am** est nasale comme dans **maman**, donc ne prononcez pas le **m**
être dou<u>ill</u>et	**-ill** comme dans **famille**; c'est un *y* comme dans l'anglais *yes*
il est <u>in</u>disp<u>en</u>sable	**-in** et **en** sont nasales comme dans **vin** et **vent**, donc ne prononcez aucun **n**
la pi<u>sc</u>ine	**-sc** = **s**
le vest<u>iai</u>re	Le premier **i** dans **-iaire** devient comme le *y* dans l'anglais *yes*
le terr<u>ain</u> de tennis	**-ain** est nasal, donc ne prononcez pas le **n**
faire des ex<u>er</u>ci<u>ces</u> d'<u>éch</u>auffement	**-er** = comme **è** **-ci** = comme **si** **-ch** comme l'anglais *sh*
faire des f<u>ess</u>iers	**-ess** = comme **è**

[11]*leave us alone*

Mots du *Lexique* du Chapitre 14	Obstacles prévisibles
un mass**eur**	-**eur** comme **cœur** un peu comme le *duh* en anglais + **R**
une mass**euse**	-**eu** comme **deux,** entre **u** et **eur** -**se** comme **z**
un matel**as**	-**e** disparaît -**as,** le s ne se prononce pas parce qu'il n'y a pas de **e** après
la patin**oire**	-**oi** comme **moi**
des p**oids**	-**oi** comme **moi** Ni le **d** ni le **s** ne se prononce... parce qu'il n'y a pas de **e** après

Perception et production. Pour cette activité, tout d'abord, vous devriez écouter l'audio aussi souvent que nécessaire.

(1) **Les *e* muets.** Faites particulièrement attention aux **e** muets—ceux qui disparaissent pour que Carole et Delphine parlent plus vite. Dans le texte ci-dessous, marquez d'un trait (/) les **e** disparus.

(2) **Les liaisons obligatoires.** Marquez aussi d'un trait horizontal (‿) les mots reliés (*connected*) par une liaison obligatoire.

(3) **Les liaisons interdites.** Marquez aussi d'un (#) les liaisons interdites.

(4) Enfin, répétez avec le modèle.

Si possible, pratiquez cet exercice avec un(e) partenaire et faites une représentation théâtrale en classe!

MODÈLE: Carole et ses amies Delphine et Annette se retrouvent au café.

Carolɇ et ses‿amiɇs Dephinɇ et # Annettɇ se rɇtrouvɇnt au café.

Carole et ses amies Delphine et Annette se retrouvent au café.

DELPHINE: Dis, Carole, ton entraîneuse, qu'est-ce qu'elle t'a dit de faire pour les bras?

CAROLE: C'est simple, il faut faire des haltères. J'en ai fait trois séries l'autre jour.

ANNETTE: C'est beaucoup. Tu n'as pas de crampes aux bras?

CAROLE: Non, je n'ai pas mal aux bras, mais alors aux jambes, je déguste.

ANNETTE: Oh, ma pauvre! Qu'est-ce que tu as fait pour avoir si mal?

CAROLE: J'ai passé vingt minutes à faire des exercices au sol.

DELPHINE: Ce n'est pas beaucoup ça, tu es douillette! Moi j'en fais une demi-heure par jour.

ANNETTE: Oui, mais toi, Delphine, ça fait un an que tu vas au club de gym tous les jours. Bon alors, Carole, continue. Qu'est-ce qu'elle t'a dit, l'entraîneuse, pour muscler le ventre?

CAROLE: L'entraîneuse m'a dit qu'il est important de faire des abdos. Et moi, je déteste les abdos—c'est encore plus horrible que les exercices au sol!

DELPHINE: Avec cette attitude, Carole, tu ne vas pas durer longtemps au club de gym—n'oublie pas qu'il faut que tu rentres dans ta robe de mariée dans six mois!

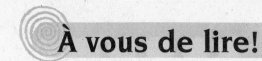

À vous de lire!

L'alimentation pour rester en forme: pour ou contre les OGM, ou Organismes Génétiquement Modifiés[12]?

Depuis l'époque du néolithique, il y a 10.000 ans, l'homme s'est efforcé d'améliorer[13] les variétés végétales. Tous les organismes vivants[14] ont un patrimoine génétique. Ce patrimoine guide la fabrication de tous leurs besoins[15]. Mais on peut changer les gènes à travers des virus ou des bactéries. Ces deux éléments scientifiques sont à la base du concept des OGM, né en laboratoire en 1973. Un organisme génétiquement modifié ou transgénique est un organisme vivant (animal, végétal, bactérie, virus). Son code génétique situé dans le noyau[16] des cellules a été modifié parce qu'on y a ajouté un ou plusieurs gènes d'une autre espèce. Ce processus est destiné à lui donner de nouvelles caractéristiques.

Quelques dates:

1983 – première plante en laboratoire

1990 – première commercialisation d'un plant transgénique

1994 – première tomate transgénique

1997 – première plante productrice d'hémoglobine utilisée en santé (tabac)

2002 – 60 millions d'hectares OGM dans le monde et plus de 70 millions en 2003

Les variétés cultivées sont principalement le soja, le maïs, le colza, le tabac et le coton.

À l'origine, le but était la recherche de médicaments[17]. La biotechnologie est admise sans restrictions dans le domaine médical, par exemple l'insuline fabriquée par des bactéries génétiquement modifiées. Mais les producteurs de semences agricoles[18] ont vu très vite des opportunités. Le désavantage des semences OGM est qu'il faut en racheter chaque année. Les plantes ne se reproduisent pas spontanément comme dans la nature.

Les principaux pays cultivateurs d'OGM sont: les États-Unis, l'Argentine, le Canada, le Brésil et la Chine. Ces pays cultivent 99% des OGM. Par contre, en Europe, les OGM provoquent des débats virulents entre pro- et anti-OGM dans de nombreux pays de l'Union européenne, ou UE[19]. En 1999, l'UE a interrompu les autorisations de culture d'OGM et 70% des Européens ne veulent pas d'OGM dans leur assiette. Mais en 2004, l'UE a de nouveau autorisé la consommation humaine d'un maïs OGM. Pourquoi ces divergences? Dans le texte audio suivant, vous allez entendre deux opinions opposées.

Compréhension. Voyons tout d'abord si vous avez bien compris le texte d'introduction. Répondez **V** (*vrai*) ou **F** (*faux*) aux phrases suivantes.

_____ **1.** Le principe des OGM, c'est-à-dire l'amélioration des produits végétaux, est un phénomène très récent.

_____ **2.** La manipulation génétique est un phénomène très récent.

_____ **3.** La recherche en manipulation génétique a eu comme premier objectif la fabrication de médicaments.

_____ **4.** Les plantes OGM produisent des semences comme dans la nature.

_____ **5.** L'Union européenne et les États-Unis ont les mêmes opinions concernant les OGM.

---

[12]*genetically modified organisms*   [13]*improve*   [14]*living organisms*   [15]*needs*   [16]*core*   [17]*medications*   [18]*agricultural seeds*   [19]*European Union*

♪ À vous d'écouter!: Expansion

David travaille pour une multinationale productrice de semences OGM. Il est pour les OGM. **Angela** travaille pour l'Organisation des Nations Unies, ou ONU[20] et visite régulièrement divers pays d'Afrique où la famine est présente partout. Elle est contre les OGM. Vous allez écouter un débat entre les deux. D'abord, lisez le vocabulaire utile et les questions de compréhension. Ensuite, écoutez leurs arguments et prenez quelques notes sur les points particulièrement importants.

Plusieurs mots, expressions et verbes sont des mots apparentés. Donc vous pouvez facilement les reconnaître quand ils sont écrits. Mais, c'est différent si vous devez les entendre et les écouter pour comprendre le texte. Lisez-les attentivement pour que vous puissiez les reconnaître quand vous écouterez le débat.

Mots apparentés: agriculture, résistants aux maladies/aux insectes, un environnement, les investissements, le riz, dissémination de pollen, biodégradables, une allergie, des fibres textiles, le surplus, le profit, une multinationale, un avantage, se reproduire, le progrès environnemental

Vocabulaire utile: un papillon (*butterfly*), le maïs (*corn*), les pays en développement (*developing nations*), résoudre (*to solve*), un agriculteur (*farmer*), le bois (*wood*), effets secondaires pour l'être humain (*side effects for human beings*), un pays pauvre (*poor country*), approfondir la recherche (*to deepen research*)

Compréhension. À partir de vos notes, dites en quelques mots les arguments de David et ensuite ceux d'Angela pour les trois domaines traités.

Que pense David?

1. L'agriculture _____
_____

2. L'industrie du bois _____

3. La santé publique _____
_____

Que pense Angela?

4. Que pense Angela des effets secondaires des OGM? _____
_____

5. Pourquoi augmenter la production agricole? _____
_____

6. Y a-t-il un avantage des OGM pour les pays pauvres? _____
_____

7. Sa conclusion est: _____
_____

[20] *United Nations*

CHAPITRE

15 Ma santé

Commençons!

Vocabulaire essentiel: Les parties internes du corps, les maladies et les remèdes

A. Quel monde ce matin à la pharmacie de garde! C'est dimanche matin et il y a beaucoup de personnes à la pharmacie; elles ont toutes des problèmes de santé. Regardez l'illustration de ces malades et les remèdes. Complétez les phrases suivantes avec les maladies de chaque personne.

1. Bernard _____.

2. Danièle _____ et _____; elle a le nez qui

   _____.

3. Yannick _____.

4. Thomas _____ et _____.

5. Mélanie _____. Son visage est rouge: elle _____.

B. Les médicaments et les remèdes. Le personnel de la pharmacie est débordé avec tout ce monde et il confond patients et médicaments. C'est à vous de mettre de l'ordre. Choisissez les médicaments et remèdes appropriés à chacun et chacune.

_____ 1. Bernard   a. des tisanes de thé calmant et des suppositoires

_____ 2. Danièle   b. un antibiotique et un léger somnifère

_____ 3. Yannick   c. de l'aspirine

_____ 4. Thomas   d. du sirop, un antihistaminique, des gouttes nasales

_____ 5. Mélanie   e. des comprimés antidouleur/anti-inflammatoire

C. Il ne faut que quelques heures pour qu'une maladie devienne une épidémie. Lisez d'abord les questions de compréhension, puis lisez le texte, et enfin, répondez aux questions de compréhension par des phrases complètes. Utilisez le vocabulaire de ce chapitre.

En 1918, la Première Guerre mondiale[1] se termine mais, en fait, la grippe a tué[2] plus que la guerre: entre vingt et cinquante millions! Les armées voyagent et contaminent la planète. Les hommes entre 20 et 40 ans surtout succombent[3].

En février 1916, à Madrid, la capitale de l'Espagne, 8 millions de personnes sont infectées; les transports en commun[4] ne fonctionnent plus! Aux États-Unis, on estime à 675.000 le nombre des victimes. Des villages Eskimo entiers sont éliminés de la carte. En 1919, la pandémie s'arrête mais elle continue à fasciner les chercheurs.

Voici quelques symptômes: La peau de certains malades devient très foncée, les patients ont de violents maux de tête et ont mal aux articulations, des hémorragies des yeux et du nez; ils souffrent aussi d'épisodes de délire, et surtout les poumons[5] détruits provoquent des crises cardiaques massives. Porter un masque de protection est obligatoire.

La coupable? Une bactérie aujourd'hui appelée hemophilus influenza. Mais la pénicilline n'existe pas encore et les antibiotiques non plus pour aider à guérir. On désinfecte les gorges des malades, les chambres et autres lieux de réunions.

Dans notre vingt et unième siècle[6], chaque année, les médias diffusent des informations effrayantes[7] sur des risques possibles d'épidémie. Heureusement, des vaccins en tout genre sont maintenant distribués.

1. De quelle maladie parle cet article?

   _____

2. Quelles ont été les principales victimes?

   _____

3. Quels sont les symptômes de cette maladie?

   _____

4. Quels étaient les médicaments et remèdes pendant la Première Guerre mondiale?

   _____

5. Si cette maladie arrivait aujourd'hui, quels médicaments et remèdes pourrions-nous utiliser?

   _____

[1]_World War I_   [2]_killed_   [3]_died_   [4]_public transportation_   [5]_lungs_   [6]_century_   [7]_scary_

⌒D. Un mauvais week-end. C'est le week-end mais Nicolas et Cécile sont tous les deux malades. Écoutez-les et insérez dans la grille ci-dessous leurs problèmes de santé et les remèdes recommandés.

	Maladies, douleurs et problèmes	Remèdes
Nicolas	1. 2. 3.	1. 2. 3.
Cécile	1. 2. 3. 4.	1. 2. 3. 4.

⌒E. Combattre le mal des transports. D'abord, lisez le vocabulaire utile et les questions de compréhension. Ensuite, écoutez l'enregistrement[8] et répondez aux questions. Utilisez le vocabulaire de ce chapitre.

Vocabulaire utile: ressentir (*to feel, to perceive*); au milieu du bateau (*in the middle of the boat*); sur le pont (*on the deck*); l'air frais (*fresh air*); une pilule (*pill*); la somnolence (*drowsiness*); les effets secondaires (*side effects*); enceinte (*pregnant*); coller (*to stick, glue*)

1. De quelle maladie ou de mal parle cet article? _____

2. Qui en souffre surtout? _____

3. Quelle en est la cause? _____

4. Quels en sont les symptômes? Donnez-en six. _____

_____

5. Quel en est le remède le plus efficace? _____

6. Quels en sont les médicaments? _____

Structure 1: Le subjonctif avec les expressions d'émotion et de volonté

F. Tante Ghislaine. Votre tante Ghislaine est hypocondriaque. Quand elle vous parle de toutes ses maladies, elle vous agace souverainement; mais comme c'est votre tante, vous voulez rester aimable avec elle. Alors, il y a deux manières de lui répondre. Choisissez un verbe approprié et mettez-le au subjonctif pour compléter vos réponses à ses problèmes. Suivez le modèle.

MODÈLE: TANTE GHISLAINE: J'ai encore une crise de foie!

VOUS: Je suis vraiment désolé(e) que tu *aies* une crise de foie.

1. TANTE GHISLAINE: Je pense que j'ai de la fièvre. Touche mon front; comme il est brûlant!

   VOUS: Je suis vraiment désolé(e) que tu _____ de la fièvre.

2. TANTE GHISLAINE: Je me sens très mal.

   VOUS: Je regrette beaucoup pour toi que tu _____ mal.

3. TANTE GHISLAINE: Je crois que je vais avoir une crise cardiaque!

   VOUS: Cela m'agace vraiment que tu _____ cela.

4. TANTE GHISLAINE: Je vais encore à l'hôpital.

   VOUS: Cela m'agace que tu _____ encore à l'hôpital!

[8]*recording*

Votre auto-appréciation (fin). Notre état de santé peut dépendre de facteurs extérieurs tels que l'argent, la nutrition et notre équilibre mental. Continuons le travail d'auto-appréciation que nous avons commencé dans le Chapitre 14. Maintenant, vous allez évaluer **vos finances, vos objectifs de vie et votre santé.** Vos conseillers académiques vous font des recommandations ou vous posent de nouvelles questions concernant ces thèmes. Comme pour le Chapitre 14, lisez-les et complétez les verbes soit **au subjonctif,** soit **à l'indicatif,** soit **à l'infinitif.** Ensuite, accordez-vous un nombre de points en fonction de l'échelle de valeur suggérée.

3 points: Je suis **tout à fait d'accord** avec la recommandation/question

2 points: Je suis **plus ou moins d'accord** avec la recommandation/question

1 point: Je **ne suis pas d'accord** avec la recommandation/question

G. Finances. Les questions financières et des objectifs confus peuvent souvent créer des tensions incroyables et nous rendre malades. Voici ce qu'en disent vos conseillers.

1. Nous pensons que vous vous _____ (occuper) efficacement de vos problèmes financiers. _____

2. Est-ce que vous êtes déçu(e) de _____ (ne pas avoir) assez d'argent pour faire vos études et aussi vous amuser? _____

3. Il est important de _____ (connaître) parfaitement les ressources financières offertes aux étudiants. _____

4. Nous sommes très heureux que vous _____ (être) capable de faire durer vos économies pendant longtemps. _____

5. L'administration de l'université insiste pour que vous _____ (payer) vos dettes régulièrement. _____

_____ **/15 Score total – Finances**

H. Objectifs de vie.

1. Nous sommes étonnés que vous _____ (ne pas avoir) d'objectifs de vie clairs. _____

2. Il est important de/d' _____ (trouver) une relation entre vos études et vos objectifs de vie. _____

3. Nous voulons que vous _____ (apprendre) tous les jours. _____

4. Il est important que vous _____ (savoir) que vous êtes créateur/créatrice de votre formation personnelle et de votre vie. _____

5. Est-ce que vous êtes surpris(e) que la vie _____ (être) un processus d'apprentissage permanent? _____

_____ **/15 = Score total – Objectifs de vie**

I. Santé.

1. Nous pensons que votre santé physique _____ (devoir) vous permettre de vous concentrer. _____

2. Nous regrettons que votre équilibre physique et émotionnel instable _____ (avoir) un impact négatif sur vos examens et votre motivation en général. _____

3. Nous ne voulons pas qu'un équilibre physique et émotionnel instable vous _____ (empêcher) de développer des relations humaines enrichissantes. _____

4. Nous insistons pour que vous _____ (se sentir) responsable de votre alimentation. _____

5. Nous sommes ravis que vous _____ (reconnaître) que des objectifs de vie clairs sont les critères de base essentiels pour rester en bonne santé. _____

_____ /15 = Score total – Santé

Maintenant, il faut que vous additionniez les points de chaque section. Dans le tableau ci-dessous, marquez la case qui correspond à votre score dans chaque catégorie. Les résultats de cette auto-appréciation vous serviront pour la section *À vous d'écrire!*

Total	Finances	Objectifs de vie	Santé
15			
10			
5			

J. Dialogue. Vous êtes déçu(e) des résultats de votre auto-appréciation et vous en discutez avec votre copine Sandrine à la fac. Voici le dialogue que vous avez avec Sandrine. Conjuguez les verbes ci-dessous soit **à l'infinitif,** soit **à l'indicatif,** soit **au subjonctif.**

VOUS: Salut Sandrine! Tu as terminé le devoir pour aujourd'hui sur le questionnaire d'auto-appréciation? Mes résultats sont *étonnants!* D'une part, je suis ravi(e) de (1) _____ (voir) que je suis capable de faire durer mes économies pendant longtemps. Mais cela m'agace que je (2) _____ (ne pas connaître) parfaitement toutes les ressources financières offertes aux étudiants. Qu'en penses-tu?

SANDRINE: Ben, je suis super contente pour toi que tu (3) _____ (être) capable de t'occuper si bien de tes finances. Mais je recommande vivement que tu (4) _____ (s'informer) des ressources du campus. Moi, j'ai dû (5) _____ (s'informer) dès le début et je pense que ce/c' (6) _____ (être) nécessaire!

VOUS: Mais en ce qui concerne mes objectifs de vie, quelle horreur! Je suis gêné(e) qu'il n'y (7) _____ (avoir) pas de relation claire entre mes études et mes objectifs de vie. J'ai vraiment honte et je suis fâché(e) et furieux(euse) que mes résultats me (8) _____ (faire) prendre conscience de mon inconscience.

SANDRINE: Ne t'affole pas! Nous sommes jeunes et il est normal que nous (9) _____ (se découvrir) petit à petit seulement. Je regrette un peu que tu (10) _____ (se sentir) si coupable. Tu dois (11) _____ (se relaxer) et surtout je pense que nous (12) _____ (devoir) garder confiance en nous et en l'avenir.

K. Dépression: Vos parents sont inquiets! C'est la fin du semestre et vous vous sentez totalement épuisé(e). Vous en parlez à vos parents au téléphone. Ils vous posent plusieurs questions et se sentent très concernés! Écoutez leurs questions, écrivez-les et répondez si vous êtes d'accord ou pas d'accord. Utilisez des expressions d'émotion et de volonté dans chacune de vos réponses.

MODÈLE: *Vous entendez:*   As-tu des problèmes pour t'endormir et dormir?
              Vous écrivez: *As-tu des problèmes pour t'endormir et dormir?*
              Vous répondez: *Oui! Ça m'agace énormément que je ne puisse jamais m'endormir avant 3 heures du matin!*

1. Question: _____

   Réponse: _____

2. Question: _____

   Réponse: _____

3. Question: _____

   Réponse: _____

4. Question: _____

   Réponse: _____

5. Question: _____

   Réponse: _____

6. Question: _____

   Réponse: _____

L. Conseils de vos parents. Vos parents pensent que vous êtes déprimé(e). Écoutez leurs conseils et complétez les extraits de conversation ci-dessous en écrivant les verbes conjugués comme vous les entendez. Attention, ces verbes peuvent être soit **à l'infinitif**, soit **à l'indicatif**, soit **au subjonctif.**

1. Nous conseillons que tu _____ _____ un médecin et qu'il te

   _____ un somnifère.

2. Comme tu _____ triste sans raison, tu _____ _____. Tes

   copains et copines _____ certainement très contents que tu _____ les

   _____ au café.

3. Si ton poids _____ de façon significative, nous insistons pour que tu

   _____ un spécialiste en nutrition.

4. Pour améliorer ton état physique, tu _____ _____ du yoga. Nous

   pensons aussi que la natation _____ beaucoup te _____. Alors, nous

   recommandons que tu _____ un peu de natation une fois par semaine.

5. Les médecins exigent que leurs patients _____ une bonne nuit complète et insistent pour

   que les étudiants _____ trop, surtout les week-ends. Prends bien soin de toi. Garde l'esprit

   positif. On t'embrasse très fort.

À vous de vous perfectionner! (1)

> 1. Quelques mots du *Lexique* du Chapitre 15: obstacles prévisibles
> 2. La disparition du *e* muet: comment accélérer la vitesse de parole (deuxième partie)

1. Quelques mots du *Lexique* du Chapitre 15: obstacles prévisibles

Écoutez la prononciation des mots et expressions sélectionnés ci-dessous. Ce sont (1) soit des mots apparentés, soit (2) quelques mots bizarres! Nous avons souligné pour vous les difficultés principales.

Mots du *Lexique* du Chapitre 15	Obstacles prévisibles
l'intestin	les deux **–in** sont des voyelles nasales, donc ne prononcez pas le **n**
les sinus	**i** comme dans il, pas *eye*
les antibiotiques	**an** = nasale, donc pas de **n** **i** comme dans il, pas *eye*
aspirine	**a** bien ouvert comme dans *father* accentuation sur **-rine,** pas sur **as**
sirop	accentuation sur **-rop,** pas sur **si**
suppositoires	accentuation sur **-toires,** pas sur **po**
le thermomètre	**th** = **t** **er** = **è** accentuation sur **mètre** **e** final disparaît
la diarrhée	**i** comme **il,** pas *eye*
la fièvre	**i** devient **y** comme dans *yes*
la migraine	**i** comme **il,** pas *eye*
constipé	**on** = nasale, donc pas de **n**
vomir	accentuation sur **-mir,** pas sur **vo**
matières grasses	**a** comme dans *father,* pas comme dans l'anglais *grass* **-sses** prononcez les deux premiers **s** parce que **ss** est suivi du **e**
être gros	**-s** ne prononcez pas le **s** parce qu'il n'est pas suivi de **e**

2. La disparition du *e* muet: comment parler plus vite (deuxième partie)

Application à un texte plus long

Dans le chapitre précédent, nous avons étudié la disparition du **e** muet dans deux cas:

- **Les *e* muets à la fin d'un mot:** il chante – ils chantent
- **Les neufs monosyllabes:** je, me, te, le, se, ce, que, de, ne

Dans ce chapitre, nous allons examiner la disparition du **e** muet **à l'intérieur** des mots et verbes. Observons la phrase suivante extraite d'une lecture de votre livre:

> Aux États-Unis, actuellement seulement X pour cent de la population est assurée; cela laisse X millions de personnes qui doivent payer tous leurs frais médicaux sans assistance.

Nous avons éliminé les nombres pour nous concentrer sur nos **e:**

Aux	É	tats-	U	nis	ac	tu	ell	e	ment
1	2	3	4	5	6	7	8	9	10

seu	le	ment	X	pour	cent	de	la	po	pu	la	tion
11	12	13	14	15	16	17	18	19	20	21	22

est	as	su	ré	e	ce	la	lai	sse	X	mi	llions
23	24	25	26	27	28	29	30	31	32	33	34

de	per	so	nnes	qui	doi	vent	pa	yer	tous
35	36	37	38	39	40	41	42	43	44

leurs	frais	mé	di	caux	sans	a	ssis	tan	ce
45	46	47	48	49	50	51	52	53	54

Dans cette phrase, nous avons 22 fois la lettre **e:**

- parfois avec le son **é**: **É**tats-Unis, assur**é**e, pay**e**r, m**é**dicaux
- parfois couplée avec d'autres voyelles: **s**eulement, **l**eurs
- parfois avec le son **è**: **a**ctuel, **e**st, **p**ersonnes
- parfois la nasale **en** comme dans **v**ent: actuelle**ment**, seule**ment**

Donc, de ces 22 **e,** seuls 10 sont des **e** muets, susceptibles de disparaître. Nous avons souligné les sept **e** en fin de mots et les **e** des neuf monosyllabiques, comme **de, laisse, personnes, doivent, assistance,** etc.

Trois autres **e** muets peuvent encore disparaître: **actuellement, seulement** et **cela.**

Regardons à nouveau la phrase ci-dessus, mais cette fois sans les **e** muets disparus.

Grâce à la disparition des **e** muets, cette phrase n'a plus que 44 syllabes.

Aux	É	tats-	U	nis	ac	tu	ell		ment
1	2	3	4	5	6	7	8		9

seul		ment	X	pour	cent		d-la	po	pu	la	tion
10		11	12	13	14		15	16	17	18	19

est	as	su	ré			c-la	laiss		X	mi	llions
20	21	22	23			24	25		26	27	28

	d-per	sonn		qui	doiv		pa	yer	tous
	29	30		31	32		33	34	35

leurs	frais	mé	di	caux	sans	a	ssis	tanc	
36	37	38	39	40	41	42	43	44	

Avez-vous remarqué que les consonnes «abandonnées» par les **e** muets se rattachent à la syllabe qui suit ou qui précède? Les consonnes n'aiment pas la solitude!

Maintenant, vous vous demandez sans doute: Quel **e** muet pouvons-nous supprimer? La règle générale s'appelle la **Loi des Trois Consonnes.** Vous pouvez supprimer un **e** muet mais il ne peut jamais y avoir trois consonnes «prononcées» ensemble (*three-consonant cluster*).

Par exemple, observons la phrase suivante aussi extraite de la lecture de votre livre: **Est-<u>ce</u> qu<u>e</u> l'on a une assurance médicale?**

(1) Observons les deux **e** muets: dans **ce** et **que.** Appliquons la règle des trois consonnes:

- **ce** devient **c-**
- Mais, si nous supprimons le **e** dans **que,** nous avons **est-c_ qu__ l'on:** trois consonnes ensemble! Ça ne marche pas.
- Conclusion: nous gardons le **e** dans **que.**

(2) Observons le **e** muet dans **assuranc<u>e</u> médicale.** Le **e** de **assurance** peut disparaître, parce que le **n** dans **assu<u>ran</u>ce** ne se prononce pas: il est intégré dans la voyelle nasale **an.** Donc, après la disparition du **e,** il ne nous reste que deux consonnes prononcées: le **c-** et le **m.** Ainsi, on a respecté la loi des trois consonnes.

Et voilà! Vous connaissez maintenant tous les secrets des **e** muets et vous savez comment vous pouvez vous aussi *parler plus vite le français!*

Perception et production. Au début de ce chapitre dans votre livre, vous avez lu un dialogue entre Bernard et son médecin. Écoutez-le maintenant sur votre *SAM Audio* et lisez le texte ci-dessous simultanément. Prêtez attention aux **e** muets disparus. Nous avons barré tous les **e** qui peuvent disparaître. Répétez en même temps que le modèle.

Si possible, faites-le avec un copain ou une copine de cours et... pourquoi pas une petite représentation pour toute la classe!

◖ **Bernard va chez l<s>e</s> docteur**

BERNARD: Docteur, j<s>e</s> suis malad<s>e</s> depuis plusieurs jours. J'ai très très mal à la têt<s>e</s>, j'ai extrêm<s>e</s>ment mal à la gorg<s>e</s>, et j'ai la nausé<s>e</s>.

DOCTEUR: C<s>e</s>la a l'air grav<s>e</s>. Est-c<s>e</s> qu<s>e</s> vous avez d<s>e</s> la fièvr<s>e</s>?

BERNARD: Non, je n<s>e</s> crois pas. Mais j<s>e</s> n'ai pas d<s>e</s> thermomètr<s>e</s>. Il faut qu<s>e</s> j'en achèt<s>e</s> un.

DOCTEUR: Oui, il est absolument essentiel d'avoir un thermomètr<s>e</s> à la maison. Quand vous avez mal à la têt<s>e</s> – est-c<s>e</s> qu<s>e</s> la douleur est localisé<s>e</s> sur le crân<s>e</s> ou derrièr<s>e</s> les yeux?

BERNARD: Plutôt derrièr<s>e</s> les yeux. J'ai aussi l<s>e</s> nez qui coul<s>e</s> et j'ai mal aux dents.

DOCTEUR: Vous avez tous les symptôm<s>es</s> d'un<s>e</s> sinusit<s>e</s>. J<s>e</s> vais vous prescrir<s>e</s> de l'antihistaminiqu<s>e</s>. J<s>e</s> voudrais égal<s>e</s>ment qu<s>e</s> vous fassiez trois inhalations par jour. Et si vous avez toujours mal à la gorg<s>e</s>, prenez des pastill<s>es</s> à la menth<s>e</s>.

BERNARD: J<s>e</s> suis content qu<s>e</s> vous puissiez m'aider.

DOCTEUR: Et moi aussi j<s>e</s> suis heureux d<s>e</s> pouvoir vous aider. J'aimerais bien qu<s>e</s> vous veniez m<s>e</s> voir dans un<s>e</s> semain<s>e</s> si vous n<s>e</s> vous sentez pas mieux.

À vous d'écrire!

Votre auto-appréciation. Retournez au tableau d'auto-appréciation du Chapitre 14 et rassemblez vos résultats avec ceux de ce chapitre.

Motivation	Planification	Lecture	Concentration	Mémoire
Confiance en soi	Passer des examens	Finances	Objectifs de vie	Santé

Votre auto-appréciation (suite). Écrivez au moins 12 phrases complètes sur cette expérience d'auto-appréciation. Répondez aux questions suivantes. Utilisez au moins quatre expressions de volonté et d'émotion pour pratiquer
le subjonctif.

- Que pensez-vous des questions: sont-elles pertinentes, intéressantes, appropriées, redondantes, etc.?
- Que pensez-vous des catégories choisies: **motivation, planification, lecture, concentration, mémoire, confiance en soi et assurance, passer des examens, finances, objectifs de vie, et santé?**
- Avez-vous découvert certains aspects de votre personnalité?
- Que pensez-vous des recommandations? Comment pouvez-vous vous améliorer?
- Quel rôle votre équilibre physique et mental joue-t-il dans votre vie personnelle et académique?

_____

_____

_____

_____

_____

_____

_____

_____

_____

_____

Continuons!

Vocabulaire essentiel: Les émotions, le régime alimentaire

A. Le régime alimentaire. Pendant vos vacances de Noël, vous travaillez dans un magasin d'alimentation en Floride. Avec le nombre important de Québécois résidant en Floride en hiver, vous souhaitez annoncer certains produits en anglais *et* en français. Votre collègue ne parle pas français et a tout confondu! À côté de chacune des illustrations suivantes, mettez la lettre de l'appellation française correspondante.

_____ 1.

a. des produits bio (biologiques)

b. des produits light et de régime

c. des aliments riches en matières grasses

d. des produits surgelés

e. des aliments maigres (sans matières grasses)

_____ 2.

_____ 3.

_____ 4.

_____ 5.

B. Comment sont ces personnes? Décrivez les personnes dans l'illustration suivante.

1. Simone est _____

_____.

2. Henri est _____

_____.

3. Isabelle est _____

_____.

4. Oscar est _____

_____.

C. Qu'est-ce qu'ils devraient faire? Maintenant, mettez la lettre de la recommandation appropriée à côté de chacune des personnes que vous avez connues dans l'activité précédente.

1. Simone devrait _____.

2. Henri devrait _____.

3. Isabelle devrait _____.

4. Oscar devrait _____.

    a. garder sa ligne

    b. maigrir et suivre un régime

    c. grossir et prendre du poids

    d. continuer à manger sainement

D. Comment perdre 5 kilos en 5 semaines: un régime de star. Complétez le texte avec les mots et expressions appropriés de la banque de mots. N'oubliez pas de conjuguer les verbes et d'accorder les adjectifs.

    gros(se)   **régime**   **perdre du poids**   **jambes**   **mince**

C'est en tout cas le régime de l'actrice Jennifer Aniston. En 1993, pour la série *Friends,* on lui demande de

(1) _____. La presse n'était vraiment pas aimable à son égard et critiquait son

mauvais goût et ses rondeurs. Jennifer elle-même a longtemps souffert de son physique; elle se trouvait laide, trop

(2) _____, avec des (3) _____ trop courtes et des hanches

trop larges! Alors pour garder la ligne, elle a suivi un (4) _____ strict et s'est mise à

faire du sport. En 1998, toute (5) _____ et en confiance, elle a épousé le divin (!)

Brad Pitt et est aujourd'hui classée dans le top 10 des plus belles femmes d'Hollywood.

E. Quel genre d'émotions? En vous basant sur la lecture du texte ci-dessous, répondez aux questions. Utilisez les expressions d'émotion du Chapitre 15.

La lutte contre l'obésité

Le problème. D'une part, dans l'industrie alimentaire, la publicité prend une part grandissante pour augmenter les ventes. D'autre part, l'obésité est devenue un sujet de préoccupation majeure parce qu'elle fait exploser les coûts pour les assurances santé.

    Certains organismes officiels veulent protéger le bien-être des consommateurs; mais en même temps, on veut assurer la libre circulation des produits alimentaires.

    L'objectif est d'encourager le consommateur à suivre un régime alimentaire équilibré. L'exercice physique et la variation dans les menus sont primordiaux et essentiels.

1. D'après vous, comment les personnes obèses se sentent-elles? Donnez trois expressions différentes.

    Elles sont... _____.

2. Quels sentiments ont les organismes officiels face à l'obésité?

    Ils sont... _____.

3. Quels sont les sentiments des agences de publicité et de l'industrie alimentaire quand les autorités veulent contrôler la publicité?

    Les agences sont... _____.

F. Être au régime sans succès: c'est dur! Isabelle (mince) et Simone (obèse) se parlent. Marquez d'une **X** les expressions qu'elles utilisent dans leur conversation.

Pour décrire une personne

_____ être costaud	_____ être mince	_____ maigrir
_____ être forte	_____ être au régime	_____ manger sainement
_____ être grosse	_____ garder sa ligne	_____ perdre du poids
_____ être maigre	_____ grossir	_____ prendre du poids

Expressions d'émotion

_____ avoir honte	_____ être déçue	_____ être insatisfaite
_____ ça m'agace	_____ être déprimée	_____ être navrée
_____ être aux anges	_____ être désolée	_____ être malheureuse
_____ être en colère	_____ être fâchée	_____ être ravie
_____ être comblée	_____ être gênée	_____ être satisfaite
_____ être contente	_____ être heureuse	

G. Le pain bio... le pain de votre santé! Dans le Chapitre 14, vous avez lu et entendu différents arguments concernant les OGM (organismes génétiquement modifiés). Les Européens sont très concernés par ce problème. Le texte que vous allez écouter, tiré du journal suisse *Le Temps,* en est une illustration supplémentaire. Lisez le vocabulaire utile et les questions de compréhension, puis écoutez le passage et répondez aux questions ci-dessous avec des phrases complètes.

Vocabulaire utile: le goût (*taste*), la saveur (*taste*), additif chimique (*chemical additive*), agents de traitement

1. Que signifie le label «bio»?

   _____

2. Pourquoi faut-il des semences saines pour le pain bio?

   _____

3. Pourquoi le pain bio est-il meilleur pour la santé? Donnez deux raisons.

   _____

4. Pour quel organe interne de notre corps est-il idéal?

   _____

Structure 2: Le subjonctif pour exprimer le jugement et le doute

H. Congé de paternité (*Paternity leave*)? La Commission pour l'Égalité des Chances[9] en Grande-Bretagne propose un congé de paternité. Reliez[10] les expressions ci-dessous pour créer des phrases complètes sur ce thème. N'oubliez pas de conjuguer les verbes entre parenthèses, soit au **subjonctif,** soit à **l'indicatif.** La première question est déjà faite pour vous servir de modèle.

1. Il est probable et il se peut fort bien que les pères britanniques (*c*) *puissent* bientôt avoir droit à six mois de congé de paternité.

2. Je trouve qu'il est très bon et tout à fait juste que ces pères

_____ .

3. C'est très bien que le gouvernement _____

_____ .

4. Huit pères sur dix (8/10) pensent qu'ils _____

_____ .

5. Quatre mères sur dix (4/10) sont très heureuses que leur

conjoint[11] _____ .

6. Mais il n'est pas possible que les deux parents _____

_____ .

7. Dans les pays scandinaves, Danemark, Norvège et Suède,

c'est encore mieux! Il est vrai que les pères _____

_____ .

a. (avoir) la possibilité de s'arrêter de travailler en même temps

b. (prendre) en considération la responsabilité du père

c. (pouvoir) bientôt avoir droit[12] à six mois de congé de paternité

d. (pouvoir) prendre 32 semaines de congé et garder l'intégralité de leur salaire

e. (être) prêts à rester à la maison pour s'occuper de leur nouveau-né[13]

f. (prendre) le relais[14]

g. (vouloir) de plus en plus jouer un rôle actif dans la vie de leurs enfants

I. Qu'en penseraient nos grands-parents? Lisez le texte ci-dessous et après, choisissez la forme verbale correcte de chaque verbe entre parenthèses.

Récemment, j'ai lu un article dans le magazine *Closer* à propos d'une divorcée de 38 ans, Élisabeth, qui rêvait d'être enceinte[15] et a choisi un donneur de sperme inconnu. Dans la dixième semaine de sa grossesse[16], les médecins lui ont appris qu'elle attendait[17] des quadruplés! Elle a accouché[18] de quatre bébés qui étaient tous en bonne santé. Aujourd'hui, tous ses amis aident Élisabeth et ses enfants.

Il est douteux que nos grands-parents plus conservateurs (1. *peuvent – puissent*) _____ tolérer ce genre de situation. Mais il n'est pas certain que l'on (2. *peut – puisse*) _____ arrêter la science. De toute manière, il est évident qu'Élisabeth (3. *est – soit*) _____ très heureuse avec ses enfants. Il est possible qu'elle (4. *doit – doive*) _____ se marier pour donner un père à ses enfants. Certains amis d'Élisabeth pensent qu'elle (5. *doit – doive*) _____ le faire.

J. Et vous, qu'en pensez-vous? Maintenant, composez trois opinions sur l'article ci-dessus. Utilisez des expressions de jugement, de certitude ou de doute.

1. _____

2. _____

3. _____

[9]*Commission for Equal Opportunity*   [10]*match*   [11]*spouse*   [12]*to be entitled to*   [13]*newborn*   [14]*assume a "shift," take over*   [15]*pregnant*   [16]*pregnancy*
[17]*was expecting*   [18]*gave birth*

K. La nounou droguait mon enfant. Avant d'écouter, regardez le vocabulaire utile ci-dessous. Pour les mots apparentés, nous n'avons pas mis la traduction en anglais. Ensuite, écoutez et complétez la dictée partielle.

Vocabulaire utile: nounou/nourrice (*nanny*), la tranquillité, mortel (*lethal*), les yeux gonflés (*swollen eyes*), un pédiatre (*pediatrician*), une analyse de sang (*blood sample analysis*)

Tout le monde (1) _____ qu'elle (2) _____ la nounou idéale. Mais il

(3) _____ qu'elle (4) _____ administré un sirop sédatif à des dizaines

d'enfants. Il (5) _____ que c' (6) _____ une manière d'avoir le calme avec tous

ces enfants. Mais il n'y a pas de doute que les effets secondaires de ce sirop (7) _____ être graves

et peut-être mortels.

Tout a commencé en 2002, quand Annabelle (8) _____ que sa petite fille

Eloïse (9) _____ les yeux gonflés et (10) _____ son équilibre. Annabelle

(11) _____ probable que sa petite fille (12) _____ d'une allergie.

Elle est allée voir le pédiatre; il (13) _____ une analyse de sang. La vérité a éclaté.

Heureusement pour Annabelle et Eloïse, tout (14) _____. Ouf!

L. La taille la plus fine du monde. Avant d'écouter, regardez le vocabulaire utile ci-dessous. Ensuite, écoutez et complétez la dictée partielle.

Vocabulaire utile: taille de guêpe (*wasp waist, i.e., extremely tiny waist*), malgré (*in spite of*), cage thoracique (*ribcage*)

Pour plaire à son mari, Catherine (1) _____ un corset 24 heures sur 24, 7

jours sur 7... même pour dormir! (2) _____

son premier corset en 1959 pour son mariage. (3) _____ Robert, son mari,

adore les tailles de guêpe! (4) _____!

À cette époque, sa taille mesure 66 cm. C'est trop! (5) _____

_____. Aujourd'hui, elle a plus de 60 ans, mais une taille de 38 cm

seulement. Avec son corset, il est peu probable qu'elle puisse mener une vie normale. Mais elle nous assure du

contraire. Il est évident qu'elle (6) _____ son corset pour prendre sa douche. Mais

pour le reste, il se peut très bien qu'elle ait son corset tout le temps.

Les risques? Il y en a. Ce corset a modifié son corps. Son cœur, son estomac et son foie sont remontés de

plusieurs centimètres à l'intérieur de sa cage thoracique; sa capacité de respiration est réduite. Son médecin lui a

dit: «Chère madame, il est inacceptable que (7) _____ votre santé pour une

question d'esthétique.»

À vous de vous perfectionner! (2)

Les problèmes de prononciation: orthophonie, logopédie, acoustique et logiciels

Observons! Avez-vous déjà essayé de crier dans l'eau? Vous avez vu le film *Finding Nemo?* Alors, vous avez certainement apprécié quand l'énorme baleine[19] répond aux appels lancés par l'amie du papa du petit Nemo. Comment ces cris de baleine peuvent-ils s'entendre dans l'eau?

Avez-vous remarqué la différence de son entre un violon et une contrebasse? Le violon est tout petit par rapport à la contrebasse, n'est-ce pas? Dans le même ordre d'idée, avez-vous remarqué la différence entre une flûte et un hautbois? Même chose: le hautbois est beaucoup plus grand que la flûte.

Quand vous remplissez une bouteille ou un vase d'eau, avez-vous remarqué que le bruit de l'eau change? Au début, quand la bouteille est vide, le «glou-glou» est grave, comme une voix d'homme. Ensuite, quand la bouteille se remplit (*fills up*), le «glou-glou» devient plus aigu, comme une voix de femme ou d'enfant.

Avez-vous remarqué que vous reconnaissez facilement la voix de quelqu'un au téléphone, sans voir cette personne? C'est parce que la voix, un peu comme les empreintes digitales, est très particulière et quasi unique pour chaque individu.

Avez-vous remarqué l'accent particulier de Tom Hanks dans le film *Forrest Gump?* Dans d'autres films cet acteur n'a pas du tout cet accent du sud. Comment l'a-t-il appris?

Savez-vous que certains avocats, médecins ou professeurs étrangers doivent suivre des cours de prononciation anglaise pour pouvoir pratiquer leur profession et mieux communiquer avec leurs clients, patients et étudiants? Ils doivent suivre des cours de «*accent reduction*».

Quand vous écoutez un programme de radio, quelle est la fréquence FM? 89.1 ou 100.9?

Ces observations et questions illustrent la relation directe entre l'acoustique et la prononciation. L'air que nous propulsons quand nous parlons est le medium de support pour tous nos exercices en prononciation française, anglaise, ou autre!

Voici les grandes lignes de ce domaine de la physique et de la physiologie, et surtout, leur relation avec nos exercices de prononciation.

Vous êtes en voyage d'étude à Paris. Que se passe-t-il quand vous parlez ou posez une question à votre interlocuteur?

- votre cerveau encode le message
- votre bouche transmet le message
- le message se transmet à travers des ondes dans l'air
- le message arrive à l'oreille de votre interlocuteur
- le cerveau de votre interlocuteur décode le message

vous (le locuteur)		→	**votre interlocuteur francophone**	
votre cerveau	votre bouche	**l'air** et les ondes	son oreille	son cerveau
niveau	*niveau*	*niveau*	*niveau*	*niveau*
linguistique	*physiologique*	*acoustique*	*physiologique*	*linguistique*

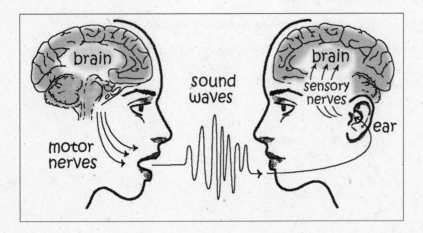

[19]*whale*

L'air et les ondes sont le medium pour transmettre les sons acoustiques. Le cerveau qui décode perçoit que vous avez un accent étranger. Comment un cerveau «français» entend-il que vous avez un léger ou fort accent américain? La réponse peut en fait être très simple. Revoyons les parties de votre corps impliquées quand vous parlez:

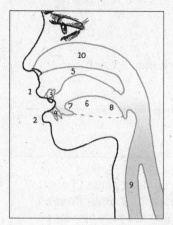

Votre bouche est un peu comme la bouteille d'eau. Quand vous changez la position de votre langue, l'ouverture de vos lèvres, le volume d'espace à l'intérieur de votre bouche, vous changez la forme de la bouteille d'eau. Donc le «glou-glou» change lui aussi de son. En acoustique, ces changements de forme s'appellent des formants; c'est-à-dire qu'ils «forment» les ondes de vos paroles et de vos mots, vos verbes, etc. Grâce à de merveilleux logiciels, vous pouvez «voir», entendre et mesurer la différence entre les formants d'un *u* anglais et un *u* français.

Comment et pourquoi votre interlocuteur français perçoit-il votre accent étranger?

Le cerveau de votre interlocuteur français est habitué à certains formants du **u.** Si vos lèvres ne forment pas un baiser, les formes de votre **u** créeront un «glou-glou» différent du **u** français habituel. Et le cerveau de votre interlocuteur va automatiquement décoder: accent étranger! Le même raisonnement est applicable pour tous les sons que nous avons étudié ensemble: **ou, é, r, an, ain, p-t-k** sans aspiration, etc.

Nous revenons donc au Chapitre 1 de notre livre! Tout dépend des mouvements et de la position des différentes parties de votre bouche.

Pour aller plus loin et étudier plus en profondeur[20] ces phénomènes, vous pouvez prendre des cours de linguistique, de sociolinguistique, d'orthophonie[21], d'acoustique ou des cours de diction, de prononciation et/ou de chant dans le monde du spectacle, du cinéma ou du théâtre.

Perception et production. Bien prononcer, c'est aider au dialogue, à la conversation, à la communication. Alors pratiquons avec les questions de votre livre. Mettez tout votre cœur pour assurer et garantir que votre interlocuteur vous entend bien et vous comprend bien.

Mes sentiments. Dans votre livre de texte, avec un partenaire, vous allez discuter de ce qu'il faut faire pour éviter le stress et rester en bonne santé. Vous verrez les mêmes questions ci-dessous. Lisez-les, écoutez-les attentivement sur votre *SAM Audio* et finalement, rejouez l'enregistrement et répétez avec le modèle.

1. Quand vous avez trop de travail, de devoirs, d'examens ou de responsabilités familiales, qu'est-ce qu'il est important de faire pour réduire le stress?

2. Est-il prioritaire que vous mangiez de façon équilibrée? que vous mangiez des produits biologiques? Est-ce que vous le faites?

3. À votre avis, est-il important que vous vous fassiez vacciner régulièrement? Pourquoi ou pourquoi pas?

4. Est-il essentiel de faire une activité physique tous les jours? Quelle activité est-ce que vous faites de façon régulière?

5. Combien d'heures faut-il que vous dormiez chaque nuit? Est-ce que vous le faites?

6. Est-il important que vous limitiez votre consommation d'alcool et de tabac?

À vous de lire!

Un petit mot de préparation. Les thèmes présentés dans ces lectures ci-dessous sont peut-être un peu complexes et délicats. Mais ces thèmes sont tout à fait d'actualité et font certainement partie de vos pensées et de vos conversations. Alors, allons-y!

[20]*in depth*   [21]*speech pathology*

A. Les soins palliatifs et l'acharnement thérapeutique vs. l'euthanasie

Avant de lire. Répondez aux questions ci-dessous avant de lire le texte qui suit.

1. Que savez-vous des soins palliatifs, de l'euthanasie et de l'excès de zèle thérapeutique? Connaissez-vous certains cas?

_____

2. Avez-vous été personnellement confronté(e) à cette situation?

_____

Nous connaissons des cas comme celui de Terri Schiavo aux États-Unis (2005) ou de la petite Charlotte en Angleterre (2003–2005). Quand Charlotte est née prématurément, elle mesurait 13 centimètres et ne pesait que 450 grammes. Ses poumons, ses reins et son cerveau étaient largement sous-développés. Charlotte n'est jamais sortie de l'hôpital.

Le dialogue est très difficile. D'une part, il y a les parents, de fervents chrétiens qui disent que «Dieu veut qu'elle vive». D'autre part, l'équipe médicale s'oppose à l'acharnement thérapeutique[22]. [...] Les médecins disent que Charlotte ne ressent qu'une longue douleur ininterrompue et la maintenir en vie est vain et inhumain.

Mais d'autres membres du corps médical s'opposent fermement à toute forme d'euthanasie que ce soit[23] pour des prématurés, des personnes âgées ou des patients souffrant de maladies incurables.

L'objectif des soins palliatifs[24] est d'accompagner le patient en fin de vie et de l'aider à lutter contre la douleur, de procurer un confort physique, relationnel et spirituel au patient. Les soins palliatifs devraient s'envisager pour toute longue durée de souffrance, comme pour certains cancers. Cette procédure devrait être conforme aux souhaits du patient, pas aux désirs du médecin. [...] Les soins palliatifs devraient être intégrés au programme des cours de médecine: gériatrie, pédiatrie, maladies chroniques, psychiatrie.

Compréhension. Répondez aux questions suivantes selon la lecture.

1. Dans le cas de la petite Charlotte, pourquoi parle-t-on d'acharnement thérapeutique?

_____

2. Quels sont les deux points de vue opposés?

_____

3. Pourquoi les soins palliatifs sont-ils une alternative possible?

_____

Après la lecture. Après avoir lu ce texte, que pensez-vous personnellement de ce dilemme entre le zèle thérapeutique[25] et l'euthanasie? Si vous étiez docteur ou médecin, quelle perspective défendriez-vous? Êtes-vous pour ou contre l'euthanasie? Croyez-vous que certains cas soient plus faciles à résoudre que d'autres?

_____

_____

_____

_____

_____

[22]*life support*   [23]*whether*   [24]*palliative care*   [25]*therapeutic zeal*

B. Les médecines complémentaires et alternatives

Avant de lire. Dans votre livre, avant la lecture sur «les cures thermales et la thalassothérapie», vous avez une série de questions directement liées à ce sujet. Revoyez vos réponses à ces questions pour vous préparer au texte ci-dessous. Ensuite, lisez le texte suivant et les questions de compréhension.

Depuis plusieurs décennies, les médecines complémentaires[26] répondent à un besoin exprimé par de nombreux patients dans les sociétés occidentales. [...]

- La médecine anthroposophique observe par exemple ... des rythmes sommeil-éveil[27].
- L'homéopathie affirme que les principes susceptibles de causer une maladie peuvent aussi stimuler la capacité des patients à se guérir eux-mêmes[28].
- La thérapie neurale emploie des injections ... d'anesthésiques pour interrompre ... un circuit nerveux, par exemple pour interrompre la douleur.
- La phytothérapie utilise des préparations à base de plantes.
- La médecine chinoise utilise par exemple des médicaments à base de plantes et l'acupuncture.

Les adeptes de ces thérapies alternatives sont souvent déçus par l'impuissance de la médecine traditionnelle ou s'opposent aux effets secondaires de certains médicaments ou traitements et remèdes... Ces patients, bien souvent des enfants, des femmes ou des personnes souffrant de maladies chroniques, sont en général très motivés, veulent être responsables de leur santé ... au lieu d'attendre que le médicament produise un miracle.

Les médecins adeptes de ces thérapies passent plus de temps avec chaque patient, mais par conséquent reçoivent moins d'honoraires.

Le dernier problème est la reconnaissance de ces thérapies par les compagnies d'assurance!

Compréhension. Répondez aux questions suivantes selon la lecture.

1. Quelles sont certaines médecines alternatives?

_____

2. Quel est le profil des patients qui préfèrent les thérapies alternatives?

_____

3. Quelles sont deux grandes différences entre les médecins conventionnels et ceux adeptes des thérapies alternatives?

_____

Après la lecture. Après avoir lu le texte, pensez aux questions suivantes et répondez-y.

1. Quel est le rôle et l'impact des thérapies alternatives aux États-Unis?

_____

2. Que pensez-vous de l'avenir des thérapies alternatives aux États-Unis?

_____

3. Pourquoi l'opinion des compagnies d'assurance est-elle critique?

_____

[26]*alternative medicine*   [27]*sleeping-waking*   [28]*to heal themselves*

CHAPITRE

16 Mes voyages et mes souvenirs

Commençons!

Vocabulaire essentiel: Les avions et les trains

A. À la gare, à l'aéroport, dans l'avion. Trouvez les définitions les plus appropriées pour les mots suivants relatifs à ces trois catégories: à la gare, à l'aéroport, dans l'avion.

À la gare

1. le quai _____

2. le guichet _____

3. composter _____

4. l'horaire des trains _____

a. valider un billet

b. l'endroit où les passagers attendent

c. indique l'heure de départ et d'arrivée

d. l'endroit où l'on achète les billets

À l'aéroport

5. la douane _____

6. la valise _____

7. la porte d'embarquement _____

8. le tapis roulant _____

e. on y met les vêtements

f. l'endroit où l'on met les valises

g. on y montre une pièce d'identité

h. c'est par là que l'on rentre dans l'avion

Dans l'avion

9. l'atterrissage _____

10. le siège _____

11. le mal de transports _____

12. le décollage _____

i. on s'y assoit

j. quand on se sent mal

k. quand l'avion monte

l. quand l'avion descend

B. Voyages en train. Carol Goldthorne travaille à Washington pour la Délégation de la Commission de l'Union européenne aux États-Unis. Elle rentre d'une semaine de réunions intensives à Bruxelles, à Luxembourg et à Strasbourg (en France). Hubert de Villemuyser, son collègue de l'Ambassade de France, l'accompagne dans son vol de retour à Washington. Carol explique à Hubert qu'elle a voyagé en train pendant son séjour. C'est en fait le moyen de transport favori de la majorité des fonctionnaires de l'Union européenne; c'est très facile, rapide et agréable pour voyager en Europe. Complétez le texte avec les mots et expressions appropriés.

wagon-lit	wagon-restaurant	le quai	l'horaire des trains
non fumeur	le guichet	composter le billet	fumeur

1. Pour acheter son billet, Carol a dû faire la queue au _____ pendant une demi-heure.

2. Comme elle déteste les odeurs de cigarettes et de tabac, elle a choisi une place dans un compartiment _____ .

3. Après avoir acheté son billet, pour vérifier les heures de départ et d'arrivée, elle a consulté attentivement

_____.

4. Le lendemain, elle est arrivée trop tôt à la gare et a dû attendre longtemps sur

_____ avant que le train n'arrive.

5. Pendant le trajet, plusieurs contrôleurs de train ont voulu _____ de Carole

pour le valider.

6. Pendant le trajet Bruxelles–Strasbourg, à l'heure du déjeuner, Carol est allée au

_____ pour prendre une omelette aux champignons et une bonne bière belge.

7. Comme son train arrivait vers 22h30, elle n'a pas eu besoin de dormir dans le train et elle n'a donc pas

voyagé en _____.

C. À l'aéroport. Pour chaque étape depuis l'arrivée de Carole et Hubert à l'aéroport jusque dans l'avion, revoyons les objets, actions et personnes. Lisez les questions et répondez-y en utilisant des mots ou expressions appropriés du vocabulaire du Chapitre 16.

Au comptoir d'enregistrement

1. Qui s'occupe de Carole?

_____

2. Que font Carole et Hubert avec leurs bagages?

_____

3. Quels documents doivent-ils fournir? (Donnez au moins trois réponses.)

_____

4. S'ils arrivent en retard à l'aéroport, quel risque courent-ils avec leur vol?

_____

_____

Au contrôle de sécurité

5. Qu'est-ce qu'on demande qu'ils fassent?

_____

Au terminal

6. Comment se font les annonces pour les passagers?

_____

7. Quel genre d'annonce peuvent-ils entendre dans le terminal?

_____

D. À la gare, à l'aéroport, dans l'avion (2). Lisez la liste de mots ci-dessous. Ensuite, écoutez les descriptions et écrivez le numéro de la description qui correspond à chacun des mots ci-dessous.

À la gare

_____ a. un billet non fumeur

_____ b. le quai

_____ c. la gare

_____ d. le wagon-lit

À l'aéroport

_____ e. la douane

_____ f. le tapis roulant

_____ g. la porte d'embarquement

_____ h. l'enregistrement

Dans l'avion

_____ i. la sortie de secours

_____ j. la piste d'atterrissage

_____ k. l'hôtesse de l'air/le steward

_____ l. la ceinture de sécurité

E. Dans l'avion. Lisez les questions suivantes, écoutez le texte et enfin répondez aux questions par quelques mots, expressions ou verbes appropriés.

1. Dans l'avion, qui s'occupe des passagers?

   _____

2. Qu'est-ce qui est primordial pour le personnel de bord?

   _____

3. Quel genre de difficultés Carole et Hubert ont-ils avec leurs bagages à main?

   _____

4. Quel petit problème de santé Carole a-t-elle?

   _____

5. Ce problème est surtout présent quand l'avion _____ et _____.

6. À leur arrivée à Washington, où est-ce que Carole et Hubert doivent se rendre et pourquoi?

   _____

   _____

7. Quels sont leurs derniers mots?

   _____

Structure 1: Les expressions géographiques

F. Les voyages de Laurent. Laurent voyage énormément pour ses affaires. Complétez les phrases ci-dessous en utilisant soit **de, du, des, d', en, au, aux** ou **à**.

1. Laurent habite _____ États-Unis.

2. Ses parents viennent _____ Suisse, mais son épouse, Angela, vient _____ Canada.

3. L'année dernière, il est allé _____ Angleterre et _____ Londres.

4. Il est rentré _____ Angleterre et _____ Londres.

5. Immédiatement après, il est allé _____ Mexique.

G. Notre monde et la démographie. Complétez le texte ci-dessous en utilisant **de, du, des, d', en, au, aux** ou **à**.

En 2005, il y avait quelques 200 millions de migrants internationaux contre 75 millions il y a trente ans.

Les migrations influencent les questions de développement économique, de droit de l'homme et de sécurité,

selon la Commission Mondiale sur les Migrations Internationales. Les membres de cette Commission viennent

(1) _____ Suisse, (2) _____ Brésil, (3) _____ Maroc et (4) _____ Philippines.

Rien ne se passe comme prévu. On prévoyait une surpopulation, mais aujourd'hui, on craint[1] la **dé**population

de la planète d'ici une cinquantaine d'années. En 1900, l'Europe représentait 33% de la population mondiale,

aujourd'hui 6,2%! Voyons certains cas:

(5) _____ Europe, l'indice de fécondité est tombé à 1,5

(6) _____ France, 1,94

(7) _____ Portugal, (8) _____ Espagne et (9) _____ Italie = 1,3

(10) _____ Asie Orientale, il est descendu à 1,6

(11) _____ Hongkong = 0, 8

(12) _____ États-Unis = 2,09, un taux en fait plus élevé qu'en 1980

(13) _____ Brésil = 2,01

(14) _____ Tunisie = 1,90

Bien sûr de nombreux pays connaissent encore des indices de fertilité très élevés. C'est le cas pour les

populations venues (15) _____ Afrique subsaharienne, (16) _____ Inde et (17) _____

Moyen-Orient.

Résultat: les démographes annonçaient 15 milliards d'habitants pour 2050; mais à présent, on en prévoit

seulement 9 milliards! Ce phénomène aura des effets économiques marquants.

H. Les voyages de Frédérique. Frédérique a toujours beaucoup voyagé avec sa famille et encore
maintenant elle voyage énormément pour son travail. D'abord, écoutez les phrases qui décrivent ses voyages.
Ensuite, écrivez tous les continents, villes et pays mentionnés avec les articles appropriés: **l', le, la** ou **les.** Mettez
les pays féminins dans la colonne **rouge** et les pays masculins dans la colonne **bleue.**

Rouge (féminin)	Bleu (masculin)
1.	1.
2.	2.
3.	3.
4.	4.
5.	5.
6.	
7.	

[1]*fears*

○I. Il est grand temps et utile d'encourager les migrations. Vous allez écouter un texte qui traite de l'immigration. À côté de chaque pays mentionné, écrivez la préposition qui l'accompagne dans l'audio. Ensuite, justifiez/expliquez le choix de la préposition.

MODÈLE: *Vous entendez:*   En Belgique, le chômage...

   Vous écrivez: *en*

   Vous expliquez: *la Belgique = pays féminin + e → en*

1. _____ États-Unis _____

2. _____ Europe _____

3. _____ Suisse _____

4. _____ Mexique _____

5. _____ Inde _____

6. _____ Philippines _____

7. _____ États-Unis _____

8. _____ Australie _____

9. _____ Canada _____

10. _____ Espagne _____

11. _____ Angleterre _____

À vous de vous perfectionner! (1)

> 1. Couples spéciaux de voyelles
> 2. Quelques mots du Chapitre 16: Obstacles prévisibles
> 3. Résumé des règles de prononciation des 16 chapitres

1. Couples spéciaux de voyelles: 2 voyelles juxtaposées = 2 sons différents

À présent, vous êtes tout à fait familiarisés avec les couples traditionnels de voyelles comme: **leur, vais, connaître, eau, haut,** etc. Ces couples de voyelles correspondent à *un seul son,* même s'il y a en fait *deux voyelles.* Nous avons aussi étudié des couples comme **pied, nièce** ou **boire;** dans ces cas, nous avons deux sons mais le premier est très, très court.

Observons les quelques mots suivants et prêtons plus particulièrement attention aux couples soulignés: **noël, européen, aéroport, maïs, réitérer, homéopathie, géant.**

Dans ces sept cas, les deux voyelles soulignées correspondent à deux sons bien séparés, de deux syllabes bien distinctes. On les appelle des **HIATUS.**

Ce mot existe bien sûr aussi en anglais. Mais attention à la prononciation en français:

La prononciation française de HIATUS:

> *i* = comme *il*
>
> + *a* = comme *papa*
>
> + *t* = sans aspiration
>
> + *u* = lèvres bien arrondies comme un baiser
>
> + *s*
>
> = *i – a – tus*

Il existe un moyen très simple pour identifier ces mots: en général, une des deux voyelles porte un accent pour bien marquer sa séparation de l'autre voyelle.

⌒ Perception et production. Lisez et écoutez simultanément. Ensuite répétez après le modèle.

Joyeux N<u>oë</u>l

le parlement europé<u>en</u>

la culture du m<u>aï</u>s

je vous ré<u>it</u>ère mes vœux

l'<u>aé</u>roport de Noumé<u>a</u> n'est pas gé<u>an</u>t

2. Quelques mots du Chapitre 16: Obstacles prévisibles

Quelques mots apparentés et consonnes finales (1)

Pour cet exercice, il faut que vous écoutiez la prononciation des mots et expressions sélectionnés. Ce sont soit des mots apparentés, soit quelques mots bizarres! Nous avons souligné pour vous les difficultés principales.

⌒ Mots du *Lexique* du Chapitre 16	Obstacles prévisibles
<u>aé</u>roport	a # é: 2 sons séparés = **hiatus**; t final pas prononcé
le bille<u>t</u>	t final pas prononcé
le <u>haut</u>-(parleur)	h muet, t final pas prononcé
les passag<u>ers</u>	ers = é
la p<u>iè</u>ce d'<u>identité</u>	iè = comme **yes**; i de **identité** = comme **il**, pas **eye**; en = nasale, donc ne pas prononcer le **n**
le tapi<u>s</u>	s final pas prononcé;
le termi<u>nal</u>	accent sur -**nal**
la desti<u>nation</u>	na = a comme **papa**; -tion = s + y; on nasale, donc pas de **n**; accent sur -**tion**, pas sur **na**
à bor<u>d</u>	d final pas prononcé
l'agen<u>t</u> (au sol)	t final pas prononcé
le guiche<u>t</u>	t final pas prononcé
le <u>quai</u>	qu = k, pas **kw**; ai = è
le w<u>agon</u>	a comme dans **father**; on = nasale, donc pas de **n** Le **w** de wagon se prononce comme le **v** dans valise

3. Résumé des règles de prononciation des 16 chapitres

Voici le plan général et la distribution des thèmes par chapitre de toutes les différentes règles de prononciation que nous avons étudiées ensemble.

Types de problèmes et questions	Chapitre(s) où les problèmes et questions sont traités
I. Rythme, accentuation et intonation	1, 8, 9, 11, 16
II. Les voyelles	11
le **a** de **magazine**	2, 3, 9
le **i** de **lit qui sourit**	3, 5, 9
le **é** de **bébé** et **chanter**	3, 9
le **è** de **mère** et **ê** de **fête**	3
le **e** comme *duh!* et **je, te, le, de...**	3, 14, 16
le **e** muet	1, 2, 3, 6, 9
le **ou** des **amoureux qui roucoulent**	1, 2, 3, 6, 9
le **u** du baiser	

Types de problèmes et questions	Chapitre(s) où les problèmes et questions sont traités
III. Voyelles en couples: *a, e, i, o, u*	
ai: je fais, je vais; ail–aille: le travail, je travaille; au: au restaurant chaud	4, 6
le **eu** de **j'ai peur**	6, 12
le **eu** de **je peux**	6, 12
eau: de l'eau, du gateau, un château	4
ier: premier, quartier; iè: pièce, première; ie: boucherie	4
oi – oy: devoir, loyer, noir	4
le **ui** de **cuisine** = un baiser + un sourire	6
deux voyelles = deux sons: **maïs**	16
IV. Voyelles + *n/m* = **nasales**	
an-am-en: enfant, chambre	4, 9, 10
in-ain-oin-un: vin, pain, coin, un brun	4, 9, 10
on: l'oncle, allons	4, 9, 10
V. Voyelles + *n/m* = **non nasales**	
pardon → pardonnez-moi	5, 7, 10
un Américain → une Américaine	
magasin → magazine	
je prends → nous prenons, ils prennent	
grand, grande → gramme	
VI. Les consonnes	
la consonne finale qui disparaît: **le chant** vs. **je chante**	3, 11
le **c** de **carte** et le **qu** de **quiche**	6, 10
le **ch** dans **chambre**	7
le **g** de **gauche** et le **gu** de **baguette**	6
le **h** fantôme de **l'histoire, l'hôtel**	11
le **h** aspiré dans **le haricot**	12
le **j** de **déjeuner** et **jouer**	7, 10
le **gn** de **lasagne**	6, 10
le **ll: intelligent** vs. **famille**	5
les **p, t, k** + aspiration	14
le **r** qui ronronne	2, 3, 5, 8, 9
le son **s** dans **journaliste, France, français, mission, information, démocratie**	7, 10
le son **z** dans **zoo** et **cuisine**	7, 10
le **th - t** de **théâtre**	11
VII. Les liaisons	
liaisons obligatoires: **deux enfants**	12, 14
liaisons interdites	13, 14
VIII. Mots apparentés	
accentuation	8, 10, 13, 14, 15, 16
consonne finale	8, 10, 11, 13, 14, 15, 16
r	8, 9, 10, 13, 14, 15, 16
évitez le **gliding** pour garder des voyelles courtes	8, 10, 13, 14, 15, 16

Perception et production. Les deux séries de questions suivantes viennent du Chapitre 16 de votre texte. Pour vous préparer aux dialogues, impliquez vos sens, votre corps! Voici une stratégie efficace:

- **Vos yeux et votre cerveau:** Lisez les questions que vous allez entendre et aussi les questions que vous devrez poser.
- **Vos oreilles et votre cerveau:** Simultanément, écoutez-les attentivement.
- **Votre bouche et votre cerveau:** Ensuite, répétez ces questions avec le modèle.

A. La bonne réponse.

1. Avez-vous quelque chose à déclarer?
2. Quel type de billet achète-t-on quand on ne fume pas?
3. Qui sont les personnes qui s'occupent des passagers dans l'avion?
4. À l'aéroport, comment s'appelle l'endroit où les passagers font des achats qui leur coûtent moins cher?
5. Où va-t-on chercher les bagages?
6. Que fait-on pour valider un billet à la gare?
7. Que fait un avion qui arrive à sa destination finale?
8. Comment s'appelle le papier qui sert à identifier les bagages?
9. Où est-ce que les passagers attendent leurs trains?
10. D'où décollent les avions?

B. Quel genre de voyageur(euse) êtes-vous?

1. Quand tu rentres aux États-Unis après un voyage à l'étranger, est-ce que tu rapportes des produits qui sont interdits dans ton pays? (Par exemple, du fromage frais, de la viande, des cigares, des fruits.)
2. Tu es dans l'avion et tu as un siège près des toilettes. Une femme enceinte rentre dans l'avion en se plaignant car son siège est loin des toilettes. Est-ce que tu lui proposes ta place?
3. Un vieux monsieur ne peut pas mettre ses bagages dans le compartiment à bagages. Vas-tu l'aider?
4. Derrière toi dans l'avion, il y a un enfant qui pleure constamment. Est-ce que tu te retournes et est-ce que tu dis à sa mère de le faire taire?
5. Quand tu voyages en avion, est-ce que tu dois absolument avoir un siège près du couloir ou près de la fenêtre? Ou ça n'a pas d'importance?
6. Es-tu malade en avion? Dois-tu prendre des médicaments?
7. Est-ce que tu essaies de prendre plus d'un bagage à main avec toi dans l'avion?
8. Dans l'avion, est-ce que tu occupes toute la place dans le compartiment avec tes bagages et tes affaires personnelles?
9. Est-ce que tu as déjà raté un vol? En général arrives-tu en retard ou à l'heure à l'aéroport?
10. Est-ce que tu restes assis(e) dans ton siège avec la ceinture de sécurité attachée ou est-ce que tu circules dans la cabine pendant le vol?

C. Pour aller plus loin

Tout au début de ce chapitre, vous avez écouté une scène dans un aéroport et à bord d'un avion. Écoutez votre *SAM Audio* et pratiquez avec enthousiasme cette conversation. Ensuite... pourquoi pas une présentation pour toute la classe?

À l'enregistrement au comptoir d'Air France

L'HÔTESSE: Vous voulez enregistrer deux valises?

LUC: Oui, c'est bien ça.

L'HÔTESSE: Combien de bagages à main avez-vous?

LÉA: Nous en avons deux.

L'HÔTESSE: Très bien. Veuillez me montrer vos billets d'avion et une pièce d'identité, s'il vous plaît. Avez-vous une carte d'abonnement?

LÉA: Voici nos passeports et nos billets. Et voici notre carte Fréquence Plus d'Air France.

L'HÔTESSE: Voyons...Vous avez les sièges 15A et 15B. Madame, votre siège est près du couloir. Préférez-vous la fenêtre?

LÉA: Oh, non! J'aime être près du couloir; comme ça je peux aller aux toilettes plus facilement!

L'HÔTESSE: Votre vol à destination de Pointe à Pitre est direct—sans escale. Votre embarquement s'effectuera à 15 heures 30 au terminal T, porte 10.

Au contrôle sûreté

LE CONTRÔLEUR: Placez vos bagages à main sur le tapis roulant, merci.

LÉA: Luc, tu veux passer le premier par le détecteur de métaux? N'oublie pas de vider tes poches.

LUC: Oui, je vais passer d'abord. Voilà mes clés et mon mobile.

LE CONTRÔLEUR: Merci. C'est bon. Au suivant!

À la douane

LE DOUANIER: Bonjour. Vos passeports et vos billets d'avion, s'il vous plaît.

LUC ET LÉA: Bonjour Monsieur. Les voilà.

LE DOUANIER: Vous partez en Guadeloupe?

LUC: Oui, nous allons passer notre lune de miel en Guadeloupe. Nous allons visiter la Guadeloupe et après, nous irons à Fort-de-France en Martinique.

LE DOUANIER: Vous avez de la chance! J'ai souvent visité la Guadeloupe et j'adore Pointe-à-Pitre. Bon, je vois que tout est en règle! Bon voyage!

Au terminal

LE HAUT-PARLEUR: «Embarquement immédiat porte 10 pour les passagers à destination de Point-à-Pitre dans le vol AF 1777.»

LÉA: Vite, Luc, dépêche-toi. Nous allons manquer notre vol!

LUC: J'arrive, Léa. On voit que tu ne portes pas les bagages... Ils sont lourds, tu sais!

À bord du vol AF 1777

L'HÔTESSE DE L'AIR: «Mesdames et messieurs les passagers, bonjour! Le capitaine Yvan Cendrard et tout l'équipage à bord du vol Air France 1777 à destination de Point-à-Pitre vous souhaitent la bienvenue. Nous vous demandons de bien vouloir placer vos bagages à main dans les compartiments ou sous le siège devant vous. Nous vous prions également d'éviter de circuler en cabine pendant le vol. Le décollage aura lieu dans quelques instants. Veuillez attacher vos ceintures de sécurité, merci».

LÉA: Super! On est assis à côté de la sortie de secours! Comme ça, on a plus d'espace!

LUC: Ou comme ça, on peut sortir les premiers si l'avion s'écrase!

À vous d'écrire!

En fait pourquoi voyageons-nous? Dans votre livre, vous avez travaillé le thème du tourisme et des vacances. Vous venez de travailler sur deux textes concernant les questions de migrations et de démographie mondiale. Il y a aussi de nombreux autres scénarios possibles, d'autres raisons et motifs: les voyages d'affaires et de business, les programmes universitaires d'études à l'étranger ou des conférences, les bases et déplacements militaires et humanitaires, et n'oublions pas la recherche aérospatiale!

Et vous, pour quelles raisons avez-vous déjà voyagé? Pensez à vos propres voyages ou à une personne qui a beaucoup voyagé. Expliquez ce que vous avez fait/ce que cette personne a fait et insérez différentes destinations (pays et/ou villes) ci-dessous. Attention, pensez bien à inclure la **préposition** correcte. Voyagez «par écrit» dans 12 à 15 pays et/ou villes.

MODÈLE: Ma voisine est journaliste et travaille pour CNN. Elle accompagne les forces armées des États-Unis et est pour le moment **en** Irak. Avant, elle a été **en** Afghanistan. ...

_____

_____

_____

_____

_____

_____

_____

_____

_____

_____

_____

_____

 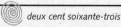

Continuons!

Vocabulaire essentiel: Le voyage

A. Notre anniversaire. Elvire et Jean-Noël sont allés au Lac de Genève en Suisse pour fêter leur dixième anniversaire de mariage. Lisez les phrases et indiquez la lettre du dessin qui montre la description correcte.

Hôtel et restaurant

a.

b.

c.

d.

e.

f.

_____ 1. Ils ont réservé une chambre d'hôtel avec salle de bains, un lit double et un balcon.

_____ 2. Ils ont choisi une table au restaurant pour deux à l'extérieur.

Activités touristiques

a.

b.

c.

d.

e.

f.

g.

_____ 3. Ils ont vu une jeune femme qui prenait une photo de son enfant qui donnait du pain aux oiseaux.

_____ 4. Ils ont goûté les bières locales pour se rafraîchir.

_____ 5. Ils se sont assis sur un banc public.

_____ 6. Ils ont acheté des cartes postales pour envoyer à leurs amis et connaissances.

_____ 7. Ils se sont reposés dans les jardins de la ville.

_____ 8. Ils ont goûté le chocolat local. Un délice!

_____ 9. Ils sont allés visiter le Musée d'Histoire.

B. Études à l'étranger (*Study abroad*). Vous êtes professeur et, pour vos étudiants, vous préparez un voyage d'études à l'étranger, dont le thème est la richesse multiculturelle de l'Union européenne. Il y aura quatre étudiants, douze étudiantes et deux professeurs qui les accompagnent. Vous prendrez un vol des États-Unis à Bruxelles, puis vous irez en train à Luxembourg et ensuite à Strasbourg. Vous devez soumettre le plan général de ce voyage à votre supérieur. Répondez aux questions ci-dessous avec des phrases complètes. Utilisez le vocabulaire que vous avez appris dans le Chapitre 16.

1. Pour les transports, que devons-nous réserver et acheter? (*Il faut que nous...*)

   _____

2. Pour les hôtels, quel type de chambres souhaitons-nous en fonction des garçons, des filles et des professeurs qui les accompagnent?

   _____

3. Pour les visites dans les musées, qu'est-ce que nous voulons que les étudiants regardent et fassent? (Donnez trois réponses.)

   _____

   _____

4. Pour les activités personnelles et individuelles, qu'est-ce que nous pouvons conseiller aux étudiants? (Donnez cinq activités différentes.)

   _____

   _____

5. Pourquoi voulez-vous emmener vos étudiants dans des restaurants spécialisés en choucroute d'Alsace?

   _____

C. Des vacances en Suisse. Elvire et Jean-Noël (ses amis l'appellent «Jean-No» tout simplement!) sont rentrés de Suisse et racontent leur séjour à leurs amis. Regardez la liste complète de possibilités. Écoutez les commentaires d'Elvire et Jean-No et marquez oui (**O**) ou non (**N**) selon ce qu'ils ont fait.

une chambre d'hôtel:

_____ avec salle de bains et toilettes

_____ sans salle de bains

_____ avec douche

_____ avec un lit double

_____ avec deux lits

_____ avec balcon

une table au restaurant:

_____ pour quatre personnes

_____ pour deux personnes

_____ à l'intérieur

_____ à l'extérieur

aller aux musées:

_____ admirer les tableaux

_____ admirer les sculptures

_____ apprendre l'histoire

visiter les monuments:

_____ bâtiment

_____ place publique

_____ parc public

_____ parc national

regarder les personnes qui passent sur une place publique ou dans un parc public:

_____ les familles

_____ les couples

_____ les enfants

_____ un spectacle public

se reposer dans un parc:

_____ sur un banc

_____ couché sous un arbre

_____ à côté d'un lac

goûter les spécialités régionales:

_____ les plats principaux

_____ le fromage

_____ les pâtisseries/les desserts

_____ les gourmandises/le chocolat

_____ les vins/les bières

acheter des souvenirs:

_____ des cartes postales

_____ des tee-shirts

_____ des livres

prendre des photos:

_____ en couleur

_____ en noir et blanc

_____ numériques

D. Voyage d'études à l'étranger. Comme organisateur principal de ce voyage d'études, vous organisez une réunion préparatoire avec les étudiants qui y participent. Écoutez leurs questions et répondez-y par quelques phrases simples mais complètes. Utilisez les informations du plan général présenté dans l'activité précédente (*B. Études à l'étranger*) et les renseignements suivantes.

Quelques visites et activités culturelles à Bruxelles: la Grand-Place, le palais Royal, le Temple du chocolat Côte d'Or, les musées d'arts et d'histoire, de peintures, de sculptures, de la bière, les parcs publics, les théâtres, les cinémas (en version originale dans 15 langues différentes), le shopping dans les nombreuses galeries couvertes

Spécialités locales: les moules-frites, le chocolat, la bière, la choucroute d'Alsace

1. _____

2. _____

3. _____

4. _____

5. _____

Structure 2: Les verbes *se souvenir de* et *se rappeler*

E. Qu'est-ce que nous avons oublié? La date de départ pour votre voyage d'études à l'étranger est là. Avec vos collègues, vous faites le point pour vous assurer que vous n'avez rien oublié. Pendant la réunion, votre patronne vous pose quelques questions. Pour certaines questions, elle s'adresse à vous, l'organisateur (**tu**); pour d'autres, elle s'adresse à vos collègues (**vous**). Traduisez ses questions en français. Ensuite, répondez-y en utilisant le pronom **en**. **ATTENTION:** Parfois la question est au présent (*Do you . . . ?*), mais parfois, la question est au passé (*Did you . . . ?*).

MODÈLE: Did you remember to book the flight?

—Est-ce que tu *t'es souvenu(e) de faire la réservation d'avion?*

—Oui, je *m'en suis souvenu(e).*

1. Do you remember the flight number?

—Est-ce que tu _____?

—Oui, je/j' _____.

2. Do you remember our return date?

—Est-ce que vous _____?

—Non, nous _____.

3. Did you remember to make hotel reservations: nine doubles with bath?

—Est-ce que tu _____?

—Oui, je/j' _____.

4. Did you remember to reserve a table in the restaurant for 17 people?

—Est-ce que vous _____?

—Oui, bien sûr que nous _____.

Structure 3: Les pronoms relatifs *qui* et *que*

F. Charles de Foucauld: aristocrate, militaire, ethnographe, linguiste et ermite. Complétez le texte ci-dessous avec un des deux pronoms relatifs **qui** ou **que.**

Charles-Eugène de Foucauld, (1) _____ est né à Strasbourg en 1858, perd ses parents à l'âge de six ans. Il est élevé par ses grands-parents (2) _____ le prennent en charge. Vers 15 ans, il choisit la carrière militaire, à la prestigieuse École de St-Cyr et ensuite la Cavalerie de Saumur, (3) _____ beaucoup de jeunes gens de l'époque recherchaient. Vers 1883, il quitte sa carrière militaire pour aller explorer le Maroc, (4) _____ était encore très mal connu à ce moment-là. Il étudie l'arabe et l'hébreu. De ces expéditions, Charles ramènera des observations géographiques et ethnologiques importantes (5) _____ sont publiées dans son livre *Reconnaissance au Maroc,* livre (6) _____ nous lisons encore aujourd'hui. Ces voyages le changent et en 1901 il est ordonné prêtre. En 1905, il s'installe en Algérie, à Tamanrasset où il construit un ermitage (7) _____ les Touaregs apprécient et respectent. Charles élabore aussi un dictionnaire touareg-français (8) _____ nous utilisons encore aujourd'hui. En 1916, Charles de Foucauld est assassiné par des rebelles, mais sa spiritualité reste bien vivante.

G. Charles de Foucauld. Gérard et Martine discutent de ce personnage célèbre. Écoutez les phrases et complétez-les de façon logique en marquant le numéro de la phrase à côté de l'option correspondante. ATTENTION! Vous allez marquer le numéro approprié à côté de chaque lettre.

MODÈLE: *Vous entendez:*   1. Effectivement, Charles de Foucauld est un personnage...

   Vous lisez: **Gérard:**

   _____ a. que j'aimerais visiter aussi.

   _____ b. que je trouve fascinant.

   _____ c. qui aurait pu lui donner une vie sociale très facile et aisée.

   Vous écrivez: _1_ b. que je trouve fascinant.

Martine:

_____ d. qu'il a écrit?

_____ e. qui le rendait heureux.

Structure 4: Les pronoms relatifs *dont* et *où*

H. Voyage et business: La Chine. Complétez le texte ci-dessous avec un des deux pronoms relatifs **dont** ou **où**.

La Chine, (1) _____ vivent 1.300.000.000 habitants et (2) _____ on parle comme de la sixième

puissance économique mondiale, nous fascine et attire de nombreux investisseurs. Les dirigeants de cette

puissante Chine entendent quadrupler le produit national brut (PNB) d'ici 2020. Mais, ce (3) _____

nous ne nous souvenons pas toujours, c'est que la Chine, l'Empire du Milieu, a été la première puissance

mondiale jusqu'en 1820, jusqu'à ce moment (4) _____ elle a manqué la révolution industrielle et laissé la

suprématie à l'Europe au dix-neuvième siècle et à l'Amérique au vingtième siècle. La Chine est la première à

profiter de la mondialisation (5) _____ elle dépend totalement: elle importe 8% du pétrole mondial,

30% de l'acier[2] et elle est le premier client pour quasiment toutes les matières premières. Des milliers de voitures

s'accumulent dans les villes chinoises (6) _____ avant on ne voyait que des milliers de bicyclettes. La

Chine ressemble à l'Amérique de 1920 (7) _____ on se souvient très bien: avec ses gratte-ciel[3] modernes

et ses nouvelles autoroutes.

I. La Chine et le business. Lisez les options ci-dessous. Vous allez écouter une série de phrases
incomplètes. Écrivez le numéro de chaque moitié de phrase que vous entendez à côté de la fin la plus logique.

_____ a. où la vie était très dure.

_____ b. dont les investisseurs et financiers parlent beaucoup.

_____ c. où l'on voit des milliers de voitures.

_____ d. dont les Chinois sont très fiers.

Structures 3 et 4: Les quatre pronoms relatifs *qui, que, dont, où*

J. Voyage et science-fiction: Jules Verne. Lisez le texte ci-dessous et expliquez/justifiez les pronoms relatifs
(**qui, que, dont, où**) soulignés en caractères gras et numérotés. La première explication est déjà faite pour vous
servir de modèle.

POURQUOI VOYAGEONS-NOUS? «LES VOYAGES
FORMENT LA JEUNESSE»

Ce proverbe français nous donne une des réponses. De tout temps les
voyages ont été une nécessité ou un plaisir, pour répondre à une soif de
découverte, de rêve, de passion. Pensez aux conquêtes récentes de l'Espace!

Il y a eu d'abord les premiers hommes (1) **qui** se déplaçaient de plus en
plus loin pour trouver de la nourriture. Puis il y a eu les téméraires et les
courageux (2) **qui,** comme Ulysse, ce héros grec, ont connu de célèbres
épopées[4] dans des terres lointaines et peuplées de monstres, ou les Vikings
(3) **qui** sont partis à la conquête de nouvelles terres sur leurs drakkars
fantômes. On connaît aussi les navigateurs intrépides tels[5] Marco Polo, cet
Italien parti de Venise pour l'Asie au treizième siècle ou Christophe
Colomb (4) **qui** a voyagé au quinzième siècle et (5) **dont** on connaît la
Santa Maria et sa recherche de la route des Indes, (6) **où** il espérait ouvrir
de nouveaux marchés et renforcer le pouvoir de la reine d'Espagne, avec le
résultat (7) **que** l'on connaît! Ce sont les ancêtres des voyages fantastiques.

[2]*steel* [3]*skyscrapers* [4]*epics* [5]*such as*

Voyager a souvent été une occupation réservée aux gens riches (8) **qui** faisaient cela pour passer le temps. C'était souvent aussi des gens cultivés et instruits (9) **qui** profitaient parfois de leurs voyages pour étudier les populations et les régions qu'ils découvraient et (10) **dont** ils ramenaient des récits (11) **qui** sont en fait les ancêtres de la carte postale. C'est pourquoi les récits de voyages (12) **dont** on parle souvent, ont de tout temps fasciné petits et grands, riches et pauvres.

Au dix-neuvième siècle est né un nouveau genre de littérature de voyages (13) **que** l'on qualifiera de roman scientifique et d'anticipation. Parmi les auteurs de ce genre de romans, notons *Jules Verne*, écrivain français (14) **qui,** bien avant les inventions du dix-neuvième siècle et même du vingtième, les a imaginées et décrites dans ses livres avec une précision incroyable pour l'époque.

1. *qui se déplaçaient: qui = sujet du verbe **se déplaçaient,** remplace «les premiers hommes»*

2. qui _____

3. qui _____

4. qui _____

5. dont _____

6. où _____

7. que _____

8. qui _____

9. qui _____

10. dont _____

11. qui _____

12. dont _____

13. que _____

14. qui _____

K. Dictée partielle. Notre histoire sur Jules Verne continue. Complétez le texte en y ajoutant les mots absents.

Jules Verne est né le 8 février 1828 à Nantes et est mort le 24 mars 1905 à Amiens, en France. Dans beaucoup de ses récits, on retrouve deux composantes: la science et le fantastique, que l'on appelle aussi science-fiction. C'est un domaine (1) _____ d'inspiration scientifique. Mais, en bon romancier, Jules Verne laisse son lecteur imaginer et rêver.

Dans *Voyage au centre de la terre,* les descriptions (2) _____ des roches et des minéraux prouvent ses connaissances en géologie.

Parmi les inventions fantastiques (3) _____, notons: *le Victoria,* le ballon aérostat à hydrogène dans *Cinq semaines en ballon* (1863) et *Le tour du monde en 80 jours; l'Albatros,* le premier hélicoptère (1886); le

Nautilus, le fameux sous-marin du capitaine Nemo dans *20.000 lieues sous les mers;* et la fusée dans *De la terre à la lune* (1869).

Jules Verne est international dans ses choix. Il y a des héros (4) _____

_____, parfois Français. Ses romans font référence à des événements ou à des personnalités

(5) _____ et (6) _____ à l'époque:

l'indépendance du Canada et de la Grèce, la conquête de l'Algérie, la course aux armements des puissances

occidentales, etc.

Il avait aussi l'art de captiver son lecteur dès le début de ses romans. Dans *20.000 lieues sous les mers,*

le récit commence ainsi: «L'année 1866 fut[6] marquée par un événement bizarre, un phénomène inexpliqué

et inexplicable (7) _____.»

Ses romans ont inspiré d'autres œuvres de science-fiction, tels *2010 l'Odyssée de l'espace, La guerre des*

étoiles, ou des bandes dessinées, telles que Tintin dans *On a marché sur la lune.*

Cent ans après sa mort, il est l'auteur (8) _____ toujours aussi

facilement. Il est l'auteur (9) _____ le plus au monde. Et il est l'auteur

(10) _____ continuent à rêver.

À vous de vous perfectionner! (2)

L'Alphabet Phonétique International (API): Introduction

Dans ce livre, pour apprendre la prononciation correcte, vous avez utilisé votre *SAM Audio* pour le vocabulaire et les exercices. Vous avez aussi bénéficié des conseils de votre professeur en classe. Peut-être que vous avez des amis et amies qui parlent bien le français ou aussi un *French Club* pour pratiquer.

Mais, imaginons les scénarios suivants:

- Vous êtes en Belgique, et vous voulez acheter du chocolat aux noisettes[7]
- Ou vous voulez demander au taxi de vous conduire au *Parc du Baron Jean-Marie Villeneuve de Boisfort* et au *Boulevard du Roi Vainqueur.*

Que faites-vous? Vous souhaitez pouvoir prononcer ces mots correctement. L'Alphabet Phonétique International (API) va vous sauver! **Phonétique** signifie **le son,** comme dans l'anglais *phonics* ou *phonograph.* L'API c'est le *superman* de la prononciation internationale!

Dans cette section, nous allons **guider vos pas** pour vous aider à faire un bond **géant,** genre *quantum leap* dans votre apprentissage[8] de la prononciation française. En fait, vous allez apprendre une nouvelle langue. C'est une langue internationale, une langue qui permet de prononcer les sons de n'importe quelle langue, indépendamment de l'orthographe. Par exemple, avec l'API, vous pouvez prononcer des mots et des phrases en russe, chinois, farsi, arabe, etc., sans nécessairement devoir déchiffrer l'orthographe des mots. La majorité des bons dictionnaires (comme *Le Petit Robert*) vous donne la prononciation phonétique de l'API entre [ ], par exemple, [ɛ].

Voici comment l'API fonctionne. Vous avez déjà observé que certaines voyelles et consonnes changent parfois de prononciation à cause des lettres qui sont autour. Par exemple, **a** change dans **a** + **u** ou **e** + **a** + **u,** mais **au** et **eau** se prononcent en fait comme **o** ou comme **ô.**

Pour se débrouiller, il suffit d'organiser les voyelles et les consonnes qui correspondent à un même son. Voyons ensemble quelques «symboles» de l'API, essentiels pour nous. Nous allons mettre:

- **dans la colonne de gauche** les différentes combinaisons de lettres,
- **dans la colonne du milieu** quelques exemples, et
- **dans la colonne de droite,** les sons et donc les symboles API correspondants. Les symboles API sont toujours entre [ ].

[6]*was* [7]*hazelnuts* [8]*learning*

Les voyelles

I. Le groupe des lèvres arrondies: *u* et *eu*

Physiologie: Vos lèvres sont arrondies, le dos de votre langue touche votre palais, et le bout de votre langue presse sur les dents inférieures.

Le symbole [y]

Le dos de votre langue *touche votre palais*; le bout de votre langue presse fermement contre vos dents inférieures; vos lèvres sont arrondies comme pour donner un baiser.

Vous voyez les lettres suivantes	Vous dites (exemples)	La représentation avec l'API
u	lu	[ly]
	tu	[ty]
û	sûr	[syʀ]
	[j'ai] dû	[dy]
eu	[j'ai] eu	[y]

Conclusion: 3 orthographes différentes possibles, mais un seul son: [y]

Le symbole [ø]

Comme pour le **[y]**, votre langue reste très proche du palais; le bout de votre langue reste fermement pressé contre vos dents inférieures; mais vous ouvrez très légèrement vos lèvres: vos lèvres restent arrondies.

Vous voyez les lettres suivantes	Vous dites (exemples)	La représentation avec l'API
eu dans une syllabe ouverte	deux	[dø]
	tu veux du bleu	[ty vø dy blø]
eu + -se	heureuse	[øʀøz]

Conclusion: 2 orthographes différentes = un seul son: [ø]

Le symbole [œ]

Comme pour le **[y]**, votre langue reste très proche du palais; le bout de votre langue reste fermement pressé contre vos dents inférieures; mais vous ouvrez vos lèvres beaucoup plus que pour **[ø]**: vos lèvres restent arrondies.

Vous voyez les lettres suivantes	Vous dites (exemples)	La représentation avec l'API
eu dans une syllabe fermée	neuf	[nœf]
	ils veulent du beurre	[il vœl dy bœʀ]
œu	l'œuf dur	[lœf dyʀ]
	ma sœur	[ma sœʀ]
e dans les petits mots	de[9]	[dœ]
	le	[lœ]
	me	[mœ]
	te	[tœ]
	que	[kœ]

Conclusion: 3 orthographes différentes = un seul son: [œ]

---

[9]*Dans les dictionnaires, on trouve aussi le symbole [ə] pour représenter ce son dans les 'petits' mots comme 'je' ou 'le.'*

II. Le groupe des lèvres écartées: *i, é, è, ê* et *ë*

Physiologie: Comme pour **u / [y]**, le bout de la langue presse sur les dents inférieures, mais vos lèvres sont bien écartées dans un beau sourire.

Le symbole [i] Vos dents sont très proches et le dos de la langue touche votre palais.		
Vous voyez les lettres suivantes	**Vous dites (exemples)**	**La représentation avec l'API**
i	le lit	[lə li]
î	l'île	[lil]
ï	le maïs	[lə mais]
y	le rythme	[lə ʀitm]

Conclusion: 4 orthographes différentes = un seul son: [i]

Le symbole [e] Vous ouvrez légèrement les lèvres qui restent bien écartées et souriantes.		
Vous voyez les lettres suivantes	**Vous dites (exemples)**	**La représentation avec l'API**
é	l'été	[le te]
er	aller	[ale]
	les cahiers	[le ca je]
ez	allez	[ale]
	les nez	[le ne]

Conclusion: 3 orthographes différentes = un seul son: [e]

Le symbole [ɛ] Vous ouvrez les lèvres un peu plus que pour **[e]**.		
Vous voyez les lettres suivantes	**Vous dites (exemples)**	**La représentation avec l'API**
è	ma mère	[ma mɛʀ]
	le mètre	[lə mɛtʀ]
ê	ma tête	[ma tɛt]
ë	Noël	[no ɛl]
e + 2 consonnes	les escaliers	[le zɛs ka lje]
ais, ait, aient, aî	(Je) vais	[vɛ]
	le maître parlait	[lə mɛtʀ] [paʀ lɛ]
	ils parlaient	[il paʀ lɛ]
ei	la peine	[la pɛn]
eil, eille	le sommeil	[lə so mɛj]
	il se réveille	[il sœ ʀevɛj]

Conclusion: 11 orthographes différentes = un seul son: [ɛ]

III. Le *ou* qui roucoule

Physiologie: Comme pour le **i** et le **u,** vos lèvres sont bien arrondies, mais la langue est dans le fond arrière de votre bouche. Le bout de votre langue flotte librement dans la cavité buccale.

Vous voyez les lettres suivantes	Vous dites (exemples)	La représentation avec l'API
ou	tous	[tu]
	souvenirs	[su vniʀ]
où	où	[u]
oû	août	[u] / [ut]
	soûl/soûle (*drunk*)	[su]

Conclusion: 3 orthographes différentes = un seul son: [u]

IV. La bouche grande ouverte

Physiologie: le *a* comme dans *father*

Vous voyez les lettres suivantes	Vous dites (exemples)	La représentation avec l'API
a	carte postale	[kaʀt pos tal]
à	voilà	[vwa la]
â	théâtre	[te atʀ]
oi	tu bois	[ty bwa]
	tu vois	[ty vwa]
	noir	[nwaʀ]

Conclusion: 4 orthographes différentes = un seul son: [a]

V. Les voyelles nasales: [õ], [ã], [ɛ̃]

Vous voyez les lettres suivantes	Vous dites (exemples)	La représentation avec l'API
on	mon oncle	[mõ nõkl]
om	son nom	[sõ nõ]
an	la banque	[la bãk]
	France	[fʀãs]
am	le camp	[lə kã]
en	l'entrée	[lã tʀe]
	le vent	[lə vã]
	il attend	[i la tã]
em	embrasser	[ã bra se]
ain, aim	Américain	[a me ʀi kɛ̃]
	faim	[fɛ̃]
en, éen	Européen	[ø ro pe ɛ̃]
	examen	[e gza mɛ̃]
in, im	vin, imbécile	[vɛ̃] [ɛ̃ be sil]
oin	soin, coin	[swɛ̃] [kwɛ̃]

Conclusion: 13 orthographes différentes mais 3 sons seulement!

Les consonnes

Continuons avec cinq symboles phonétiques qui correspondent à des consonnes: [s], [z], [ʒ], [ʃ], et [k].

Le symbole [s]		
Vous voyez les lettres suivantes	**Vous dites (exemples)**	**La représentation avec l'API**
s	sourire	[suʀiʀ]
ss	russe	[ʀys]
	rousse	[ʀus]
ç	française	[fʀɑ̃sɛz]
	garçon	[gaʀsõ]
ce, ci	Cécile	[sesil]
-tie, -tion	démocratie	[demokʀasi]
	nation	[nasjõ]

Conclusion: 7 orthographes différentes possibles, mais un seul son: [s]

Le symbole [z]		
Vous voyez les lettres suivantes	**Vous dites (exemples)**	**La représentation avec l'API**
z	zèbre	[zɛbʀ]
s entre 2 voyelles	Élise	[eliz]
	vision	[vizjõ]

Conclusion: 2 orthographes différentes possibles mais un seul son: [z]

Le symbole [ʒ]		
Vous voyez les lettres suivantes	**Vous dites (exemples)**	**La représentation avec l'API**
ge, gi	genre	[ʒɑ̃ʀ]
	gentil	[ʒɑ̃ti]
	gigot	[ʒigo]
j	jaune	[ʒon]
	jeudi	[ʒødi]

Conclusion: 3 orthographes différentes possibles, mais un seul son: [ʒ]

Le symbole [ʃ]		
Vous voyez les lettres suivantes	**Vous dites (exemples)**	**La représentation avec l'API**
ch	choucroute	[ʃukʀut]
	chance	[ʃɑ̃s]
sch	schéma	[ʃema]
sh	shampooing	[ʃɑ̃pwɛ]

Conclusion: 3 orthographes différentes possibles, mais un seul son: [ʃ]

Le symbole [k]		
Vous voyez les lettres suivantes	Vous dites (exemples)	La représentation avec l'API
k	kilo	[kilo]
ca	car	[kaʀ]
co	copine	[kopin]
cu	cube	[kyb]
cœur	cœur	[kœʀ]
qu-	qui	[ki]
	que	[kœ]
	quai	[kɛ]

Conclusion: 6 orthographes différentes possibles, mais un seul son: [k]

Conclusion globale: 20 orthographes différentes, mais 5 sons seulement et 5 symboles API... facile, non?

Qu'est-ce que vous avez observé? Les colonnes de gauche sont plus pleines que les colonnes de droite, n'est-ce pas? Nous pouvons en effet tirer la conclusion générale que plusieurs orthographes différentes correspondent à un seul son, à un seul symbole.

Donc, l'API simplifie notre vie. Il est plus facile de parler que d'écrire. Mais ça, vous le saviez déjà... Vous-même, vous avez appris à parler avant d'aller à l'école pour apprendre à écrire.

On pourrait continuer ce parallèle «orthographes/sons» pour les autres consonnes, mais nous laissons cela pour vos cours avancés de français.

Perception et production. Nous avons recopié un extrait d'un texte de votre livre: *Les Québécois se souviennent comme ça!*. Nous allons utiliser l'API pour en faire la transcription phonétique. De cette façon, vous n'avez plus besoin de demander à un Francophone de modeler les sons pour vous. Vous ne devez plus simplement imiter la prononciation correcte. Vous pouvez la trouver, la construire vous-même.

Nous avons divisé le texte en groupes rythmiques[10]. À l'intérieur de chaque groupe rythmique, tous les sons se tiennent ensemble.

À vrai dire,
[a vʀɛ diʀ]

on ne sait pas exactement
[õ nə sɛ pa ɛg zak tœ mã]

ce à quoi   cette phrase fait référence.
[sə a kwa]   [sɛt fʀaz] [fɛ ʀe fe ʀãs]

Ce que l'on sait,
[sə kə lõ sɛ]

c'est qu'en 1883,
[sɛ kã] [mil yə sã katʀ vɛ́ tʀwa]

Eugène-Étienne Taché,
[œ ʒɛn etjɛn taʃe]

architecte responsable
[aʀ ʃi tɛkt ʀɛs põ sabl]

de la construction   du Bâtiment Législatif   du Québec
[də la kõs tʀyk sjõ]   [dy ba ti mã le ʒis la tif]   [dy ke bɛk]

a décidé de faire graver
[a de si de də fɛʀ gʀa ve]

[10]*breath groups*

au-dessus   de la porte centrale   de ce bâtiment
[o dœ sy   də la pᴏʀ tə sᾶ tral   də sə ba ti mᾶ]

les armoiries[11]   du Québec
[lɛ zaʀ mwa ri   dy ke bɛk]

et ces trois mots   très simples:
[e sɛ trwa mo   tʀɛ sᾶpl]

Je   me   souviens.
[ʒə   mə   su vjᾶ]

À l'avenir, pour tous les mots nóuveaux complexes que vous allez rencontrer, il vous suffit maintenant de verifier l'API dans un bon dictionnaire pour que vous puissiez prononcer le français correctement. Vous voilà libre! Vous pouvez améliorer votre prononciation par vous-même. Vous pouvez maintenant voler de vos propres ailes[12]. Bravo!

À vous de lire!

Avant de lire

A. L'histoire du chocolat. Pour vous préparer à la lecture et à l'écoute du texte ci-dessous, répondez brièvement aux questions suivantes:

1. Aimez-vous le chocolat?

    _____ a. pas du tout, je suis allergique

    _____ b. un peu

    _____ c. avec modération

    _____ d. beaucoup

    _____ e. à la folie

2. Quel genre de chocolat préférez-vous?

    _____ a. le noir

    _____ b. au lait

    _____ c. au lait avec des noix ou noisettes[13]

    _____ d. tous

3. Combien en mangez-vous?

    _____ a. par heure

    _____ b. par jour

    _____ c. par semaine

4. Que savez-vous de l'origine et de la production du chocolat?

    _____

B. La rencontre du chocolat et de l'Occident. Voici quelques points essentiels de références et d'introduction:

- Christophe Colomb fait escale aux Bahamas où il reçoit comme cadeau de bienvenue des tissus, de très beaux objets en cuivre ... et des <u>fèves</u>[14] de cacao.
- Déjà à cette époque, le cacao est recherché pour ses vertus toniques et thérapeutiques.

[11]*coat of arms*   [12]*fly solo*   [13]*hazelnuts*   [14]*beans*

- Les fèves de cacao se récoltent sur un <u>cacaoyer</u>.
- Le <u>cacaoyer</u> est un arbre qui mesure 5 à 15 mètres de haut; il aime la chaleur, l'humidité et a besoin d'ombre.
- Le cacaoyer produit des «<u>cabosses</u>»: ce sont de gros fruits longs de 15–20 centimètres. Quand le fruit est mûr, la cabosse sonne creux[15].
- On ouvre les cabosses pour récolter les fèves de cacao. On compte à peu près 45 à 75 fèves par cabosse. Leur couleur varie du brun-gris au brun-rouge.
- La première culture du <u>cacaoyer</u> est attribuée aux Mayas dans la presqu'île du Yucatan et date de 600 après Jésus Christ, approximativement.
- Les Belges sont de sérieux chocophiles! Leur consommation annuelle moyenne est estimée à 8,1 kg par habitant!
- Le chocolat belge *Côte d'Or* existe depuis 1883 et a pour logo un éléphant, un palmier, et trois pyramides.

C. Stratégies. Voici quelques stratégies pour lire efficacement l'article suivant.

- Lisez les questions de compréhension pour vous familiariser avec le contenu du texte.
- Lisez les mots apparentés ci-dessous et parcourez[16] le texte pour d'autres mots de vocabulaire. **Mots apparentés:** synonyme, puissance, persévérance, loyauté, un astronaute, le potassium, le magnésium, le phosphore, le calcium, les vitamines, le système nerveux
- Pendant la lecture, prenez quelques notes pour souligner les points importants:

1. Introduction _____

2. Les origines de la culture du cacao _____

3. L'arrivée du chocolat en Europe _____

4. La préparation du chocolat _____

5. Les propriétés du chocolat _____

6. Les cinq sens et la dégustation du chocolat _____

Le Temple du Chocolat *Côte D'Or*

Introduction

Le chocolat fait partie des aliments magiques de notre vie. Le chocolat est synonyme de moments privilégiés, de fêtes, et de cadeaux.

Les origines de la culture du cacao

Les Mayas vivaient dans le Yucatan, une énorme presqu'île entre le Mexique et le Guatemala. Ils sont les premiers cultivateurs[17] du cacaoyer, probablement aux environs de l'an 600 de notre ère.

Le fruit du cacaoyer s'appelle la cabosse. Chaque cabosse contient[18] des graines, des fèves qui se conservent très bien. C'est pourquoi les Mayas utilisaient ces fèves comme monnaie d'échange[19]. Ils les utilisaient aussi pour préparer un liquide où ils mélangeaient les fèves écrasées, du poivre et des piments[20]. Ils appelaient ce liquide le *tchocoatl*[21]. Au dix-neuvième siècle, les Toltèques[22] assurent l'extension de la culture du cacaoyer et le considèrent comme «l'Arbre du Paradis»[23].

L'arrivée du chocolat en Europe

La deuxième partie de l'histoire du chocolat se développe plusieurs siècles plus tard. En 1502, Christophe Colomb débarque dans les Caraïbes où les indigènes lui offrent des bijoux[24] et aussi une boisson curieuse: rouge, mousseuse[25] et amère. Il est le premier Européen à goûter le chocolat! En 1519, l'Espagnol Hernán Cortés arrive au Mexique où les Aztèques, successeurs des Toltèques, reconnaissent la souveraineté espagnole et offre à Cortés une immense plantation de cacaoyers. Quand les colons n'ont plus de vin,

---

[15]*hollow*   [16]*skim*   [17]*growers*   [18]*contains*   [19]*exchange money/currency*   [20]*hot pepper*   [21]*Mayan word for chocolate*   [22]*the Toltecs*   [23]*Paradise Tree*   [24]*jewels*
[25]*frothy*

ils décident de boire ce chocolat étrange. Petit à petit ils y ajoutent du sucre, de la vanille et de la crème. Le chocolat devient la boisson favorite des colons qui la font connaître en Espagne.

À partir de ce moment-là, le chocolat devient aussi connu aux Pays-Bas[26], en Allemagne, en France, en Suisse, en Belgique et en Angleterre, à Londres, où on ouvre les premières *Chocolate Houses*. Grâce aux progrès techniques au dix-neuvième siècle, la chocolaterie prend une nouvelle dimension économique.

En Belgique, la marque *Côte d'Or*[27] est déposée officiellement en avril 1883. Ce nom fait référence à la Côte d'Or d'Afrique de l'Ouest, actuellement le Ghana, dont le timbre va inspirer le logo. L'éléphant est symbole de puissance, de persévérance, loyauté et longévité. *Côte d'Or* acquiert rapidement une notoriété internationale qu'elle conserve encore aujourd'hui.

La préparation du chocolat

Le cacaoyer est un arbre fragile qui pousse[28] essentiellement dans les tropiques. Il y a deux récoltes de cabosses par an: novembre-janvier et mai-juillet. Entre la récolte des cabosses et l'expédition du chocolat aux clients, le processus de fabrication comprend une douzaine d'étapes[29] très complexes. Voici quelques pays où l'on récolte des fèves de cacao pour l'exportation: en Jamaïque, au Mexique, au Costa Rica, en Colombie, en l'Équateur, au Venezuela, au Brésil, en Côte d'Ivoire, dans la République démocratique du Congo, à Madagascar, aux Philippines, en Malaisie et dans l'Île de Java.

Les propriétés du chocolat

Les sciences modernes ont révélé les vertus du chocolat:

- Le chocolat noir est un aliment riche en énergie; il contient 500 calories aux 100 grammes. Il est ainsi hautement apprécié par les sportifs, les explorateurs, et les astronautes!

- Le chocolat contient aussi des sels minéraux: du potassium, du magnésium, du phosphore, du fer[30] et du calcium.

- Il nous procure aussi six vitamines: A, B1, B2, C, D et E.

- Le chocolat contient des substances qui stimulent le système nerveux et favorisent[31] la concentration intellectuelle.

Pour déguster du chocolat, utilisons nos cinq sens: (1) Admirons la couleur du chocolat et ses variations. (2) Touchons le chocolat et sa texture lisse et délicate. (3) Écoutons le papier argenté qui se froisse quand on déballe le chocolat. (4) Sentons l'arôme délicat du chocolat. (5) Goûtons enfin ce chocolat pour la satisfaction totale de nos papilles gustatives[32] et de notre cerveau.

Mmh! Quel plaisir des sens.

Compréhension. Répondez aux questions suivantes selon la lecture.

1. Dans nos vies actuelles, le chocolat est synonyme de _____.

2. Qui sont les premiers cultivateurs de cacao? _____

3. Où habitaient-ils? _____

4. Comment s'appelle l'arbre où pousse le cacao? _____

5. Comment s'appelle le gros fruit qui contient les fèves de cacao? _____

6. Ces premières boissons au cacao et chocolat, étaient-elles sucrées ou épicées? _____

7. Quel personnage historique célèbre goûte le premier chocolat? _____

8. Pour quelle raison étrange les colons espagnols installés au Mexique commencent-ils à boire du chocolat?

_____

9. Qu'est-ce que les Espagnols ajoutent au cacao? _____

---

[26]*the Netherlands*   [27]*gold*   [28]*grows*   [29]*stages*   [30]*iron*   [31]*bolster*   [32]*taste buds*

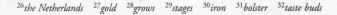 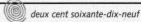

10. Après son arrivée en Espagne au seizième siècle, dans quels autres pays européens le chocolat arrive-t-il?

(a) _____, (b) _____,

(c) _____, (d) _____,

(e) _____, (f) _____

11. En quelle année la marque du chocolat belge *Côte d'Or* est-elle officiellement déposée?

_____

12. À quel pays d'Afrique la marque *Côte d'Or* fait-elle référence? _____

13. Combien de fois par an récolte-t-on les cabosses? _____

14. Nommez sept pays producteurs de cacao: (a) _____,

(b) _____, (c) _____,

(d) _____, (e) _____,

(f) _____, (g) _____

15. Donnez quatre propriétés du chocolat:

(a) _____

(b) _____

(c) _____

(d) _____

16. De nos cinq sens (la vue, le toucher, l'ouïe, l'odorat et le goût), lequel est pour vous le plus important pour apprécier le chocolat et pourquoi?

_____

**Et c'est sur cette note d'histoire, de culture, de voyages
et de bonheur des cinq sens que nous nous quittons.**

**Merci de votre participation active.
Tous nos vœux de bonne chance dans votre vie «francophone»!**

Permissions and Credits

The authors and editors thank the following authors, publishers, and others for granting permission to use excerpts from copyrighted material.

Text

p. 130 "Du temps pour le couple," par Nathalie Drouin, *Vies-à-vies,* vol. 17, numéro 1, septembre 2004 as viewed on www.socp.umontreal.ca/vies_a_vies/v17n1-1.html **p. 165** "Simplicité volontaire: Carla Bruni" as appeared in *Voir,* 22 mai 2003. **p. 182** Adapted from "Commerçants," *L'Express,* 5-11 July, 2004, pp. iv–v. **p. 197** Adapted from Claire Chartier, "La pub se rachète une conduite," *L'Express,* 23 novembre 2003. **p. 198** Poem "Je suis comme je suis" by Jacques Prévert, from *Paroles.* Copyright © 1976 Editions Gallimard. Reprinted with permission. **p. 201** Adapted from "Flickr.com regnée en maître sur le partage de photos, nouvelle drogue des internautes," by Anouch Seydtaghia, lundi 3 octobre 2005, LE TEMPS online, www.letemps.ch. Reprinted with permission. **p. 250** Adapted from Peter Danes and Elliot N. Pinson, *The Speech Chain: The Physics and Biology of Spoken Language,* 2nd ed., copyright © 1993 Worth Publishers. **p. 278** Adapted from www.cotedor.be/entry/FR/chocolat/origines.php

Photographs

p. 142, 143, 144, © Owen Franken; **p. 185,** Courtesy Theresa A. Antes; **p. 269,** © Roger Viollet/Getty Images; **p. 270,** © Bettmann/Corbis.

Illustrations

Mark Heng: pages 5, 6 (bottom), 7, 8, 12, 13, 14, 15, 16, 17, 21, 22, 23, 32, 33, 34, 35, 37 (center), 38, 39, 40, 41, 49, 50, 55, 56, 63, 74, 75, 82, 88, 92, 95, 96, 115, 134 (bottom left), 136, 138, 141, 142, 143, 144, 167, 168, 186, 187, 188, 190, 199 (objects), 207 (images), 215, 216, 217, 226, 235, 245, 250, 251, 264, 265

Uli Gersiek: pages 6 (top), 44, 47, 57, 161, 181, 193, 199 (website design), 200, 207 (website design)

Anna Veltfort: pages 36, 37 (top and bottom), 53, 61, 133, 134 (top left and right, bottom right), 146, 201

Realia

p. 130, Service d'orientation et de consultation psychologique de l'Université de Montréal, *Vies-à-vies,* vol. 17, numéro 1, septembre 2004 (illustratrice: Rose Bergeron).